마루야마 마사오 정치학 강의

1960년 도쿄대학교 강의록

『丸山眞男講義録 第三冊 — 政治学 1960』(丸山眞男)
MARUYAMA MASAO KOGIROKU DAI 3-SATSU
SEIJIGAKU 1960

마루야마 마사오 정치학 강의
1960년 도쿄대학교 강의록

지은이 마루야마 마사오
옮긴이 윤인로

1판 1쇄 발행 2025년 11월 3일

펴낸곳 두번째테제
펴낸이 장원
등록 2017년 3월 2일 제2017-000034호
주소 (13290) 경기도 성남시 수정구 수정북로 92, 태평동락커뮤니티 301호
전화 031-754-8804 | 팩스 0303-3441-7392
전자우편 secondthesis@gmail.com
홈페이지 secondthesis.com
블로그 blog.naver.com/secondthesis

ISBN 979-11-90186-51-3 93340

마루야마 마사오
정치학 강의

1960년 도쿄대학교 강의록

마루야마 마사오 지음

윤인로 옮김

The Lectures of Masao Maruyama 1948-1967, vol. 3
On Politics (1960)
University of Tokyo Press, 1998

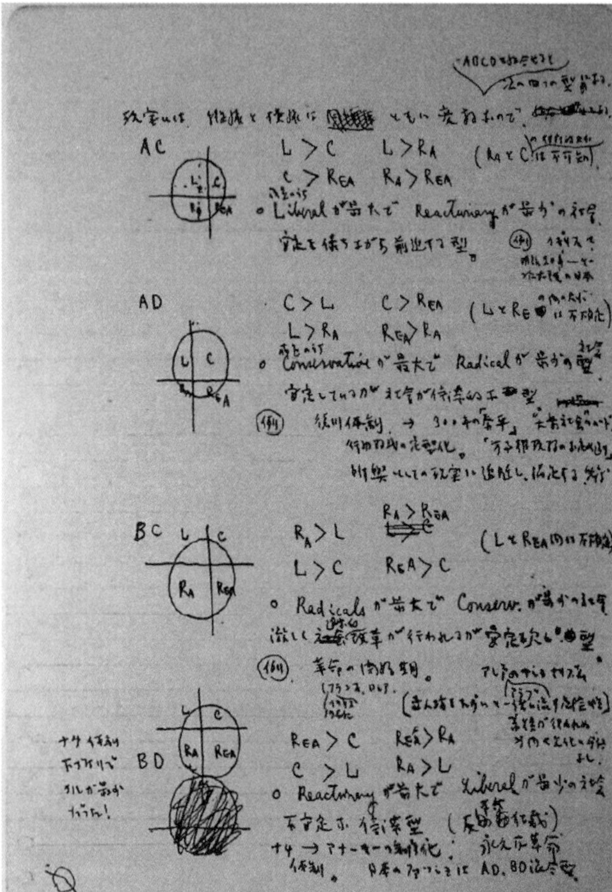
AC
L > C　L > R_A
C > R_{EA}　R_A > R_{EA}
○ Liberal が最大で Reactionary が最少の社会
AD
C > L　C > R_{EA}
L > R_A　R_{EA} > R_A
○ Conservative が最大で Radical が最少の社会
BC
R_A > L　R_A > R_{EA}
L > C　R_{EA} > C
○ Radicals が最大で Conserv. が最少の社会
BD
R_{EA} > C　R_{EA} > R_A
C > L　R_A > L
○ Reactionary が最大で Liberal が最少の社会
日本のファシズムは AD, BD混合型

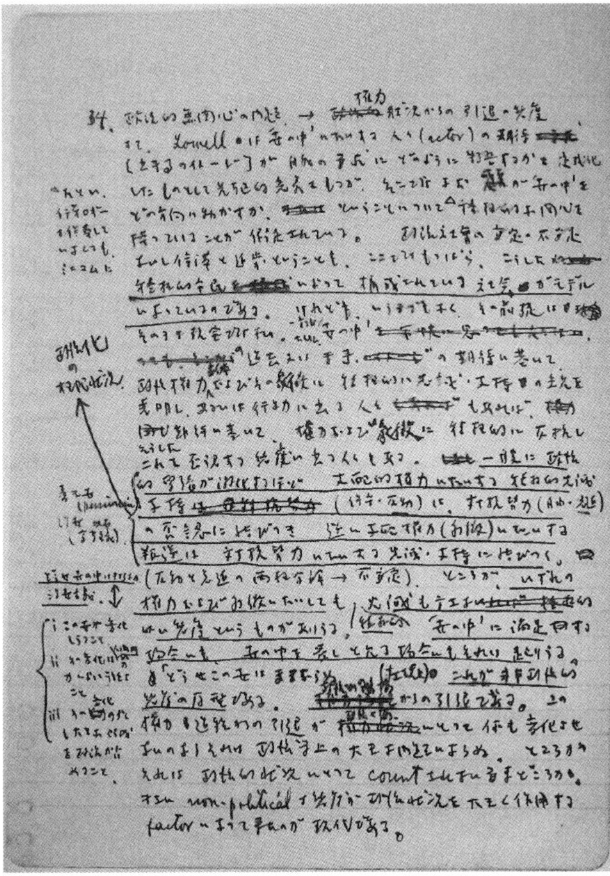

차례

일러두기

1 이 책은 다음 텍스트를 번역한 것이다. 丸山眞男, 『丸山眞男 講義録(第三冊, 政治学 1960)』, 東京大学出版会, 1998. 편집자 해제는 따로 번역하지 않았고, 역자 후기에 이 책이 마루야마 마사오가 직접 작성한 강의록이라는 점을 설명했다.
2 저자 마루야마 마사오가 번역했거나 인용한 문장들 중 국역본이나 원문 확인이 가능한 것에 대해서는 그 출처를 제시했지만 수정을 가하지는 않았다. 다만 필요하다고 판단될 때는 국역본의 문장이나 원문의 번역문을 각주에 제시했다.
3 원문에는 각주가 없다. 각주는 모두 역자주이다.
4 저자가 본문에 윗점을 찍어 표시한 부분은 고딕체로 표기했다.
5 저자가 알파벳 원어만 노출시킨 낱말들과 구문들은, 예컨대 다음과 같이 옮겼다. "maxim" → "격률maxim"
6 일본어판 편집자들에 의해 일괄 본문에 첨가된 구절들·문장들과 (많지는 않지만) 마루야마가 책임을 지고 확정한 게 아닌 편집자들의 보충 문장은 '[]' 속에 넣었다. 그 구문들 중 일부는 본문의 가독성을 위해 역자의 판단으로 본문 아닌 각주로 돌린 경우도 있는데, 그럴 때는 각주 첫 문장으로 알렸다.
7 원저 초판의 「정오표」를 따라 오식을 확인하여 옮겼다.
8 역자가 첨가한 구절들·문장들은 윗첨자로 표기한 '[]' 속에 넣었다.
9 일본인 성명 및 특정 저작의 이름은 현지 발음으로 표기했다. 단, 이미 한국어로 통용되고 있는 인물들은 그대로 따랐다.

간행의 말

마루야마 마사오 선생은 생전에 그 다채로운 언론 활동과는 별개로 도쿄대학 법학부에서의 강의에 심혈을 기울였다. 선생에게 그 강의는 '직업으로서의 학문'이라는 맥락에서 가장 중요한 직무를 이루는 것이었다. 매회의 강의는 선생 자신의 모든 연구 성과를 쏟아부어 학생들에게 말을 거는 것이었고, 그런 경험에서 새로운 사색을 도출하는 '학문의 현장'이었다. 오랜 시간에 걸친 선생의 강의는, 그러나, 매년마다 일부 청강생만이 접할 수 있는 것이었으므로 그 전체상을 완전히 알 수 없는 채로 오늘에 이르렀다.

선생의 강의는 군대 소집과 몇 차례의 병원 입원에 의해 중단되기도 했지만, 전쟁 중인 1943년에 시작하여 1968년까지 이어졌다. 그 중심을 이루는 것이 다년간의 일본정치사상사 강의(1966년까지 제도상 동양정치사상사로 명명되고 있었다)였다는 점은 두말할 나위도 없다. 매년 새롭게 강의안을 작성해 임하였던 강의는 당연히 큰 변천을 거치고 있다. 당사자의 [자발적] 퇴임이라는 우연적인 사정이 끼어 있지만, 강의는 주도면밀한 준비를 통해 이뤄졌으며, 선생의 중심 영역인 일본정치사상사 강의를 배후에서 지탱하는 사상사적 시야의 넓이와 정치이론적 통찰의 풍요로움을 분명히 드러내고 있다.

생전에 선생은 그 오랜 시간의 강의들 속에서 4개를 선별했고 도쿄대학출판회에 강의록 출간을 승낙하였다. 일본정치사상사와 관련한 강의 3개, 즉 1948년도 전후 초기의 강의, 강의의 전체 구상에 커다란 전환기가 됐던 1964년도 강의, 학부 강의의 최종 단계를 보여주는 1967년도 강의, 법학부에서 단 한 번 행한 1960년도 정치학 강의 하나가 선별된 강의들이었다. 그것들을 '역사적 기록'으로 남기는 일은 선생의 오랜 바람이었던바, 선생은 퇴임 이후 때때로 병상에 누워서도 강의록에 대한 정리와 보충 작업을 이어 왔다. 그러나 질병이 급격히 악화[간장암(肝臟癌)]되었고 선생은 끝내 작업을 마무리 짓지 못한 채 1996년 8월 15일, 서거의 날을 맞았다.

선생의 유지를 실현하기 위해, 강의 당시 학생이던 우리 네 명의 일본정치사상사 연구자들은 도쿄대학출판회로부터 출판을 위탁받았다. 간행에 즈음하여 무엇보다 원칙으로 삼은 것은 선생이 지정한 연도·강의였지만, 지정된 전후 초기의 강의가 근세·근대라는 2년 연속 강의의 형태를 띠고 있었다는 점을 고려하여 1948년도에 이어진 1949년도 강의를 더했고, 학부 강의의 최종 형태가 4년 연속 강의의 통사通史 구성 아래 행해졌다는 점을 고려하여, 선생이 지정한 고대 이래 일본정치사상사의 전체상을 드러내기 위해 1965년도와 1966년도 강의록을 더불어 복원·간행하게 되어 전체 7권의 구성을 이루게 되었다. 편집위원으로서, 그렇게 하는 것이 강의록 간행의 취지를 좀 더 충실하게 이행할 수 있는 길이라고 판단했다. 각 권을 편집할 때, 유족의 후의에 따라 선생이 남긴 방대한 강의 준비 자료나 초고·노트류를 새롭게 열람·참조할 수 있었고, 예전의 청강생들에게 널리 필기 노트를 제공해 줄 것을 부탁했으며, 도쿄대학 생활협동조합 및 출판회 교재부가 매년 청강생에게 위촉하여 만들었던 강의록 프린트까지도 거듭 수집했다. 그것들을 근거로 삼아 가능한 한도 안에서 실제 강의의 복원에 노력했다. 그런 여러 자료상의 제약에 따라 편집 방식은 각각의 강의록에 따라 달라졌다.

『마루야마 마사오 강의록』 전 7권은 선생과 청강생들에 의해 생성된 긴장감 어린 공간에서 이뤄지는 고유한 영위의 기록이다. 이 강의록에서는 선생이 출간한 다른 저작들과 다른 특색이 저절로 드러나고 있다. 강의록은 급진적 에세이스트로서 문제사問題史적인 분석에 근거하여 작업했던 선생이 지식의 일반적인 전수까지 요청되는 강의라는 영역에서 어떻게 고투했는지를 보여주는 귀중한 기록이기도 하며, 선생이 '강의'라는 형태를 취하여 각 시점에서 학생들에게 건넨 시대에 대한 응답이기도 하다. 전후 초기의 일본정치사상사 강의에는 전중戰中으로부터의 문제의식을 이어받으면서도 새로운 방법론적 자각과 '전후'의 역사의식이 선명하게 각인되어 있으며, 1960년 안보 투쟁이 있던 때의 정치학 강의는 당시 선생의 언론 활동 배후에 있던 정치학의 구상을 살필 수 있다는 점에서 흥미롭다. 뿐만 아니라 그 정치학 강의는 선생의 사상사학과 정치학의 관계도 명확히 보여주고 있다. 마지막 4년 동안의 강의에는 '원형原型'론의 성립 과정, 고대 천황제, 가마쿠라 불교나 사무라이적 에토스, 나아가 기리스탄[포르투칼어 cristão의 음역. 일본 전국시대부터 유입된 가톨릭교도]의 사상사적 해명, 유교 및 국학國學 정치사상의 이론적 정리 등, 이 강의록의 출간을 통해 처음 공개되는 부분들이 다수 포함되어 있다. 그렇게 마지막 4년의 강의는 '통사의 부재'를 탄식하던 선생의 일본정치사상사 관련 전체 구상을 엿볼 수 있다는 중요한 의미를 갖는다. 이 강의록을 선생의 여러 저작들과 더불어 겹쳐 읽는다면 독자들은 정치학 및 일본정치사상사 분야에서 전후 선생이 걸었던 궤적을 한층 더 구체적으로 더듬어 볼 수 있을 것이다.

1998년 3월

이이다 타이조

히라이시 나오아키

미야무라 하루오

와타나베 히로시

일본어판 범례

1 이 책은 도쿄대학교 법학부 1960년도 겨울 학기 '정치학' 강의를 위해 마루야마 마사오가 준비한 초고에 기초한다.

2 단, 도쿄대학출판회 교재부가 간행한 등사판 강의 프린트 『마루야마 선생 정치학』(1권, 1961년 1월 출간, 2권 1961년 2월 출간. 이하 '프린트'로 약칭)의 일부분, 당시의 학생으로서 마루야마의 강의를 청강했던 쿠마노 가츠유키 씨의 필기 노트 일부분에는 마루야마 자신에 의한 교열과 가필이 이뤄졌다. 그렇게 가필된 것들과 그 가필 가까운 지점에 있는 명확히 마루야마의 교열을 거친 문장들은 강의 초고에 준하는 것으로 취급했다.

3 본문 속의 그림 중 일부분은 초고에서 사진을 찍은 것이며, 다른 일부는 초고를 모방하여 새로 작성한 것이다.

4 각 '강[의]'의 구분과 절節의 구성 및 표현은 마루야마의 초고 그대로이다. 단, 초고에는 번호만 기록되어 있던 제1강 1~4절과 제2강 1~3절에는 편집자가 새로 표제를 달았다.

5 본문 속의 ( )는 마루야마 자신이 그렇게 괄호를 쳐서 표기한 것, 또는 초고의 난외에 기록된 메모를 편집자가 삽입한 것이다. 따라서 어느 쪽이든 ( ) 속의 어구는 마루야마 자신의 것이다.

- 본문 속의 편집자의 삽입 기호 [ ]은 프린트에 표기된, 마루야마 자신의 교열을 거치지 않은 것으로 여겨지는 부분들에서 뽑아 편집자가 보충해 넣은 것, 또는 편집자가 작성해 넣은 부연 설명이다. 따라서 어느 쪽이든 [ ] 속의 어구를 마루야마의 것으로 취급하는 데는 주의를 요한다.
- 초고는 가나 표기나 서양어 알파벳 표기 등에서 일관되어 있다고 하긴 어렵다. 편집자의 책임 아래 일부분 수정한 것이 있다. 또 명확한 오자, 극히 일부분이지만 문장의 혼동이 보이는 부분 역시 수정했다.
- 구두점·단락은 읽기 쉽도록 편자의 책임 아래 적절이 손질한 곳이 있다.
- 초고에서 판독 불가능한 부분은 □로 표시했다.

정치학 1960

참고문헌에 대해

정치학 개념이나 정치학의 기초 이론 같은 제목이 붙은 문헌들은 일일이 열거할 수 없을 만큼 많다. 여기서는 다음과 같은 몇몇 지점에서만 일반적 주의사항으로서 언급해 놓는다.

정치학의 교과서로 필히 추천(해 보고자 할 때) 아쉽게도 만족할 만한 것은 없다. 전후 정치학의 뛰어난 연구들은 개별적 연구, 특히 현상 분석의 영역에서 진행되었다. 뒤에 서술할 『정치학 사전』에서 대분류된 항목을 골라 읽고서, 더 흥미를 갖게 된 이는 『연보年報 정치학』을 읽으셨으면 한다.

(1) 이름이 반드시 내용을 드러내는 것은 아니다. 어떤 종류의 정치학자가 쓴 저서보다는 어떤 종류의 사회학자, 경제학자, 역사가, 나아가서는 문학자의 저작 속에 정치학적으로 풍부한 통찰이나 예리한 분석이 실질적으로 포함되어 있는 일이 드물지 않다. 또 입문이라고 새겨 놓은 책들 속에는 종종 문 안쪽으로 권유해 들이기보다는 문으로 들어가려는 모처럼의 기분을 꺾어 없애

거나 단념시키는 데 공헌하는 것이 있다.

(2) 정치학은 여러 사회과학, 아니 인문과학 속에서 가장 오래된 유래를 갖고서 가장 빠르게 발달한 학문임에도, 정치학의 대상·방법·범위 같은 프라이머리한[일차적인/기초적인] 문제와 관련해 오늘날까지도 끊임없이 되풀이 논쟁되고 있다. 정치학자의 머리 숫자만큼 정치학이 있다고 말해질 정도이다. 그 점에서 볼 때, 정치학이 하나의 독립된 디시플린discipline으로서 성립하는지의 여부에 대해 의문이 제기되는 일도 어떤 뜻에선 당연하다. 사정이 그럼에도 전문적 정치학자를 제쳐둔다면 대학에서 정치학을 배우는 학생들이 정치학이란 과연 과학으로서 가능한 것인지, 가능하다면 어떻게 그럴 수 있는지와 관련된 방법 논의에 머리를 박고 골몰하는 것은 현명한 일이 아니며 그럴 필요도 없다. 우리나라에서는 지금까지 완결된 체계에 의존하는 일이 지나치게 많았던 것이다. 이에 비해 아메리카[이하 '미국']에서는 Political Science로서 연구되고 있는데("Science Complex"), 영국에서는 사이언스라는 말이 별달리 사용되지 않는다. Political Studies라고 하면 충분하다고 여겨진다. 하루하루 주변에서 생생히 일어나고 있는 구체적 문제의 정치적인 의미를 자기 스스로 생각해 보는 것이 필요하다.

따라서 그런 '정치학'에 관한 학문, 즉 '정치학'학에

몰두할 여유가 있다면, 오히려 정치의 기초적 데이터가 되는 현대 각국의 문화, 제도, 역사적 배경 등에 관한 '상식'을 몸에 익일 수 있는 공부를 하는 쪽이 좋다. 또 훌륭한 정치가의 전기도 도움이 된다.

이런 관점은 좁은 뜻의 방법론만이 아니라 '국가' '민족' '계급' '인민' 같은 '개념'과 '본질'에 관한 논의에도 들어맞는다. 국가에 관한 정의는, 어느 학자에 따르면 모두 145종이나 된다고 한다. 그중 어느 것이 더 국가의 본질에 관한 진리인지를 결정하지 않으면 국가에 대한 학문적 연구가 불가능하다고 한다면 어찌 될 것인가. 정의定義라는 것은 결국 시험적인/잠정적인tentative 수단이나 도구에 불과하다. 개념의 본질화는 위험하다. 구체적인 분석 과정에서 끊임없이 자기를 검증하고 수정해 갈 것임을 처음부터 예상하지 않는다면 그 어떤 정치한 개념도 딱딱하게 굳은 독단으로 변해 사라진다. 그런 뜻에서, 어느 쪽을 택해야 하느냐면, 정치에 관한 기본 개념을 상세히 논한 참고서보다도 정치의 구체적 대상에 관한 서술이나 분석에 중점을 둔 책을 읽는 쪽이 과오가 없다고 하겠다. 주의하지 않으면 안 되는 것은 방법론과 개념 논의에의 함몰이며 말의 물신화物神化이다.

(3) 그러나 다른 한편에서, 추상적 방법 논의에의 함몰과 마찬가지로 빠지기 쉬운 위험은 구체성 혹은 현실

성에 대한 강조가 직접적인 시무론時務論 혹은 전술론—특정 상황 아래에서 무엇을 할 것인가—의 차원에만 집중하는 경향이다. [말하자면] 정론政論에의 함몰(경향성 논의).

구체적 상황에 대한 구체적 시무론 혹은 전술론은 그 구체성이라는 계기만을 강조한다면 결국에는 시간적·장소적으로 어느 한 점에 고착되고 마는바, 그럴 때 모든 전용 가능성은 배척되고 만다. 상황을 전형화하는 조작操作[1]이란 이미 직접적·실제적 목적을 넘어선 일반적 인식—예컨대 목적과 수단의 다양한 적합 관계에 대한 고찰—의 성립 가능성을 전제한 것이다. 사실 마키아벨리로부터 레닌까지 예로부터의 위대한 이론가들이 정치적 기술에 대해 남긴 말이란, 아무리 생생한 구체적 상황에 대해 구체적 제언을 서술할지라도 그 개별적 상황을 일반적 전형으로까지 추상화하는 노력을 성공적으로 기울이고 있다는 바로 그 점에서 위대한 것이다. 역사적 소여성[부여/구성된 것]에의 직접적인 밀착을 넘어선, 혹은 그 어떤 숭고한 목적일지라도 실천적 목적을 향한 열광적인 편견의 고집을 넘어선, 거리를 둔 관찰.

1 꾸며 만들어 낸다는 뜻의 '조작造作'과 혼동을 피하기 위해, 이하 '처리/운용'으로 옮긴다.

따라서 예컨대 레닌이나 마오쩌둥의 구체적 시무론에서는 무엇이 일회적·특수적인 조건에 의해 제약된 명제인지, 무엇이 정치의 일반이론인지를 판별할 필요가 있으며, 그런 식별력을 기르는 데는 협소한 전술 논의의 차원을 넘어 인식을 확대할 필요가 있다.

위와 같은 전제 아래에서 정치학의 일반적인 참고서들 가운데, a) 정치학적인 사고법을 배우는 데 특별히 중요하다고 여겨지는 것, b) 현대 정치에서의 가치·정치 구조 및 정치 기능의 상호 연관에 대해 개략적으로 아는 데에 유익한 것을, 이른바 정치사상사의 고전 바깥에서 편의상 뽑아 본다. 문제별 참고서들과 관련해서는, 예컨대 『사회과학 입문』(미스즈쇼보みすず書房, 1956년) 속의 '정치학' 항목을 참조할 것.

a) Karl Mannheim, *Ideology and Utopia: An Introduction to the Sociology of Knowledge*[이데올로기와 유토피아: 지식사회학 입문], 1936. (영역본) 특히 제3장 "The Prospects of Scientific Politics[과학적 정치학의 전망]".
David Easton, *The Political System*[정치 체계], A. Knopf, 1953.
Harold D. Lasswell & [Abraham] Kaplan, *Power and*

Society: A Framework for Political Inquiry[권력과 사회: 정치적 탐구를 위한 틀], Yale University Press, 1950. 또는 번역본으로 나와 있는 『권력과 인간』(소겐샤創元社, 1954).

Carl Schmitt, *Der Begriff des Politischen*[정치적인 것의 개념], 1934.

T. D. Weldon, 『정치의 이론』(키노쿠니야쇼텐紀伊國屋書店, 1957). 원서 *The Vocabulary of Politics*[정치학의 어휘], 1953. 이 책에서는 Schmitt의 영향이 보인다.

Roland Young (ed.), *Approaches Io the Study of Politics*, Northwestern University Press, 1958. 가장 새로운 접근 방식을 포함하고 있다.

b) Max Weber, [*Gesammelte*] *Politische Schriften*[정치 저작집], [1921].

Max Weber, *Die Typen der Herrschaft*[지배의 유형들](in Wirschaft und Gesellschaft[경제와 사회]), [1921~1922]. 소겐샤에서 번역 간행되었음.

Charles Merriam(이른바 시카고학파의 일원), *Systematic Politics*. University of Chicago Press, 1945[키무라 고쥬쿠 옮김, 『체계적 정치학』, 1949].

Charles Merriam, *Politiccal Power*, McGraw, 1934.

Ernest Barker, *Reflections on Government*[통치에 대한 성

찰], Oxford University Press, 1942. 이는 대단히 오소독스한[정통적인] 접근 방식을 취하고 있다.

Franz Neumann, *The Democratic and the Authoritarian State*[민주주의와 권위주의적 국가], 1957. 특히 법과 정치의 연관, 자유의 문제 등.

Carl Friedrich, *Der Verfassungsstaat der Neuzeit*[현대 입헌국가론], 1953(영어판 *Constitutional Government and Democracy*). 정치제도의 개론으로서는 가장 잘 정돈되어 있는 책. 우리의 강의는 정치제도에 대한 코먼센스를 전제로 하고 있기 때문에 특히 중요한 책.

Hermann Heller, *Staatslehre*[국가학], Leiden, 1934. 현대의 정치학은 국가학에서 나온 것이지만, 헬러의 이 책은 전통적인 독일 국가학과는 구별되는 이색적인 작품이다.

Herniann Heller, *Political Science in Encyclopaedia of the Social Sciences*[사회과학 백과사전 속의 정치학], [Edwin R. A. Seligman (ed.), Vol. XIL. MacMillan, 1934].

Bertrand de Jouvenel, *De la souveraineté*[주권론], 1955.

A. Gurland (Hrsg.), *Faktoren der Machtbildung: Wissenschaftliche Studien zur Politik*[권력 형성의 요인들: 정치에 대한 과학적 연구], 1952.

헤이본샤平凡社 판, 『정치학 사전』[1954]. 이 사전의 대항목에는 정치학의 테마나 주요 어휘가 설명되어 있다.

일본정치학회, 『연보 정치학』 1950~. 1953년 이후는 매년 정치학의 중요 테마에 대한 특집이 실려 있음.

로야마 마사미치, 『일본 근대 정치학의 발달』, 1949. 전쟁 이전까지의 정치학적 고찰의 발달사를 아는 데 좋다.

마루야마 마사오, 『현대정치의 사상과 행동』 상/하, 미라이샤未來社, [1956~1957].

더불어, 『사회과학 입문』(미스즈쇼보[1956]) 속의 '정치학' 항목(마루야마 마사오 집필)에는 개별 영역에 대한 참고문헌이 제시되어 있다. 또 유네스코에서 나온 *International Bibliography of Political Science*를 보면 매년 어떤 문헌이 출간되고 있는지를 알 수 있다.

잡지

미국

American Political Science Review

Political Science Quarterly

Journal of Politics

Annals of the American Academy of Political and Social Science

기타 사회학·역사학·행동과학 관계 잡지에 정치학적인 논문이 실려 있는 경우가 적지 않다.

영국

Political Studies

Political Quarterly

독일

Zeitschrift für Politik

프랑스

Revue [française] de Science politique

Revue politique et parlementaire

어떤 인간 또는 한 국민을 두고 그 인식이나 판단이 정치적으로 유치하다거나 성숙해 있다고 비평할 경우, 그런 비평은 무엇을 규준으로 하는 것인가.

예컨대 '사회당은 좀 더 어른이 되지 않으면 안 된다'라거나 '아무개는 단순한 관료가 아니라 상당한 정치적 감각을 갖고 있다'라고 말할 때, 그 말에는 어디까지 이론적인 의미 분석을 행하고 있는가의 여부는 제쳐두고 모종의 정치적 성숙성political maturity에 대한 이미지가 포함되어 있는 셈이다. '사회당은 어른이 되라'라고 하는 제언 속에 실질적으로 어떤 정치적 의미가 담겨 있는지를 말하자면, 물론 그것은 정책 및 정신의 차원에서 사회당이 더 개량주의적으로 되어야 한다는 것, 더 '현실적'으로 되어야 한다는 것이다.

개량주의적으로 되라고 하는 것은 이데올로기 및 정책을 A에서 B로 바꾸는 것이며, 그것은 정치적 성숙도의 문제와는 차원이 다르다. 성숙한 사회주의 정당도 있으며 성숙하지 않은 보수당도 있다. 성숙한 혁명가도 있으며 유치한 혁명가도 있다. 정치적 이데올로기나 정책은 그 자체로는 정치적 사고의 높고 낮음과는 다른 문제이다.

그러나 또 하나의 함의—즉 '사회당은 현실적으로 되라'라고 하는 명제—는 정치적 사고와 밀접하게 관계되어 있다. 즉 정치적 리얼리즘이라는 문제가 그것이다. 정치적 성숙도를 재는 중요한 규준으로서 정치적 리얼리즘이란 무엇인가라는 물음에 대해 생각하지 않으면 안 된다. 현실 정치가는 '그것은 서생書生론이다' '그것은 탁상공론이다'라는 말투를 종종 취하는바, 혹시라도 올바른 의미의 정치적 리얼리즘이 결여된 사고나 판단에 대해 그렇게 말하는 것이라면 그런 한에서는 정당한 말투이며, 그 같은 사고나 판단은 정치적 미성숙의 표출로 간주되지 않으면 안 될 것이다. 유명한 비스마르크의 말, '정치는 가능성의 기술Kunst des Möglichen이다'라는 말[1]

1 비스마르크[1815~1898]의 것으로 알려진 이 말은 원래 역사가·정치학자 프리드리히 크리스토프 달만[1785~1860]의 것이었지만 1880년대 초반 무렵부터 비스마르크의 정치를 집약하는 것으로 통용됐다. "비스마르크는 당원Parteimann[당파의 인간]이 아니라, 그 자신의 말을 따르자면, **가능성의 기술로서의 정치술**Staatskunst[국가/정부 기술]을 숙고하는 정치가Staatsmann[국가의 인간]이다. 언제나 그는 명명/지명하는 숫자들로만 계산하고 그런 계산을 모든 사람들과 모든 당파들을 상대로 활용한다."(*Deutsche Revue*, Band 9, 1884, p. 132. 강조는 인용자) 프랑크푸르트 국민의회 의원이기도 했던 달만은 1848년 혁명의 파급 속에서 일명

의 의미 역시 그러한 정치적 리얼리즘과 맺는 관련 속에서 이해되어야 한다.

현실에 있는 정치의 장, 거기서 보이는 인간 행동은 이상이나 정열을 지닌 채로 행해지는 것으로, 반드시 인식 태도로서의 정치적 리얼리즘을 동반하는 것이라고는 할 수 없다. 그러나 정치적 판단을 그것과는 다른 종교적·도덕적 판단으로부터 특별히 구별하는 기준이 되는 것은 역시 정치적 리얼리즘이다. 이상을 결여한 정치 행동 및 정치가가 있을 수 있다. 그러나 최소한의 리얼리즘을 결여한 정치 행동이란, 종교적 또는 도덕적 행동에는 있을 수 있어도 더 이상 말의 본래적 의미에서의 정치적 행동이라고 할 수 없다.

'파울교회 헌법Paulskirchenverfassung' 혹은 '프랑크푸르트 국헌'으로 알려진 '독일국 헌법'을 공동으로 기초했다(1849년 3월). 총 7장으로 구성된 이 헌법은 독일 각 영방의 군주들과 충돌하는 자유주의·민주주의·연방주의를 중심에 놓고 있으며, 그중 제6장(독일 국민의 기본권)에 학문의 자유, 참정권, 공개재판제도 및 배심제, 헌법소원訴願 및 국가에의 청구권 등이 설정되어 있다. 이런 요소들은 1850년 의회 해산으로 효력이 상실되지만, 1877년 비스마르크의 '독일 제국 법원조직법'이나 1924년 바이마르 공화국 헌법 개혁에서 되살아난다.

1. 정치적 리얼리즘과 상황 인식

정치적 리얼리즘은 무엇보다 상황 인식의 문제이다. 즉, 상황에 대한 읽기의 깊음과 얕음이 제일 첫째로 정치적 성숙도를 결정한다.

종종 자기 자신의 정치적 미성숙을 은폐하는 구실로서, 즉 자신이 읽어 낼 수 없었던 정치적 상황의 곤란성을 숨기기 위해 의식적으로 또는 무의식적으로 '사건' 전부를 특정한 어떤 '사악한 것'이나 '적'의 악랄한 음모로 환원하는 일이 행해진다. 거꾸로 말하자면 정치적 사건—특히 우리 편에게 불리한 정치적 사건—을 모두 사악한 적의 의도로부터 유출된 것처럼 여기는 사고방식이 이뤄진다. 물론 현실 정치에서는 모략이나 음모도 행해진다. 그러나 정치적 상황에서 책임을 지고 행동해야 할 사람에게 있어 '교활한 상대방(적)에게 속았다'라고 하는 푸념의 우는소리는 최악의 변명이며 자신의 정치적 무능력을 고백하는 것이다. 상황에 작용하는 여러 인자들의 상호작용을 자기나 타자의 선의나 성실함에 기대지 않고, 가능한 한 자기의 인식 차원에 편입시켜 가는 데서 정치적 리얼리즘은 출발한다.

이는 시장 속 경제인homo economicus의 행동에서는 자명한 것으로 여겨지는 것이다. 예컨대 주가가 오를 거라고 생각하여 B로부터 구입한 주식이 폭락해 A가 손해를 입었을 때 '이건 억지로 팔아넘긴 B의 음모에 걸려든 것이다'라고 말해도 통하지 않는다(근대 이전의 시장은 매매와 관련하여 동기가 문제였으며 그런 비난이 통했다). 그것은 시장의 전망이라는 점에서 B가 A보다 적확했다는 뜻이다. 즉, 문제는 시장의 객관적 인식이라는 것, 읽어내는 깊이의 상이함이라는 것이 상식으로 되고 있다.

하지만 그런 지점이 정치의 세계에서는 상식이 되어 있지 않다. 그렇게 정치에서의 거래, 경쟁이나 투쟁의 장에서는 상황 인식의 얕음에 기초한 실패까지도 모조리 '적의 사악한 의도'로 귀속되며, 나아가 그것으로 납득하게 되는 일이 적지 않다. 말하자면 적이 '만능화'된다. 세계의 모든 사건을 유대인의 음모로, 공산주의자가 착착 진행한 계획의 실현으로, 혹은 월스트리트의 의도로 환원하는 사고는 정치적으로 미성숙한 풍토가 강할수록 손쉽게 행해진다. 따라서 더 성가시게 되는 것은 그런 사고방식의 경향성 자체가 정치적 선동에 이용되고 대중의 불만과 증오를 단지 특정 희생양scapegoats에 집중시키기 위해 정치적 지도자가 그 같은 논법을 의식적으로 적지 않게 사용하게 된다는 점이다. 그럴 때 상황을 분석하는 수고는 생략되며 사안은 단순화된다.

그러나 지도자의 그런 논법은 대중의 정치적 사고를

벼리는 훈련에 도움이 되지 않는다. 뿐만 아니라 적을 만능화하는 것은 양날의 칼이라서, 한편으로 지도의 실패를 호도하고 만능의 적을 극복하기 위해 대중을 지도자 아래로 결집시키는 데는 도움이 되지만, 다른 한편으로 적이 실제 이상으로 유능하다는 인상을 줌으로써 대중을 패배주의적 심리에 빠져들게 한다. 그런 논법은 지도자에게 유리함만을 가져다주는 것이라고 할 수 없다.

최근의 사례를 들면, 중일전쟁日華事変[1937~1945] 때 정부는 전선의 불확대 방침을 취했지만, 중국과의 전쟁은 점점 더 심각해졌으며 질질 끌면서 더 확대되고 말았다. 이윽고 군부조차도 사태의 '진행/형편'을 통제할 수 없게 되고 말았다. 전후가 되니 '그런 사태는 중국공산당의 음모에 걸려들었기 때문이다'라고 말하는 사람이 나온다. 군인이 쓴 책들에 그런 투의 문장이 많다. 그것은 중국공산당이 전쟁의 발발을 특정한 방향—전쟁을 계기로 항일을 위한 국공國共 통일전선을 결성하려는 방향—으로 발전시키고자 했다는 뜻에서는 일면의 진실이 있지만, 사태를 전부 중국공산당이 행한 음모의 소산으로 귀속시키는 것은 명백한 역사적 오류일 뿐 아니라 정치적 인식의 차원에서 말하자면 다름 아닌 상황 인식을 위한 읽기의 깊고 얕음의 문제가 된다. 즉, 당시 상황에 대한 인식의 정도에서 일본의 정치적 지도자가 행한 읽기보다는 중국공산당 지도자의 읽기 쪽이 더 깊었음을 말해 줄 따름인 것이다.

마찬가지 사정이 전후 미국에서도 보였다. 즉, 공화당은 중국 혁명의 성공 원인을 깡그리 민주당의 대對중국공산당 정책의 실패로 돌리면서 공격을 집중했다. 중국 공산 정부의 성립은 모조리 미국 정부의 실패에 기초해 있다는 관점이다. 그러나 이는 미국의 지도자가 만능이라는 점을 전제하고 있다. 그것은 물론 사실이 아닐 뿐만 아니라, 만능임에도 어째서 중국의 정치 상황에 대한 올바른 분석이 불가능했던가를 설명하지 못한다. 혹시 공화당이 정색을 하고 성실히 그리 생각했다면 그것은 그들의 정치적 미숙함을 보여준다. 그런 게 아니라면 그것은 대중 속의 정치적 미숙을 이용하는 선전이다.

모든 것을 끊임없이 상황 인식의 차원에 내려놓고 고찰하는 것이 긴요하다. 일반적으로 인간의 행동양식이 스테레오타입[틀에 박힌 것]이 되고 터부[금기] 등에 의해 정형화되고 있는 지점에서는 별달리 상황 인식의 필요가 생겨나지 않는다. 공동체적 사회에서의 행동양식이 지닌 관습적 패턴은 근대사회가 되면 될수록 붕괴를 향해 갔다. 그럼으로써 비로소, 그 인간이 무엇인가—[그가] 무사인가 서민町人[상인/장인]인가—가 아니라 그가 특정 상황하에서 무엇을 하는가, 그 역할role을 살펴봐야 할 필요가 생겨난다. 즉, 상황 인식이 필요해지는 것이다. 많은 인간이 정치에 참여하면 할수록, 정치과정이 다수의 인간에 의해 이뤄지면 이뤄질수록 끊임없는 상황 인식이 요구되며, 정치적 리얼리즘은 점점 더 필요하게 된다.

그러나 우리에게는 사고의 타성이 있기 때문에, 이를테면 이 인간은 이러저러한 것을 행하는 자라는 틀을 끼워 놓으면 상황 인식에 따른 수고를 생략할 수 있게 된다. 공식주의자·교조주의자는 그렇게 한다. 그러나 인간관계가 끊임없이 변동하게 되면 구체적 상황에 의해 특정 인간이 어떻게 행동하는가를 살펴봐야 할 필요가 생겨난다. 인간의 아프리오리한[경험에 앞서는(이하 '선험적인'으로 옮김)] 행동의 정형화는 곤란해진다. 정치적 성숙도라는 것은 많은 인간이 정치적 주체로 행동하면 할수록 높아지며 또 필요해진다.

의도와 결과는 어긋난다. 일, 뜻에 어긋날 경우에 '부덕不德의 소치'라거나 '적의 비열한 사악함'에 대한 분개로 문제를 해소해 버리지 않고 끊임없이 상황 인식의 차원에 문제를 내려놓고 생각하는 데 정치적 리얼리즘의 제1계기가 있다. 지도자가 내건 목표에 신봉자/추종자follower가 호응하지 않을 경우, 그들이 지닌 '의식의 얕음'을 개탄하거나 용기 없음에 분개하는 일도 그런 뜻에서는 리얼리즘의 결여이다. 정치적 조직화라는 것은 그러한 팩터[요소/인자]를 미리 고려할 때만, 즉 예측 가능한 결과에 대한 최대한의 고려와 계측이 동반될 때만 성숙한 지도라고 말할 수 있을 터이다.

2. 상황 인식에서의 리얼리즘

상황 인식에서의 리얼리즘이란 구체적으로 어떤 인식 방법을 의미하는가. 나아가 그런 인식 방법에 필요한 자질은 무엇인가.

우선 훌륭한 정치가가 지닌 상황의 insight[통찰]라는 것을 요소분석하기로 하자.[2]

참조. 「과학으로서의 정치학」(『현대정치의 사상과 행동』[3]에 수록), 「정치적 인식」(『사회학 사전』[1958]) [『마루야마 마사

2 이 문장 바로 뒤, 편집자에 의해 첨가된 문장들을 본문이 아니라 각주로 옮겨 놓는다: "훌륭한 정치적 지도자는 상황에 대한 훌륭한 통찰력과 훌륭한 리얼리즘을 갖는다고 흔히들 말하는데, 그것들 속에는 어떤 요소가 내포되어 있는가라는 문제이다."

3 이 강의록이 작성된 1960년을 기준으로, 『현대정치의 사상과 행동』[김석근 옮김, 한길사, 1997]은 상/하 두 권으로 출간되어 있었고(미라이샤未來社, 1956~1957), 1964년에 증보판 합본으로, 2006년 신판으로 출간되었다. 합본 이래 159쇄를 찍고 있다.

오 전집』 제7권[『丸山眞男集』 第7巻: 1957~1958, 이와나미쇼텐(岩波書店), 1996]에 수록].

정치적 상황을 구성하는 주체의 단위를 액터actor(행위자)라고 부르고 액터의 행동이 일어나는 무대를 필드field라고 부르기로 하자. 액터는 개인일 수도 있으며 집단일 수도 있고 '나라'일 수도 있다. 선거인[유권자], 데모대, ××당, 경단련[경제단체연합회], 국회의원, 국회 상임위원회, 내각, 정부, 일본, 국제연합 등 액터는 다양한 레벨[층위/수준]에서 설정될 수 있다. 액터는 기능 개념이지 실체 개념이 아니다. 그 어떤 정치가도 정치 행동만 (하지 않는다). 인간 행동의 정치적 측면을 추상해내어 그 주체를 액터라고 하는 것이다.

국제연합 속에서 이뤄지는 일본의 활동이라고 말할 때는 일본이 액터고 국제연합이 필드이다. 콩고 문제[4]에 대한 국제연합의 태도라고 말할 때는 국제연합이 액터이다. 국회 속의 자민당이라고 말할 때는 국회가 필드이지만, 국정조사권을 둘러싼 국회와 사법부의 대립이라고 말할 때는 국회가 액터이다. 정치적 상황은 무수한

4 벨기에로부터 독립에 성공하여 콩고 공화국을 세운 1960년에 독립운동의 세 주역 사이에서 일어난 주도권 투쟁. 그 셋에 대한 프랑스+벨기에, 소련, 미국의 지원 속에서 치러진 대리전/내전.

차원의 복합과 교착으로 성립되는 것인바, 어떤 차원을 취하는가에 따라 액터 역시도 달라진다.

어쨌든 정치적 상황이란 액터 상호 간의, 액터와 필드 사이에서의 끊임없는, 무수한 인터액션interaction[상호작용]의 과정으로 성립되고 있다.

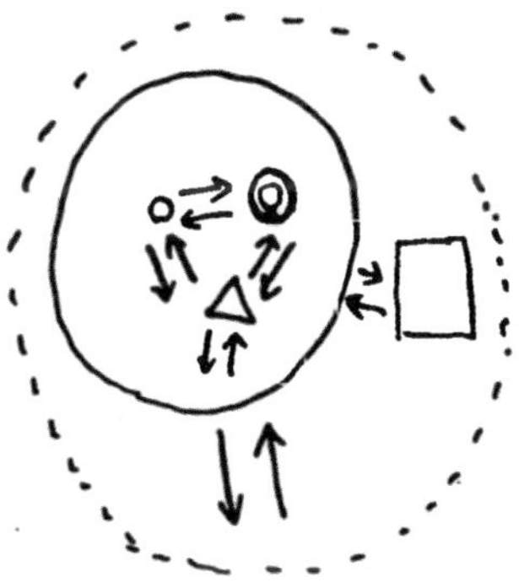

인터액션은 첫째로 적극적 행동 및 불不행동을 포함하며, 둘째로 실천 행동만이 아니라 상호 간의 이미지의 왕복도 포함한다.[5] 상대방 및 필드를 어떻게 보는가에 따라 객관적 관계가 달라진다. message → information →

5 바로 뒤, 편집지에 의해 첨가된 문장: "우리는 수위의 세계를 보고 그 주위 세계에서 보내 온 정보로부터 주위 세계의 이미지를 만든다. 소비에트라는 이미지, 미국이라는 이미지…, 그런 이미지들의 왕복 과정이 중요하다."

image. 사물의 인식 자체가 사물의 관계를 변하게 한다는 불확정성 원리.

정치의 장에서는 인식 주체와 객체 사이에 상호 이입 관계가 존재한다. 배우 아닌 관객은 없다. 연극의 [무대 위에서] 연기를 하면서 연극을 본다. 그렇게 봄으로써 연극이 진행된다.[6]

[이상과 같은 간단한 일반적 설명은 정치과정만이 아니라 사회 과정 일반에 대해서도 이뤄질 수 있다.]

로버트 머튼Robert Merton의 자기충족적 예언self-fulfillling prophecy과 자기부정적 예언self-denying prophecy[*Social Theory and Social Structure*[사회이론과 사회구조: 이론과 연구의 집대성을 향하여]*: Toward the Codification of Theory and Research*, 1957]은 사회 과정—따라서 특히 정치과정—에서 관찰 자체가 일정한 방향 설정의 역할을 수행한다는 것, 즉 모든 언설이 액터 상호 간의 인터액션 안에 편입된 것의 결과이다.

6 이 한 단락의 앞뒤에는 편집자에 의해 각각 다음과 같은 문장이 첨가되어 있다. 첫 문장 앞: "아인슈타인의 상대성 원리에서는 빛에 대한 설명이 행해지고 있지만, 정치에는 인식 주체로부터 이탈한 객관적 존재라는 것(여기서는 빛)은 존재할 수 없다." 마지막 문장 뒤: "관객도 언제나 배우인 것이다."

정치적 상황을 이벤트event의 끊임없는 동태 속에서, 또한 변화의 형상, 추이의 형상 속에서 인식하는 일이 요청된다. 변화는 공간적 변화와 시간적 변화라는 양면에서 일어난다. 그리고 1) 액터 자체의 변화, 2) 액터의 상호관계의 변화, 3) 필드의 변화, 4) 액터와 필드의 상호관계의 변화라는 네 가지 변화의 복합으로서 진행된다. 그런 복잡한 형태의 시시각각 변동하는 상황 변화에 대한 기민한 포착은 정치적 리얼리즘에서는 결여될 수 없는 것이다. 그런 뜻에서 정치적 인식은 무엇보다 지금·여기라는, 구체적인 것의 인식이다. 모든 추상적 이미지들—세계관, 이론, 일반원칙, 인간·사물·제도에 관한 고정적 관념 등—이 아무리 그 자체로 의의를 갖는다고 할지라도, 그것들이 대들보가 되어 시시각각 변동하는 생생한 현실을 포착하는 눈을 흐리게 만드는 사태에 맞서 예로부터 정치가가 본능적인 경계심을 가졌던 이유가 그와 같다.

사례 1.

"경국經國의 정치가statesman는 대학 교수와 다르다. 대학 교수는 사회에 대한 일반적인 관념을 갖고 있으면 된다. 그런데 정치가는 허다한 구체적 사정a number of circumstances을 고려하면서 그것과 일반적 이념들을 결속시켜 가지 않으면 안 된다. 사정은 무한하며, 또 사정들 간의 결합 관계 역시도 무한한바, 그렇게 끊임없이 변화하며 추이를 따른다. 그런 사정을 고려하지 않는 자는 잘못을 저지르고 있을 뿐 아니라 전적으로 제정신이 아니라고 할 수 있다. 뼈 빠지게 힘들여 이성을 갖고서는 제정신을 잃는 것이다dat operam ut cum ratione insaniat. 그는 형이상학적으로 말해 제정신이 아닌 것이다. 경국의 정치가는 원리를 잃어버려서는 안 되며 동시에 구체적 사정에 의해 인도되지 않으면 안 된다. 그가 때의 긴급한 필요를 거슬러 판단을 내림으로써 나라를 영구히 망쳐 버릴지도 모르는 것이다." (Edmund Burke, *Speech on the Petition of the Unitarians*)[7]

사례 2.
"때때로 나는 원칙을 갖고 있지 않다는 말을 들어 왔다. 만약 내가 원칙을 갖고 살아가게 된다고 생각해

7 이 문장들은 버크의 1792년 5월 11일 자 「유니테리언의 구제 청원에 대한 연설Speech on Unitarians' Petition for Relief」의 첫 단락에서 번역/인용된 것이다(유니테리언은 그리스도-예수의 신성을 거부함으로써 삼위일체론을 부정하고 신의 유일성unitarity을 주장하는, 18세기에 두드러졌던 교파).

보면, 마치 좁은 숲길을 걷고 있다는 느낌, 불가피하게 입 안에 긴 막대기를 밀어 넣고 있다는 느낌이 든다." (비스마르크의 말. Heinrich von Poschinger, *Fürst Bismarck und die Parlamentarier: Die Tischgeschpräche des Reichskanzlers*[비스마르크 후작과 국회의원들: 제국 수상의 탁상담화] II[: 1847~1879], S.170[초판, 1895])

사례 3.

"일반적으로 역사라는 것은, 특히 혁명의 역사라는 것은 가장 좋은 당, 가장 진전된 계급의 가장 의식적인 전위前衛가 생각하는 것보다 언제나 훨씬 더 풍부하며, 더 많은 변화를 가지며, 더 생생하고, 더 '교활'한 것이 상례이다. 이는 당연한 것이다. 왜냐하면 가장 훌륭한 전위라고 해도 기껏해야 몇만 명의 의식과 의견과 정열과 공상을 표현하고 있음에 반해, 혁명이라는 것은 모든 인간 능력이 예외적으로 고양되고 발휘되는 순간에, 가장 세차고도 매서운 계급 전투에 휘몰린 몇천만 인간의 의식·의견·정보·판타지의 영향을 받는 것이기 때문이다." (레닌, 『좌익소아병[Детская болезнь]에 대해』[1920, 김남섭 옮김, 돌베개, 1989])

[앞의 세 가지 사례와 관련하여 내가 쓴 문장은 다음과

같다.]

"마키아벨리부터 에드먼드 버크까지, 비스마르크에서 레닌까지, 정치사상사 속에서도 위대하다고 할 수 있을 정치가들의 말을 취해 보면, '일반원칙'이 상황의 자유로운 처리/운용을 제약할 위험성에 대해 그들이 거의 본능적으로 경계심을 기동시키고 있다는 점에 정치적 지혜의 본령이 있음을 인정할 수 있다. 그런 뜻에서 정치적 리얼리즘은 기회주의적日和見主義的[대세순응적]이어서는 안 되지만 언제나 기회적일 것日和見的[구체적 추이를 살필 것]을 요구받는다. 그렇게 기회적일 때라야만 비로소 상황의 변화에 따라 동반되는 새로운 문제의 발생에 민감하게 반응할 수 있는바, 이를테면 '현실'을 선취함으로써 새로운 처방을 제안할 수 있는 길이 열린다. (이른바 상황추수주의는 상황을 처리/운용 가능한 것으로 포착하지 않는다는 점에서 정치적 리얼리즘의 반대물에 불과하다.)" (「근대 일본의 사상과 문학」, 『이와나미 강좌 일본문학사』 제15권, 1959년[『마루야마 마사오 전집』 제8권])

구체적 상황을 무시하고 선험적인 이상이나 이념을 치켜들거나 모든 상황의 발전을 어떤 확고부동한 원리나 명제의 베리에이션[변주/변종]으로, 그 내재적·유출론적

manifestation[징후/발현]으로 간주하는—예컨대 민족정신의 발현 과정이나 자연법의 구현 과정으로 보는—사고방식이 정치적 리얼리즘이 아니라는 것은 두말할 나위도 없다. 상황의 가변성·추이성을 무시하기 때문이다.

> 절대적 가치 판단—신과 악마, 선인과 악인—으로 현실을 도식화하는 것은 위험하다. 그것은 상황 인식으로서도 오류일 뿐 아니라 실제적 결과로서도 이자는 물론 본전도 못 찾는 짓이다. 구체적 상황에서의 정치적 선택은 언제나 상대적으로 좋은 것을 택하는 일, 혹은 악함의 정도가 덜한 것을 택하는 일이다. (강제와 악마성) "The best is the enemy of the good."[8]

8 "최선最善은 선善의 적이다." 이 격언은 흔히 볼테르의 것으로 알려져 있다. 출처는 『백과사전에 대한 물음들Question sur l'Encyclopédie』(1770)에 인용된 이탈리아 현자의 격언으로, 이 격언을 프랑스어로 옮겨 쓴 「새침떼기: 도덕적 콩트La Bégueule: Conte Moral」(1772)의 첫 문장인데, 이를 반영하여 마루야마의 영어 인용문을 다시 표시하면 다음과 같다: "최선best/meglio/mieux은 선good/bene/bien의 적이다." 몽테스키외의 『나의 생각들Mes Pensées』(1720)과 셰익스피어의 『리어왕』(1606)에도 유사한 사고가 제시되어 있다. 이 격언은 뒤에 다시 반복되는바, 앞에서 '참조'하라고 했던 마루야마의 글 「정치적 인식」에 제시된 여섯 가지 사고법 중 세 번째 "조건적 사고" 속에서 이 격언이 다음과 같이 활용되고 있다. "조건적 사고는 가치판단을 언제나 상대화해 가는 사고방식으로서, 신과 악마, 선인과 악인이라는 절대적 대립으로 사안을 판단하는 것이 아니라 비교적 좋은 것, 혹은 악함의 정도가 덜한 것을 식별하여 선택하는 태도이다. '베스트는 베터[better(차선)]의 적이다'라는 격언이 그런 태도를 뜻한다."(『丸山眞男集』 7巻, 301頁)

이와는 반대로, 이상이나 이념을 현실과 고정적으로 분리시키고는 '이상은 그럴지라도 현실은 그렇지 않다' 운운하는 방식으로 한 시점의 상황을 고정화하는 사고, 혹은 연이어 일어나는 이벤트를 사후에 뒤쫓아 가서는 단지 순응할 뿐인 상황추수주의 역시도 언뜻 정치적 리얼리즘과는 비슷해 보이지만 완전히 다른 것이다.

참조. 「'현실주의'의 함정」(『현대정치의 사상과 행동』) '자유국가의 일원으로서 중국공산당 정부를 승인할 수는 없다. 이런 현실을 인식하지 않으면 안 된다'라고 하는 말의 방식이 있다. 이데올로기 비판으로서가 아니라 그 말의 방식 중 어디에 문제가 있는가.

1) 문제 레벨의 혼동
자유 진영에 속한다는 것과 중국공산당을 승인한다는 것이 반드시 모순되는 것은 아니다. 영국·인도 등등. 애초에 자유 진영에 속한다는 대전제로부터 모든 구체적 policy[정책/방침]가 '유출'된다고 보는 사고법.
2) 납작해진 현실주의로서, 거기서는 아무런 방향성이 나오지 않는다. 이는 현재 중국이 가장 문제시하는 점이다. 방향성이 정해진 다음에야 비로소, 현

실 속의 다양한 가능성들 가운데 그 가능성을 촉진시키는 요소를 한 걸음 한 걸음 신장시켜 갈 수 있으며, 거꾸로 그 가능성에 마이너스적으로 작용하는 요소를 하나하나 제거해 갈 수 있는 구체적 정책policy이 나오게 된다. 이것이 현실주의이다. 일본과 중국의 관계가 겨우 호전될 조짐을 보이는 이때, 기시 노부스케 수상은 동남아시아 여행에서 돌아오는 길에 대만을 방문하고는 반공을 위해 함께 싸우자는 공동성명을 냈다. 이는 이데올로기의 문제 이전에 정치적 리얼리즘을 결여한 일이다.

상황은 그저 객체로서 앞에 있는vorhanden 것이 아니라 액터의 행동을 통해 시시각각 변화하는 것이다. 즉, 상황은 주체·객체적인 것이다. 따라서 상황을 어떤 응고된 현실로, 주어진 현실로 포착하지 않고 좀 더 가소적인可塑的[빚어낼 수 있는] 것, 처리/운용 가능한 것으로 포착하는 것이 진정한 정치적 리얼리즘이다. 현실의 가소성[plasticity]이란 현실의 처리/운용 가능성이나 다름없다. 비스마르크가 말하는 가능성의 기술Kunst des Möglichen 이란 그저 불가능한 것을 정치의 문제로 삼지 않겠다는 것만이 아니라 현실 속에 있는 다양한 가능성을 탐지하는 것, 예컨대 지금 시점의 필드에서는 아직 아몰프한

[amorphe(무정형적인)] 방향, 혼돈스런 방향이나 요구로부터 좀 더 명확한 방향성을 가진 정치적 태도가 결정화結晶化되어 갈 가능성을 판별하고 도출해내는 사고법 및 테크닉까지도 의미한다. 일정한 정치적 현실—운동이든 정책 결정이든—에는 종종 상반되는 경향이 내재해 있다. 그것을 동시적으로 인식하는 것—이른바 방패의 양면을 보는 일—이 리얼한 상황 인식이다. 한 방향의 경향성만이 눈에 들어오고 반대 방향의 경향성은 간과되어 버릴 위험성을 언제나 경계하지 않으면 안 된다. wishful thinking[9]의 문제.

또, 상호작용하는 힘들 속에 새로운 힘이 들어옴으로써 액터들의 관계에 관련된 새로운 constellation[성좌]이 형성될 가능성에 대해서도 끊임없이 고려할 필요가 있다. [그 컨스털레이션이란 말하자면 힘의 성좌이다.]

이 모든 것들이 상황의 가변성이라는 문제에 당연히 포함되어 있는 셈이다.[10]

[구체적인 문제를 상황에 관련시켜 contextual하게[관계/맥락적으로] 생각하는 것, 상황 관련의 문맥적 사고를 행하

9 희망적 사고 편향. 현실적/구체적 근거에 뿌리박은 게 아니라 자신이 믿고 싶어 하는 긍정적 결과에 일방적으로 편중되는 일.

10 바로 뒤, 편집자에 의해 첨가된 문장: "상황의 가변성이란 상황의 처리/운용 가능성이라고 해도 좋다."

는 것이 정치적 리얼리즘이다.]

[예컨대] 재군비再軍備 문제. '우리나라가 독립국인 이상, 군비를 갖는 것은 당연하다'라고 말하는 것은 일반 명제이다. [이를 '일본은 지금 군비를 가져야만 한다'라는 특수명제와 직접 결부시키는 것은 정치적 사고와는 인연이 멀다.] 현재의 정부 여당(주체)에 의한 방위력의 강화(방향성)가 국내의 경제적·정치적·사회적 상황에 어떤 작용action을 끼치는지, 국제관계에는 어떤 작용을 끼치는지, 그 작용이 어떤 반작용counter-action으로 튀어 되돌아오는지[를 생각하는 것이 리얼한 인식이다. 이를 속류적 리얼리즘과 혼동해서는 안 된다.] 중국·소련에 의한 일본 침략의 가능성을 무시하는 것은 비현실적인 관점이라고 말하는 이들이 있다. [분명, 재군비 반대의 경우에도 중국·소련의 침략 가능성을 완전히 무시해서는 안 된다.] 그러나 현재의 힘의 성좌power constellation 속에서 중국·소련이 일본에 출병하는 일은 곧 세계전쟁을 의미한다. 그렇기에 문제시되어야 하는 것은 중국·소련이 세계전쟁을 무릅쓰면서까지 일본에 침략을 감행할지 여부에 관한 상황 인식이다.[11]

11 바로 뒤, 편집자에 의해 첨가된 문장: "역시 구체적 상황 인식이 문제인 것이다. 단지 '중국·소련의 침략 가능성이 있기 때문에 일본은 군대를 준비하지 않으면 안 된다'라고 하는 것은 속류 리얼리즘이다."

그 어떤 정치과정도 미시적으로 보면 액터들이 행하는 크고 작은 무수한 결단decision, Entscheidung의 퇴적으로 성립된다. 누가, 언제, 어떤 장소에서, 어떤 방식으로 결단하는가. 그렇게 결단의 주체, 시기, 장소, 방법을 묻는 일, 추상적 이념의 구현이나 일반적 규범의 지속적인 적용으로 보이는 것들을, 심지어 초인간적 자연력(신력神力)의 작용처럼 보이는 것들까지도 그런 결단의 구체적 과정 속으로 환원시켜 보는 일, 그것이 정치적 사고를 철학적(종교적) 사고나 관료적 사고와 구별되게 한다. 이른바 법치국가의 행정은 관료적 사고(또는 관료제에 적합한 법학적 사고)에서는 법규의 적용으로 여겨지며, 다름 아닌 추상적·일반적 법규로부터 구체적인 경우들에서의 '집행'이 유출되는 것처럼 상정된다(예컨대 '법으로 정해져 있으니 근무 평가가 실시된다'라고 하는 식으로). 정치적 사고란 누가, 언제, 어떤 상황에서, 어떤 방식으로 결단하는가라는 구체적 문제로 환원시켜 생각하는 것이다. 그런 정치적 사고 속에서 법적 권한의 연쇄 체계는 decision-making[(단계별) 정책/의사 결정]의 상승 또는 하강 과정으로 파악된다. 그렇기에 항상 법적 권한의 사고 속에서 애매해지고 마는 주체의 책임 문제가 제기되는 것이다.

[예컨대] 안보安保[미일 안전보장조약] 개정. 지금 개정되지

않을지라도 현재의 조약은 살아 있는 것이다. 따라서 기존 조약의 내용과 비교하여 상대적으로 개선되는가 아닌가를 문제로 삼아야 한다. 조문의 검토와 비교. 법해석학의 문제. 나아가 'best는 good의 적이다'라는 격언 그 자체는 정치적인 사고방식이므로 조약의 개정은 긍정될 수 있다. 그러나 그것만이라면 개정은 절반만 정치적 관점[을 따르는 것]이며 절반은 형식적·법적 관점[을 따르는 것]이다. [정치적 사고의 관점에서 보면] 안보조약의 개정은 특정 주체에 의해 어느 시점에서 행해지는 일본의 국제적 결단이다. 독립국으로서 책임을 지고 행하는 방향 결정이다. [법적 유효성과 정치적 유효성은 다르다. 법적으로는 all or nothing, 유효냐 무효냐이다. 정치적으로는 정도garde의 문제다.] 기존 조약은 법적으로 타당/유효gelten하지만, 그 정치적 유효성은 조약이 체결된 [1951년] 당시와 1960년이 같지 않다. '시효의 중단', 조약 개정은 자고 있는 아이를 깨우는[긁어 부스럼을 만드는] 일과 비슷한 의미를 갖는다. 조약이 있다는 것, 조약이 성립됐다는 것보다 누가, 언제, 어떻게 조약을 사용하는가, 사용하게끔 하는가, 사용하지 못하게 하는가의 문제로 조약의 정치적인 무게 또는 위신/명망prestige는 변화한다.

그러므로 상황의 미묘한 추이에 착목하기 위해서는

제도·조직·이념·체제의 자기동일성을 손쉽게 전제하는 것을 경계하지 않으면 안 된다.

물론 추이나 동태에 착목하는 것은 조직의 변혁이나 변화 양태의 측면에만 주목하는 게 아니다. 정상상태적normal 기능을 보는 일도 중요하다. 즉, 액터의 상호작용 과정interaction process이 시스테메틱systematic하게 일어나고 일정한 상호작용 패턴pattern of interaction의 유지를 향할 때, 이를 제도라고 한다. 이 경우 제도 분석은 균형 분석이 된다. [그리고 어떤 조건의 영향 때문에 균형이 혼란에 빠지는지가 규명된다. 그것이 정상상태적 기능의 관점이다.]

이데올로기적 구별을 절대화하는 것은 정치과정에 대한 리얼한 인식의 관점에서는 종종 위험한 일이다. A와 비非A의 추상적 대립이 아니라 그 사이의 무한한 뉘앙스에 착목하는 것, 오히려 A 속에서의 양적이고도 점진적인gradual 변화가 언제, 어떤 지점에서, 어떤 조건 아래서 질적으로 다른 B로 이행하는지를 밝히는 것이 중요하다. 그런 측면에서 주의하지 않으면 안 되는 것이 말의 페티시즘[물신화/절단물음란증]이다. 민주주의(제)와 독재[체]제, 설득과 폭력, 혁명과 반혁명, 자유 사회와 전체주의 사회 같은 개념들을 무의미하다거나 해롭다고 말하면서 치워 버리는 게 아니라 현실의 정치과정으로서 관찰하고자 할 때, 그런 개념들을 고정적으로 대립시켜 어느 한쪽과 상대방 사이의 무한한 뉘앙스를 무시하게 되는 것, 어느 한쪽에서 상대방 쪽으로의 미묘하고도 섬세한 이행의 가능성을 간과하게 되는 것이 위험하다.

[일반적인 학문사·철학사에서는 이념의 자기동일성이 상정되지만,] 동일한 이념이 담당자로서의 액터가 지닌 성격에 따라, 또 필드의 상이함(예컨대 위기적 상황과 평온한 상황)에 따라, 또 액터 사이의 인터액션이 이뤄지는 과정에 따라 그 구체적인 정치적 역할을 바꾸어 간다는 점에 주의해야 한다. 이데올로기론은 [이념과 그 필드의 관계로부터 이념이 맡아 행하게 되는 역할을 살펴보는 일이다.]

[조직에 대해서도 동일하게 말할 수 있다. 정치적 리얼리즘은 조직을 추상적이고 부동不動하는 것으로 간주하지 않는바], 조직화 과정으로까지[과정으로서의 조직화라고 해도 될 만큼] 동태화하여 본다. [헤르만 헬러에 따르면] 인간, 또는 액터의 다양한 협동(Mitwirkung[참여/협력])을 지도부의 일원적 작동으로 절단/변환하고 이를 다시 하부와 외부로 다양화해 가는 순환 과정, [그것이 조직이다.][12] [그런 뜻에서 조직과 조직 활동이란 따로 분리시켜 생각할 수 없다.] 영어로 Organization이란 조직을 뜻하는 동시에 조직화organize하는 것을 뜻하며, Government란 정부를 뜻하는 동시에 통치하는 것을 뜻한다. [이런 뜻에서

는 일본어가 불편하다. govern하는 것과 government는 일본에서 동일하게는[관계적으로는] 파악되지 않기 때문이다. 또한 일본에서 조직이란 조직화된 것, 수동적인 것으로 파악될 뿐 자기가 스스로 조직해 가는 것, 활동적인 것으로 파악하지 않는다. 이는 우리가 가진 정치적 경험의 미성숙에서 유래하고 있다.]

구체적인 기능·활동과 관계없이 조직이 그 자체로 존재한다고 말하는 것은 정태적인 사고다. 거기서는 조직의 아웃풋[산출], 그 실적을 떠나 조직이 숭배된다.

특정 차원에서 절단하면 서로를 용인하지 않는 대립이 다른 차원에서 절단하면 공통 면을 드러낸다(정치적 상황의 복합성·교착성).[13] 사회주의 국가와 자본주의 국가에서 공히 관료화·합리화의 현상을 본다. 대국과 소

12 독일의 국법학자 헤르만 헬러[1891~1933]. 마루야마에게 그는 한스 켈젠과 슈미트 간의 대립을 다른 레벨에서 절단함으로써 둘 사이로 난 길을 탐색할 수 있게 하는 인물이었다. 이와 관련된 헬러의 중심 개념은 「법치국가냐 독재냐?Rechtsstaat oder Diktatur?」(1930)에서 다룬 '사회적 법치국가'이며, 이 개념은 패전 독일의 1949년 '본Bonn 기본법'(독일연방공화국 기본법)에서 되살아난다.

13 바로 뒤, 편집자에 의해 첨가된 문장: "일본에서는 마르크스주의의 영향이 강하기 때문에 체제의 상이함이라는 것을 너무 크게 간주해 버린다. 그러나 국제정치와 관련해서도 체제만으로 생각해서는 안 된다."

국, 선진국(사회주의 국가냐 자본주의 국가냐를 불문하고)과 후진국이라는 [대립과는 다른 차원에서 절단해 보기.] 좌표축을 여러모로 바꿔 보는, 탄력적인 사고.

3. 리얼한 상황 인식을 가능하게 하는 것

막스 베버가 정열과 책임감에 더하여 정치가의 불가결한 자질로 거론하는 목측력Augenmaß(目測力[상황관측력/사태파악력])이란, 위와 같은 리얼한 상황 인식에 필요한 자질을 뜻한다(정치적 상황 인식이란 단순한 이론적 능력도 아니려니와 단순한 직감력에 근거한 것도 아니다. 정치에서의 논리주의가 범하는 오류 → 현실의 비합리성을 무시하는 과학 토털리즘[totalism(전체주의)]. 정치에서의 직관주의가 범하는 오류 → 정치지상주의, 기회주의). 베버에 따르면, 정치가의 정열은 공허해진 '무익한 격정'(짐멜)이 아니라 자케Sache[物(사물/사건/사정/사실)]에 몰두하는 정열이다. 정치가는 그런 자케에 대해 떠맡는 모든 책임을 자신의 행동을 인도하는 별로 삼는다. 그럴 수 있기 위해서 결정적으로 필요해지는 자질이 바로 Augen[눈(目)]maß[측량]이다. 목측력이란 내적인 정신의 집중과 평정을 통해 현실에 대처하는 능력, 즉 사물과 인간에 대해 거리Distanz를 두고 보는 태도이다. Distanzlosigkeit[거리 없음; 격의(隔意) 없음]는 그 자체로 모든 정치가에게 죽음에 값하는 하나의 죄다. 거리를 두고 사물을 봄으로써만 [영]혼의 강력한 통제가 가능하다. 이 혼의 강한 억제야말로 진정한 책임감을 가진 정열적 정치가를 완전히 메마른 땅 위에서 우쭐거리는 정치적 딜레탕트[겉멋 들린 호사가(好事家)]로부터 구별하는 지표인 것이다(금욕. 희망적 관측을 피하는 것). (Max Weber, *Politik als Beruf*, *Gesammelte Politische Schriften*, S. 436)[14]

14 베버로부터 인용/축약한 이 한 단락과 직접 관계된 베버의 1919년 강연문은 다음과 같다. "정치가에게는 세 가지 자질이 결정적으로 중요하다고 말할 수 있는바, 열정-책임감-현실감각이 그것입니다. 이 가운데 열정은 즉물성(卽物性)이라는 의미를 갖습니다: 다시 말해 하나의 '대의'와 그것의 명령자인 신이나 데몬에 대한 열정적인 헌신을 말합니다. 그것은 고인이 된 나의 친구 게오르크 짐멜이 '비창조적 흥분'이라고 부르곤 했던 그런 내적 태도라는 의미에서의 열정이 아닙니다. 이런 내적 태도는 현재 '혁명'이라는 자랑스러운 이름으로 치장된 이 카니발에 참여하는 우리나라의 지식인들 사이에서도 매우 큰 역할을 하고 있습니다. 그것은 '지적으로 흥미로운 것에 대한 낭만주의'로서, 거기로부터는 아무런 결과도 나오지 못하고 또 거기에는 그 어떤 실질적 책임감도 따르지 않습니다. 누구든 정치가가 되려면 '대의'에 대한 헌신으로서의 열정을 가짐과 동시에 바로 이 대의에 대한 책임의식을 그의 행위를 이끄는 결정적인 길잡이로 삼아야 합니다. 그리고 이를 위해 필요한 것이 현실감각입니다: 이것은 정치가의 매우 중요한 심리적 자질로서 내적 집중과 평정 속에서 현실을 수용하고 판단할 수 있는 능력, 그러니까 사물과 인간에 대해 거리를 둘 수 있는 능력을 말합니다. '무거리성'(無距離性)은 그 자체로 모

그런데 정열을 기울이는 정치활동의 한복판에 있으면서 자기를 포함한 물物[Sache]과 사람에 대해 거리를 두고 바라본다는 것[(이는 대단히 곤란한 일이다. 이율배반적이기 때문이다)]은, 일단 머릿속에서 물[사물/사건]과 사람을 필드場로부터 시간적으로 또 공간적으로 분리시키는 처리/운용이다. 이는 '바깥'에서 또 '멀리'서[예컨대 일본의 상황을 중국이나 미국의 입장에서] 본다면 어떻게 보일 것인지, '10년 뒤'에 본다면 어떻게 보일 것인지와 같은, 현실에 대한 이중·삼중의 이미지를 동시적으로 갖는 것이다.

든 정치가의 대죄(大罪) 가운데 하나입니다. 결국 문제는 다음에, 즉 어떻게 하면 뜨거운 열정과 냉철한 현실감각이 동일한 사람의 정신 속에서 통합될 수 있을까 하는가에 있습니다. […] 열정적인 정치가의 특징인 강한 정신적 통제력은 어디까지나 거리감에 익숙해짐으로써만 길러질 수 있는 능력입니다."(막스 베버, 『직업으로서의 과학 | 직업으로서의 정치』, 김덕영 옮김, 도서출판 길, 2023, 177~179쪽) 마루야마가 '목측력(目測力)'으로 옮기고 국역본에서 '현실감각'으로 옮긴 낱말은 원문에서 띄어쓰기-강조되기도 했다: "A u g e n m a ß". 마루야마가 '거리를 두고 사물을 볼 줄 아는 능력'이라고 할 때의 '거리' 역시도 그렇다: "D i s t a n z". 국역본에서 '강한 정신적 통제력'으로 옮겨졌고 마루야마가 '[영]혼의 강력한 컨트롤' 또는 '혼의 강한 억제'로 옮긴 구절은 "영혼의 확고한 길들임starke Bändigung der Seele"으로 나시 새겨 놓을 수 있겠다. 노출시킨 원어들의 출처는 마루야마가 제시한 원문 쪽수와 동일하다. Max Weber, *Gesammelte Politische Schriften*, hg. v. Marianne Weber, München: Drei Masken Verlag, 1921, p.436.

그러한 정신적 여유는 풍부한 이매지네이션[상상력/구상력]을 필요로 하는 동시에, 굳이 말하자면 일종의 유머감각sense of humour를 필요로 한다. 정치적 성숙과 유머감각 사이에는 대체로 비례관계가 성립한다. 유머감각은 영국에서 가장 발달했는데 독일에는 적다. 중국에는 많지만 일본에는 적다. [유머감각이 없으면 위와 같이 분리시켜 보는 일은 불가능하다.]

바질 홀 체임벌린Basil Hall Chamberlain[15]은 *Things Japanese*[일본 사물지(事物誌)]의 "Fun" 항목에 이렇게 썼다. "일본의 농담, 웃음에는 숨겨진 눈물과 유머에 의한 자기 비평hidden tear and the self-criticism of humour이 결여되어 있다. irony와 side-lights[직접 표현되지 않는 말의 뜻(음미)]가 없다."[16]

채플린의 웃음에는 전형적으로 '숨겨진 눈물과 유머에 의한 자기 비평'이 있다. 다른 한편, 독재자에게는 유

15 1850~1935. 영국의 일본 연구가. 1873년부터 1911년까지 일본에 체류했고, 도쿄제국대학 문학부 명예교수였다. 일본 관련 사전 작업으로 『일본 사물지』 및 『구어 일본어 핸드북』을 냈고 『고사기古事記』를 영역했다.

16 *Things Japanese: Being Notes on Various Subjects Connected with Japan for the Use of Travellers and Others*[여행자 및 여러 사람들이 활용할 수 있도록 일본과 관련된 다양한 주제들에 대한 노트)], London: John Murray, 1905, p.195[5판 개정판. 초판은 1890].

머감각이 없다. 영화 〈[위대한] 독재자〉[1940]는 채플린이 그런 독재자를 유머러스하게 연기하는 대비를 통해 재미를 준다.

"웃지 않았던 덕에 카이저 빌헬름 II세는 제국을 잃었다. … 그가 만족스레 여겼던 웃음이란 승리의 웃음, 성공의 웃음, 세계에 견줄 바 없는 웃음이었다. … 카이저의 꿈은 유머러스한 웃음에 의해 억제됐던 것이다"라고 린위탕Lin Yutang은 썼다(*The Importance of Living*[생활의 중요성], 1937)[17]. 히틀러 역시 승리의 웃음, 세계에 견줄 바 없는 웃음밖에 모른다. 그런 웃음 말고는 아이들 곁에서 카메라를 의식하고 있는, 간살부리는 웃음, 즉 연기로서의 웃음만 알았다. 채플린의 〈독재자〉는 세계에서 첫째가는 유머 없는 권력자와 유머의 천재 사이에서 벌어진, 장렬한 세계적 대결이다.

정치는 정열을 건 행동이다. 따라서 거리두기의 감각이 필요하다. 정치는 엄숙하고 진지한 문제이다. 따라서

17 빌헬름 2세[1859~1941]는 제9대 프로이센 국왕이자 제3대 독일 황제. 최후의 독일 군주였다. 린위탕(임어당[1895~1976])은 중국의 소설가, 문명비평가. 본문에 제시된 그의 책 원제는 『生活的藝術[생활의 예술]』이며, 『생활의 발견』이라는 제목으로 여러 차례 국역되었다. 마루야마가 인용한 문장의 출처는 1937년 영어판, New York: John Day Company, pp.77~78. 국역본 출처는, 『林語堂全集 4: 폭풍 속의 나뭇잎』, 장심현 옮김, 휘문출판사, 1968, 91쪽.

강직한 성실주의는 오히려 위험한 것이다(유머감각은 주위로부터, 자신의 목적으로부터, 자신의 바람으로부터, 자신의 관념으로부터 자기 자신을 이격시키는 데서 생겨난다). "자신의 사상(관념)을 부담 없이 처리/운용할 수 있는 자만이 그 관념의 주인공이며, 자기 사상·관념의 주인공인 자만이 사상의 노예가 되지 않는다"; "인간이 꿈을 갖는 것은 필요한 일이다. 하지만 그 꿈을 웃으면서 조망하는 일도 필요하며 그렇게 할 수 있는 것이 커다란 능력이다."(린위탕[같은 책 p. 81]) 유머와 미소는 인간을 관념에 의한 자기소외로부터 회복시킨다.

린위탕이 제시한 인류 진보의 메커니즘과 그 역사적 변천에 대한 공식은 다음과 같다(*The Importance of Living* [생활의 중요성], Ch.1).

현실-꿈=동물[Animal Being] (꿈 없는 현실주의자는 동물에 불과하다)

현실+꿈=근심 걱정[Heart-Ache] (이상주의)

현실+유머=리얼리즘 (보수주의의 자질)

꿈-유머=광신[Fanaticism]

꿈+유머=판타지 [시인]

현실+꿈+유머=예지叡智[Wisdom]

보충. 현실-유머=단순한 리얼리즘 (소여성[부여/구성된 것]에 밀착하여 추수하는 태도)[18]

공식公式[formulation]은 착종된 관계를 투명하게 드러내기 위해 필요하다. 그러나 공식이 공식주의가 되는 것은 유머감각이 결여된 분명한 징후이다.

"이론은 회색이고, 생활은 초록이다Das Leben ist grün, und grau ist die Theorie."(괴테)[19] 이는 현실의 무한한 풍부함과 복잡함에 대해 거리를 두지 않고 그것들을 직접적으로 포옹하려는 심미적審美的 태도다. 회색을 회색으로 분명히 아는 상태에서도, 즉 [풍부함과 복잡함으로] 넘쳐흐르는 것의 의미와 가치를 아는 상태에서도 기어이 재단하여 현실을 논리적으로 재구성하려는 것이 이론적 태도이다. 이론을 현실과 혼동하는 일, 그 둘 사이에서 거리를 두지 못하는 태도를 뭐라고 평가해야 할 것인가!

아래는 국민적 성격에 대한 린위탕의 화학식이다. R[Reality]=현실, D=꿈, H=유머, S[Sensitivity]=감수성이다(동일한 조건에서 인간이나 민족이 얼마나 다르게 행동하는가[를 보여준다]).

18 이 1장의 제목은 "The Awakening[깨어남]"이고, 이하의 등식들 및 영어 낱말들의 출처는 p.5.

19 존경의 마음을 품고 찾아온 '학생'에게 '메피스토펠레스'가 했던 말. 오랜 시간 거듭하여 국역된 이 문장을 임의로 옮겨 놓는다: "잿빛, 아끼는 친구여, 그 잿빛이 이론[의] 전부야, / 초록빛인 건 생명의 황금나무지Grau, theurer Freund, ist alle Theorie, Und grün des Lebens goldner Baum"(Johann Wolfgang von Goethe, *Faust. Ein Fragment*. Leipzig: G. J. Göschen, 1790, p.35[Deutsches Textarchiv 스캔본])

$R_3D_2H_2S_1$ = 영국인

$R_2D_3H_3S_3$ = 프랑스인 (약간 의문. 영국인 쪽에 유머감각이 있음. 프랑스는 기지機智[재치/슬기].)

$R_3D_3H_2S_2$ = 미국인

$R_3D_4H_1S_2$ = 독일인

$R_2D_4H_1S_1$ = 러시아인

$R_2D_3H_1S_1$ = 일본인

$R_4D_1H_3S_3$ = 중국인[같은 책 pp. 6~7.]

영국인은 현실감각도 유머감각도 있지만 꿈이 없다.

프랑스인은 꿈이 있고 유머감각도 있지만 현실감각이 없다.

독일인은 꿈이 높지만 유머감각이 적다. 현실감각도 없다.

러시아인은 꿈은 있지만 현실감각과 유머감각이 없다.

일본인은 현실감각이 높지만 유머감각과 꿈이 없다.

4. 결단·이념·'악'

위에서는, 정치적인 성숙을 측량하는 중요한 규준이 상황의 리얼한 인식력에 있다는 것, 그런 성숙에 무엇보다 필요한 자질이란 상황 속에서 행동하되 자기 자신을 상황으로부터 격리시킬 수 있는 능력이라는 것을 말했다. 상황을 구성하는 복잡한 상호작용과 그 다이내믹한 이행 관계를 리얼하게 인식하는 것은 분명 손쉬운 기예가 아니다. 차라리 그렇다기보다는, 위와 같은 뜻에서 상황이라는 것을 완전히 파악하는 일이란 아무리 뛰어난 예지를 가졌을지라도, 아무리 정보를 집적하고 있을지라도 불가능하다고 해야 할 것이다. 즉, 행동 연관 속의 인식 과정으로서만 정치적 인식이라는 것이 존재할 수 있기 때문에, 액터에게는 심연이, 일반적 상황 인식과 개별적 결단 사이에 언제나 뛰어넘어야만 하는 심연이 있다. "푸딩의 맛은 먹어 보지 않고는 모른다[The proof of pudding is in the eating(영국 속담)]." 그렇게 뛰어넘는 일에는 상황의 좀 더 넓은 전망을 가능하게 하는 면이 있으며, 그런 뛰어넘기가 실패에 이른다면 그 실패 나름으로 상황 인식을 시정해 갈 수 있는 계기가 된다. 나폴레옹이 "일단 해 본다, 그다음에 생각한다On s'engage, puis on voit"라고 말했던 것도, 즉 자신이 관여하는 '사건'을 앞질러 미리부터 사건을 정밀히 계량하거나 예측하는 일은 불가능하다는 뜻이다.[20] 바꿔 말하자면 정치 행동은 혁명 같은 커다란 정치 행동만이 아니라 투표 행동이나 어떤 집회에서의 찬반 결정 같은 것일지라도 아슬아슬한 지점에서는 일종의 도박이 된다고도 할 수 있다. '숙려단행熟慮斷行'이라고 옛 선인들은 말했다. 숙려단행이 베스트[최선]라는 점은 정해져 있는 것이지만, 정치 행동이 언제나 그런 베스트 속에서 이뤄질 수는 없다. 눈을 감고 절벽에서 뛰어내리는 계기가 크고 작은 모든 정치 행동에 있다. 이 지점에 정치에서의 비합리적 계기('해 보지 않고는 모른다')를 이루는 가장 깊은 근원이 있는 셈이다. 이론과 실천의 통일이라고 간편히 말하는 것은 오히려 그 근본 사태를 잘못 볼 위험이 있는바, 이론과 실천 사이의 끊임없는 긴장이야말로 정치에서의 실존이다.

그런 '도박'의 계기를 무시하고 모든 행동을 선험적인 원리·법칙·법규로부터의 기계적인 적용으로 이해하는 논리주의적·규범주의적 사고는, 앞에서 말한 것처럼 상황 인식으로서 고정적·정태적일 뿐만 아니라 행동 차원에서의 인격적·개별적 결단을 모종의 비인격적 일반자(진리·정의·자연법) 속에 매몰시킨다는 점에서 의식하지 못하는 사이에 기만이 포함된다. 또한 그 지점에서 도덕주의의 이면으로서의 정치적 무책임이 발생하기

20 마루야마의 나폴레옹 인용과 그 맥락은 레닌(「우리들의 혁명에 대해」, 『프라우다[진실]』, 1923년 1월)의 관점을 따르고 있다. 직접 인용된 나폴레옹의 말은, 레닌의 기억에 따른 것이며 이탤릭체로 표기되어 있다.

쉽다. 일반원칙에 의해 모조리 길어 올릴 수 없는 '도박'이기에, 바로 그렇기 때문에 그 도박은 자신의 책임에 따르는 것일 수 있다.

정치라는 것에서 완전한 계량은 불가능하다. 해 보지 않고는 모르는 것이다. 그러하되 다른 한편에서 그런 식의 모멘트만을 절대화하는 사고는 생디칼리즘[(노동)조합주의]이나 파시즘에서 보이는 비합리주의적 행동주의이며, 그것은 직관·충동의 절대화와 정치지상주의로 이어진다. '정치적인 것'을 극한 상황 속에서 예리하게 정의하고 있기는 하지만, 상황 인식에서의 이성적 요소를 가볍게 본다는 점에서, 또 자기와 상황 사이에 '거리를 두지 않는'다는 점에서 광열狂熱에 사로잡히게 되며 리얼리즘이 상실되는 결과를 초래하기 쉽다. 정치지상주의가 실제로는 종종 정치적이지 않다는—정치적으로 기대한 효과를 거두지 못한다는—아이러니가 거기 있다. 뿐만 아니라 그것은 정치적 투기投機주의—[요행을 바란]노름—로서, 논리주의나 규범주의에서 생겨나는 무책임과는 다른 의미를 가진, 하지만 역시나 무책임한 결과를 초래한다. 앞의 것은 자기 책임에 따른 선택choice을 은폐하는 무책임이고, 뒤의 것은 사람들이 귀중히 여기는 가치에 도박이 초래할 파괴적 결과를 미리 고려하지 않고 결단하는 무책임이다. 앞의 것은 '결단'

의 의식이 없는 무책임이고 뒤의 것은 '숙려'를 가볍게 보는 무책임이다.

A라는 행동이 아무리 정의·인도人道에 의해 정당화되는 것처럼 여겨질지라도, 그것이 B, C, D라는 연쇄반응을 불러일으키면서 초래할 파괴적 결과가 A의 가치로 보상되지 않는다고 판단될 때라면 행동 A를 중지하거나 연기하는 것이 정치적으로 현명한 일이며, 또 정치적 정의인 것이다. (뒤에서 서술할 목적과 수단의 문제)

'실천이 이론의 검증이 된다'고 하는 사고방식은 '실험이 이론의 검증이 된다'고 하는 사고방식이 사회과정에 적용된 것이다. 그러나 실험은 실험실에서 행할 수 있지만 실천은 그럴 수 없다. 실험은 다시 할 수 있지만 대규모의 사회적 실천은 다시 할 수 없다. 거기에 큰 차이가 있다. 무엇보다 핵실험 같은 사례를 보건대, 최근에는 자연과학적 실험이 실험실의 문제가 아니라 사회적 실천과 동일한 척도로 비판되지 않으면 안 되는 상태가 되고 있다.

여기서, 정치 상황에 대한 인식에서의 리얼리즘과 종종 동일시되고 혼동되는 '목적은 수단을 가리지 않는다'

라는 사고방식, 혹은 "Might is right"[힘은 정의다]라는 힘力관계지상주의를 검토하지 않으면 안 된다.

상황 인식의 리얼리즘에 대립하는 것은 언리얼unreal한 인식—예컨대 자기 형편에 딱 들어맞는 측면만을 강조하는 인식이라거나 대립하는 계기들 가운데 한쪽을 간과하는 인식—이지, 반드시 상황에 관계된 물리적인 힘관계에 주목하는 관점 혹은 인간 행동 속의 추악한 측면에만 주목하는 관점인 것은 아니다. 이상이나 이념이 현실을 움직인다—예컨대 '지성이면 하늘에 통한다[感天]'—고 하는 계기를 과대평가하는 것은 도덕적 감상感傷주의라고 할 수 있겠지만, 동시에 정치적 상황 속에서, 즉 액터의 행동 연관 속에서 현실적으로 작용하고 있는 이념적·이상주의적 계기operative ideals를 놓치고는 모든 것을 오로지 물리적 힘관계로 파악하는 일 혹은 적나라한 이득손실 관계로 모든 것을 환원시켜 파악하는 일은 오히려 더 위험한 추상적·관념적 관점이다. '현실을 모르는 리얼리스트'.

분명 정의·인도·평화·자유 같은 정치적 이상은 현실의 지배 관심이나 이득손실 관계에서의 욕망을 합리화rationalize하여 위장하기 위해 끊임없이 정치과정에 동원된다. 따라서 겉으로 드러나 있는 아름다운 말에 유혹幻惑되지 않고 그 배후에 숨겨진 것을 간파하는 일—이데올로기-폭로—은 정치적 비판의 주요 측면을 보여주고 있다. 그러나 동시에, 어째서 그런 미사여구로 정치 행동이 위장되지 않으면 안 되는지를 파고들어 생각하면 다음과 같은 현실에 맞닥뜨리게 될 것이다. 즉, 특수한 이득손실을—이를 모종의 방식을 통해 퍼블릭한 이득손실로, 루소의 이른바 volonté générale[일반의지]로—번역하는 일 없이는 많은 인간에게 호소할 수 없다는 것, 또 힘(물리적 강제)만으로 장기적인 복종을 이뤄 낼 수는 없다는 것, 그러니까 자발적·능동적 협력의 조달 없이 단순한 물리적 강제만으로는 그 어떤 권력도 존속할 수 없다는 것 역시 예로부터 정치의 본질·철칙이 되어 왔다는 현실 말이다. "말 위에서[무력으로] 천하를 얻을 수는 있어도 말 위에서 천하를 다스릴 수는 없다."[『사기[열전]』, 권 97, 육가전陸賈傳[기원전 100년 무렵]][21] 또, 탈레랑은 "사람은 총검으로 뭐든 (할 수 있지만) 그 총검 위에 앉는 일만은 불가능하다"라고 썼다.[22] 힘만으로 권력을

21 사마천, 『사기 열전』(2권), 김원중 옮김, 민음사, 2020, 72쪽. 축약문으로는 "馬上得之 馬上治之."

22 샤를모리스 드 탈레랑페리고르[1754~1838]는 프랑스의 정치가, 외교관, 로마 가톨릭 성직자. 1791년 '프랑스 헌법' 서명자 중 하나로 나폴레옹을 정치계에 입문시킨 인물이다. '총검 위에는 앉을 수 없음'을 표시하는 것, '만인/퍼블릭'의 형성과 조달을 표시하는 것으로서, 그가 1791년 9월 제헌의회 헌법위원회의 이름으로 제출한 교육개혁

장기화하고 일상화하는 것은 불가능하다는 뜻이다.

이념이나 이상은 바로 그런 특수한 이득손실을 일반 이익으로 매개하고 다수 구성원의 자발적 협력을 조달하기 위해 불가결한 것이다. 정당은 그런 조달을 위한 조직 차원의 매개장치로서 이념이나 이상의 구체적인 담당자가 된다. 정당이 내건 이데올로기는 단순한 이익의 반영이나 변호 같은 소극적인 것이 아니라 마르크스가 말하듯 정치과정에서의 물질적인material 힘을 구성하는 요인인 것이다. 이념이 정치과정에서 오퍼러티브하게operative[조작(처리/운용)적으로] 작용하는 것임에 주의하지 않으면 안 된다.

국제정치[에서 이뤄지는], 투쟁에서 '의지와 기세志氣'(morale)가 어떻게 큰 의미를 가질 수 있는가에 대해 생각할 때도, '힘'의 계기를 단순히 육체적인 또는 물리적인 힘으로만 혹은 이른바 조직적인 폭력으로만 환원시키는 관점의 추상성은 명확할 것이다.

이와 관련하여, 때때로 현실정치Realpolotik가 인간성에 관한 성악설을 전제하고 있다는 말에 대해 언급하자.

안 「공공교육l'instruction publique 보고서와 법안」에서의 다음과 같은 선언을 들 수 있을 것이다: "자유와 평등의 필수적 조건으로서의 공공교육은 만인의 것이다."

전형적으로는 마키아벨리 혹은 홉스의 인간관homo homini lupus이 인용된다.

"인간은 은혜를 모르고 제 마음대로이며 음험하고 위험하면 도망가는 그런 주제에 그 어떤 경우에도 이익만은 챙긴다. 당신이 이익을 준다면 그들은 모조리 당신 편이 된다. 앞서 서술했듯, 그들은 당신이 필요하지 않을 때에도 자기들의 피나 재산이나 생명이나 자식을 당신에게 봉헌하지만, 막상 당신에게 절박함이 육박해 올 때 그들은 금세 이반하고 만다."(『군주론』 제17장)[23]

23 마루야마는 이탈리아 문학자 쿠로다 마사토시의 『군주론』 번역본(이와나미, 1935)을 참조했을 듯하다. 인용문의 국역본 출처는, 니콜로 마키아벨리, 『군주론』, 곽차섭 옮김, 도서출판 길, 2015, 211쪽(17장의 제목은 「잔혹감과 자비에 대하여, 그리고 사랑받는 것이 두려움을 주는 것보다 더 나은가 혹은 그 반대인가」). 마키아벨리의 이 문장들은 마루야마의 1950년도 도쿄대학 법학부 '정치학사' 강의에서도 논의되었다. "마키아벨리 혹은 홉스의 인간관"이라는 구절로 마키아벨리와 묶인 홉스의 "호모 호미니 루푸스[인간은 인간에게 늑대다]"라는 라틴어 문장은 『시민론De Cive』(1642)의 「헌사」에 먼저 나온다: "공평하게 말해서, 다음 두 문장은 정말로 모두 옳다. 즉, 인간에 대해 인간은 일종의 신이며, 또한 악명 높은 늑대이다. 시민들의 관계를 보면 첫 번째 문장이 옳고, 국가들의 관계를 보면 두 번째 문장이 옳다."(토머스 홉스, 『시민론』, 이준호 옮김, 서광사, 2013, 10쪽[이 국역본은 라틴어판이 아니라 해적판 영어본을 옮긴 것임]) 그 두 문장의 특정 역사는 다음과 같다. "프란치스코 데 비토리아는 우리가 살펴볼 바와 같이 그의 『인디언에 대한 강연』(1538년)에서 아직도 고대의 플라우투스[티투스 마키우스 플라우투스의 희극 『아시나리아(Asinaria)』, 기원전 195년]와 오비디우스로 거슬러 올라

정치가 물리적 강제수단의 문제를 결여할 수 없다는 점은, 분명 무조건적 성선설을 전제하는 데서는 정치적인 것이 등장할 여지가 없음을 이야기해 준다. 오히려 앞서 서술했듯, 일의 진행이 의지를 거스르는 경우 자신에 대한 선의에 근거하여 행동하지 않았다고 타인을 비난하는 자는 가장 자격 없는 정치가이며, 그런 식의 가정에 근거한 행동이란 책임윤리적으로 말하자면 다름 아닌 악이라고 할 수 있다. 피히테가 말하듯, 인간의 선량함과 완전무결함을 전제로 삼아 행동할 권리를 갖지 못하는 것이 정치가—정치적 상황에서 행동하는 주체—의 특질인 것이다. 그러나 그런 사정이란, 때로 오해되듯, 리얼한 정치 행동 및 책임지는 정치 행동이 인

가는 '인간은 인간에 대해 이리[늑대]이다'라는 공식에 명확하게 반대하였고, 일단 그러한 공식에 맞서 '인간은 인간에 대해 인간이다homo homini homo'라는 말을 내놓았다. '왜냐하면 오비디우스가 말하는 것처럼 인간은 인간에 대해 이리가 아니라 인간'이기 때문이라고 말하면서 말이다. 그 스페인 수도사는 '인간은 인간에 대해 이리이다'라는 말도, 그것에 대치되는 '인간은 인간에 대해 신이다homo homini Deus, Plinius, Hist. Nat([플리니우스, 박물지(博物誌, Naturalis historia)], II, 7에서 유래함)'라는 말도 부정한다. 이 말은 나중에 베이컨과 홉스에 의해 인용되고 결국 포이어바흐(Das Wesen des Christentums[기독교의 본질], 1841, S. 402)에 의해 이용되었다. 이후 그것은 19세기 중엽 마르크스와 동시대인이던 슈티르너(*Der Einzige und Eigentum*[유일자와 그의 소유], 1845)에 의해 해결되었다."(칼 슈미트, 『대지의 노모스: 유럽 공법의 국제법』, 최재훈 옮김, 민음사, 1995, 86쪽) 이 모종의 계보에서 빠진 것은 세네카, 에라스무스, 프로이트이다.

간성에 관한 숙명적 성악설을 전제하고 있는 것은 아닌바, 기껏해야 인간이 선악에 대해 불확정적인 존재라는 것, 문제적인 존재라는 것, 반드시 수신修身 교과서를 따라 행동하지는 않는다는 것을 의미하는 데서 멈출 따름이다. 일단 먼저 상대방을 자기의 '안전' 및 기타 가치들에 대해 위해를 가할 수 있다는 가능성possibility을 가진 존재로 상정하는 것이 국내적·국제적인 모든 상황에서 행해지는 정치적 기술의 출발점이 된다는 것이다. 성악설이 아니라 인간성의 앰비벌런트한[양의적인/양가적인] 성격이 문제인 것이다. 무서울 정도로 에고이스틱하게 여겨질지라도 또 때로는 대의를 위해 자기 한 몸의 이득손실 계산을 잊어버리고 행동하는 것도 현실의 인간인바, 그런 측면을 무시하는 냉소적인 인간관은 진짜로 리얼한 인간관이라고 할 수 없다.

이리하여 정치 상황 속에서 이념적인 계기와 이익의 계기 또는 힘적인力的 계기가 혼재되어 있다는 문제는 인간성 속에서의 천사와 악마의 동시 존재라는 문제에 대응하고 있는 셈이다. 그런 두 계기의 한쪽을 절대화하는 사고방식, 혹은 양쪽을 이것이냐-저것이냐Entweder-oder[24]

24 이 상용구의 맥락, 여러 계기들의 혼재(대립적인 것의 동시 존재)와 관련된 선행 문장은 다음과 같다: "상충되는 것들 간의 연접결합은 신학에선 언제나 우세한 것이었다. 구약과 신약은 서로 나란히 통용

말고는 달리 파악할 수 없는 사고방식이란, 그런 한에서 정치적 리얼리즘에서 멀리 떨어져 있는 것이라고 해야 한다. 거리를 두고 있는 관점은 또한 동시에 이상과 현실에 대해서도 어중간한 관점, 즉 이것이냐 저것이냐의 철저성을 배제한 관점이 되지 않을 수 없다. 그것이, 현실에 대해 거리를 두고 보는 동시에 꿈을 소피스티케이트하는[세련화/고도화/복잡화하는] 능력이기 때문이다.

데모크라시에 대한 처칠의 정의 중에는 다음과 같은 것이 있다. "데모크라시란 최악의 정치 형태이다. 단, 이제껏 역사적으로 존재했던 모든 정치 형태를 제외한다면."[1947년 11월 하원 연설] 이는 각성된 관점, 즉 현실로부터 유리되지도 않고 현실과 유착되지도 않는 사고방식을 잘 표시해 준다. 즉, 데모크라시는 지금까지 시도된 정치 형태들 가운데 가장 좋은 정치이지만, 이를 최선이라고 하지 않는 데 그 특색이 있다. 이와 더불어, "정치는

되며, 마르키온의 이것이냐-저것이냐Entweder-Oder에 대해 가톨릭교회는 이것뿐만-아니라-저것도Sowohl-Als-Auch라고 답한다."(칼 슈미트, 『로마 가톨릭교와 정치적 형식』, 윤인로 옮김, 두번째테제, 2024, 17쪽). 이에 바로 이어지는 슈미트의 문장은 본문의 '성선설' 및 '성악설'을 다시 인급할 수 있게 한다: "일관된 논리를 지닌 아나키스틱한 국가철학 및 사회철학의 모든 교칙들을 되돌려 소급시킬 수 있는 기본 테제, 즉 '천성적인 악함'과 '천성적인 선함' 간의 대립관계란 정치이론의 결정적인 물음이다."(18쪽)

악함의 정도加減[더하고 덜함]에 관한 선택이다"라는 후쿠자와 유키치의 말을 떠올릴 때도 여러 생각이 겹쳐진다.[25] "베스트는 굿의 적이다The best is the enemy of the good"라는 격언 역시, 베스트[최선]를 추구한 나머지 굿[선]을 잃어버리는 상태에 대한 경고인 것이다.

25 후쿠자와로부터의 인용문은 축약·변형된 것이다. 원문은 다음과 같다. "정부의 성[질]은 선善에 있는 것이 아닌바, 주의해야 할 것은 오직 그 악함의 정도加減[더하고 덜함]에 있다."(『지지신보時事新報』, 메이지 26년[1893] 9월 20일 자 논설) 이 선/악함의 정도 속에서 '겹쳐지는 생각'들 가운데 (결정적인 것) 하나는 내전 상태에 대한 후쿠자와의 관점이다: "고금 내란의 역사를 보면, 인민의 힘은 언제나 정부보다 약한 것이었다. 내란을 일으키면 그 나라에서 행해지던 기존 정치의 틀이 한 번 뒤집어지는바, 이는 예로부터 이견을 기다릴 필요가 없는 것이었다. 그런데 기존의 정부가 설령 아무리 악한 정부惡政府일지라도 스스로에게 선정양법善政良法이 있기만 하다면 정부의 이름을 잃은 채로 조금이나마 세월을 보내야 할 이유는 없다. 그렇기에, 하루아침 [경거]망동으로 정부를 뒤엎었을지라도, 그것은 폭[력]으로 폭[력]을 대신하고 어리석음愚으로 어리석음을 대신하는 짓일 뿐."(『学問のすすめ[학문을 권함]』, 東京: 著者藏版, 1880, p. 119) 그 '악함의 정도'라는 구절은 "법의 정도[더하고 덜함]"라는 구절로 변주된다: "서양 속담처럼 우민愚民 위에 가혹한 정부가 있다면 양민良民 위에는 좋은 정부가 있는 것의 이치다. 때문에 지금 우리 일본국에서도 이 인민이 있기에 이 정부가 있는 것이다. 가령 인민의 덕의德義가 오늘보다 쇠퇴하여 무학無學문맹 속으로 가라앉아 버린다면 정부의 법 역시 지금보다 한층 더 엄중하게 되는바, 반대로 혹시 인민 모두가 학문에 뜻을 둠으로써 물사物事[사물/사실/사건]의 이치를 알고 문명의 바람을 맞이할 수 있게 된다면 정부의 법 역시도 관인대도寬仁大度에 이르게 된다. 법이 가혹해지느냐 관대해지느냐는 단지 인민의 덕·부덕에 따라 저절로 정도[더하고 덜함]를 갖게 되는 것일 뿐이다."(p. 14~15)

이 점에서 토마스 만의 "Germany and the Germans [독일과 독일인]"라는 제목의 글, 이번 2차 대전 직후에 쓴 그의 글 하나는 정치적 성숙의 문제에 대해 시사하는 바가 적지 않다.

"태생적으로 정치가로서의 소질을 가진 자는 양심과 행동, 정신과 권력 간의 일치를 지켜 나갈 수 있는 방도를 적어도 직관적으로는 알고 있다. 그는 정치라는 것을 생활과 권력의 한 가지 기술로서 추구한다. 그럴 때 그는 일종의 해악으로부터—실제상으로 지극히 긴급한 해악, 유용성을 가진 해악으로부터—완전히 몸을 해방시키지는 않지만, 다른 한편에서 좀 더 높은 것, 지고한 이념, 인간의 존엄, 덕성을 결코 잃어버리지 않는다. … / 그런데 그런 사정이 독일인에게는 위선으로 간주된다. … 독일인은 정치라는 것을 전적으로 거짓, 살인, 기만, 폭력, 요컨대 완전히 일방적으로 추잡한 것으로만 본다. 따라서 독일인이 정치에 나설 때에는 오로지 그러한 철학을 가지고 곧장 나아간다. 독일인은 정치를 순수한 해악으로 간주하고 있기 때문에, 적어도 정치를 하는 이상, 악마가 되지 않으면 안 된다고 믿는 것이다."[26]

투쟁을 두려워하는 자도, 타협을 경멸하는 자도 공히

정치 필드에서 주체의 자격을 잃는다.

괴테에게서 보이는 비정치적인 문화주의와 비스마르크, 히틀러에게서 보이는 권력주의, 그 두 쌍방이 독일에는 존재한다. 그리고 그 쌍방 사이를 한쪽 극단에서 다른 쪽 극단으로 왕복하는 현상이 보인다. 순수 내면성과 순수 외면성, 한쪽에서 보이는 정치적인 것으로부터의 완전한 은거·퇴거와 무관심·절망, 다른 한쪽에서 보이는 정치적 광열狂熱.

정치를 오로지 추악한 것으로 보는 자는, 그가 이따금 정치적 행동에 나설 경우에는 '독을 먹고 죽는다면 접시까지 핥는다'는 식으로 올[all] 정치주의에 빠지기 쉽다. 그런 뜻에서 정치적 순수주의는 도리어 위험한 것이다.

26 토마스 만의 이 글은 독일 패망 25일 뒤인 1945년 5월 29일 미국 의회도서관에서 영어로 한 연설문이다. 단행본으로는 Thomas Mann, *Deutschland und die Deutschen*, Stockholm: Bermann-Fischer, 1947. 이 저작은 종종 1947년의 『파우스트 박사』와 짝을 이뤄 언급되는데, 마루야마가 뽑은 인용문은 『파우스트 박사』의 다음과 같은 문장 속에서 변주된다고도 할 수 있겠다("예술"이라는 낱말을 '정치'와 겹쳐 읽었을 때 말이다): "그러나 지금 세상에서는 경건하고 고지식한 방법으로는, 정당한 수단으로는 어떤 것도 만들어 낼 수 없으며, 아궁이에서 활활 타오르는 지옥의 불꽃이 없으면, 마귀의 도움이 없으면 예술이 불가능한 시대라는 걸 깨달았단 말입니다. 친애하는 동료 여러분. 그렇습니다. 예술은 정체되고 난관에 부닥쳤습니다. 예술은 스스로를 비웃기 시작했습니다."(『파우스트 박사: 한 친구가 이야기하는 독일 작곡가 아드리안 레버퀸의 생애』 1권, 임홍배·박병덕 옮김, 민음사, 2012, 244쪽)

그렇기에 우리는 어찌해도 다음과 같은 문제에 맞닥뜨린다.

목적이 수단을 정당화한다는 것을 과연 정치 행동의 준칙이라고 할 수 있는가. 일정한 정치적 목적을 위해 윤리적으로 의심스러운 수단을 취하는 것에 대한 두 가지 물음.

(i) 그것이 정치 행동을 할 때 어느 정도 불가피한가.

(ii) 그것을 과연 어떤 경우에 필요악necessary evil이라고 할 수 있는가.

이는 예로부터 정치철학 최대의 아포리아[난제(길이 없는 상태)]였고 도저히 여기서 전부 논할 수 없는 것이지만, 정치적 성숙이라는 문제와 관련된 한도 안에서 서술해 놓고자 한다.

평화·안전·공정·자유·번영 등은 어느 것이나 구체적 특수 집단의 집합적인collective 목적이다. 외적인 위험에 대한 집단의 안전security 확보는 최소한의 목적이다. 권력의 추구 및 증대에 대한 관심도 근원적으로는 세큐리티에 대한 요구로부터 발생한다. 결국에는 권력을 위한 권력 추구로 전도될지라도 말이다(권력 과정 속에서는 더 많은 권력을 추구하지 않을 때 현재의 권력까지도 유지할 수 없다는 철칙이 있다).

Staatsräson[국가이성/국가이유]의 문제. Staatsnotwendigkeit[국가적 필요[국가가 처한 불가피성; 국가의 필연성]]의 문제.[27]

영국인에게 행복을 위해 필요한 것은, 품행 방정한 무능한 제독인가, 귀부인과 간통한 유능한 명제독인가(마키아벨리가 말하듯이 개인적으로는 의심스러운 인간일지라도 정치가로서는 유능한 쪽이 더 필요하다는 것).

'눈에는 눈을, 이에는 이를.'[28] 악마와 손을 잡는다는 것을 잊어선 안 된다. 권력의 악마를 악마로서 미화하지 않을 것, 도덕화하지 않을 것.

특정한 정치 목적을 효과적으로 추구하기 위해 어떤 수단이 적절한지를 생각한다는 것이, 반드시 목적에 의해 수단이 신성하게 된다는 귀결을 초래하는 것은 아니

27 '국가이성'을 표제로 내세운 1924년도의 저작 『근대 역사 속의 국가이성의 이념』 중 일부를 뽑아 놓는다: "국가이성(國家理性)이란 국가 행동의 기본 원칙, 국가의 운동 원리이다. 그것은 건전하고 강력한 국가를 유지하기 위해 정치가가 해야만 할 일을 알려 주는 것이다. 국가의 '이성'은 자기 자신과 그 환경을 인식하고, 그 위에서 행동의 원칙들을 창조한다."(프리드리히 마이네케, 『국가권력의 이념사』, 이광주 옮김, 한길사, 2010, 53쪽)

28 함무라비 법전 196조; 200조. "사람이 높은 사람의 눈을 멀게 하면 제 눈을 멀게 할 것이다"; "사람이 제 계급 사람의 이를 부러트리면 제 이를 부러트릴 것이다." 또는 "눈은 눈으로, 이는 이로."(「출애굽기」 21: 24; 「레위기」 24: 20; 「신명기」 19: 21)

다. 그런 귀결에 대한 믿음은 종종 인생에서, 따라서 또한 정치 행동에서 목적-수단의 연쇄관계를 간과한 오류에 빠진 것이다.

예컨대 오사카에 가기 위해 표를 구입할 경우, 목적은 오사카 여행이며 수단은 표다. 그 표를 구입하기 위해 친구에게 돈을 빌릴 경우, 목적은 표 구입이고 수단은 빌린 돈이다. 실제로는 직장을 구하기 위해 오사카에 가는 것일 경우, 목적은 직장이고 수단은 오사카 여행이다. 하나의 목적은 다른 목적의 수단이 되는 것이다. 이 경우, 홋카이도에 더 좋은 직장이 있다는 뉴스가 들어오면 오사카 여행이라는 목적은 일시적으로 단념된다. 취직이라는 목적만이 남는다.

목적이 수단을 신성하게 한다는 것은, 현실에서는 종종 위와 같은 연쇄를 자의적으로 절단하여 특정 목적을 절대화하는 일로 이어지는바, 이는 절대화된 목적이라는 것이 다른 관련 속에서 보면 또 하나의 수단이므로 특정 수단을 절대화하는 것과 같다. 그러나 정치적 리얼리즘이라는 것은, 목적의 실현을 위해 복수의 수단들 가운데 특정 상황에 따라 적합한 것을 선택하는 일이며, 그럴 때 특정 수단의 현실적 가능성이 높을지라도 그 비용이 너무 클 때는 목적 자체의 실현이 무의미해지고 말 것이라는 통찰에 의해 뒷받침되어야만 하는 것이다. 그렇지 않으면 휴머니즘에 봉사할 터인 정치 행동에서 무서울 정도로 비인간적인 결과가 나오게 된다.

예컨대 독재를 뒤엎겠다는 목적을 위해 전쟁을 수단으로 삼을 경우, 독재가 가져올 해악보다도 전쟁에 의해 야기될 해악 쪽에서 더 큰 사태가 발생할 수도 있는 것이다. 생산력의 해방을 위해 특정 생산관계의 타도를 꾀하면서, 이를 위해 혁명·내란이 일어났다고 할 때, 생산기구의 전면적 붕괴에 의해 생산력이 저하되는 일도 결과로서 발생할 수 있다. 눈에 보이는 모든 것이 초토화된 폐허 위에서 '해방'이나 '자유'가 실현됐다고 한다면, 대체 그것에 어떤 의미가 있겠는가. 오히려 그것은 예지叡智가 없음을 가리켜 보이는 게 아니겠는가. 그런 뜻에서 정치상의 이념 또는 이념의 제도화는 데모크라시도, 코뮤니즘도, 무계급 사회도, 전부, 이를테면 인간의 잠재적 가능성의 전면적 해방이라는 이념을 위한 수단이지 그 자체 궁극 목적은 아니다. 목적을 상대화하고 관계적인relative 것, 즉 고작해야 차선적인better 것으로 보는 게 아니라 절대적인absolute 것으로 보는 것은 특정 수단을 절대화하는 것과 같다.

정치 상황을 구성하는 필드도 액터도 그 자체로서는 추상이며, 현실에서 그것들은 정치 이외의 인간 생활에 관계된 생산 및 재생산 과정과 그 과정 속 인간의 다양한 행동들로부터 분리되기 어렵게 짜여 넣어져 있다. 이른바 정치적 인간homo politicus—정치의 장, 그것만으로 정치를 유일한 목적과 동기로 삼는(예컨대 권력 추구를 정치 활동의 압도적인 동기로 삼는), 온통 그것만으로 정치 활동을 행하는 인간—이라는 것은 경제적 인간homo economicus 이상으로 추상이다. 막스 베버가 말하는 '정치에 의해 사는 인간'—직업적 정치가—혹은 상근활동가는 homo politicus와 비교적 가까운 인간이지만, 그 어느 데모크라시 사회의 시민 속에도 '정치에 의해 사는 인간'이란 극히 일부이며 소수이다. 대다수 시민은 정치 이외에 다른 생업을 갖고 있으며 주된 행동 영역은 정치 바깥에 있는바, 말하자면 그들은 단지 임시적으로, 파트타임으로 정치에 참가하는 것에 불과하다.[29] 그리고 그

29 직업 정치가와 관계된 베버의 문장은 다음과 같다. "정치를 직업으로 삼는 데는 두 가지 방식이 있습니다: 그 하나는 정치를 '위해[für]' 사는 것이고, 다른 하나는 정치에 '의해[vor]' 사는 것입니다. 그러나 이 두 방식은 서로 배타적인 것이 결코 아닙니다. 정치를 '위해' 사는 사람은 내적인 의미에서 '정치를 자신의 삶으로' 삼습니다: 그는 자신이 소유하는 권력의 행사 그 자체를 즐기거나 또는 어떤 내적 균형과 자부심을 얻습니다. 이런 내적인 의미에서 볼 때, 어떤 대의를 위해 사는 진지한 사람은 누구나 그 대의를 통해 살기도 하는 것입니다. 그러므로 정치를 직업으로 삼는 두 가지 방식의 구별은 직업으로서의 정치라는 문제의 훨씬 더 실질적인 측면과 관계가 있는데, 그것은 다름 아닌 경제적 측면입니다. 정치를 지속적인 수입원으로 삼고자 하는 사람은 정치에 '의해' 사는 것이며, 그렇지 않은 사람

것이 노멀한 것이다. 그렇지 않으면 건전한 사회라고 할 수 없다(재가在家불교주의[30]).

요컨대, 정치적 상황의 리얼한 인식은 상황에 관한 배치적/배열적configurative 고찰을 필요로 한다. 그것은 상황을 구성하는 하나하나의 요인을 항시 전체의 문맥에 관련시키면서도 부분을 전체에 기계적으로 종속된 것으로 간주하지 않는다. 존재와 당위, 목표와 현실 간의 [일치의] 가능성을 절단하지 않으면서도 그 둘을 혼

은 정치를 '위해' 사는 것입니다."(『직업으로서의 정치』, 108쪽) 파트타임 정치 참가와 관련된 문장은 다음과 같다. "우리는 '정치'를, 그러니까 한 정치적 조직체 내에서의 권력 배분 또는 여러 정치적 조직체들 사이의 권력 배분에 영향을 끼치고자 하는 행위를 '임시' 정치가로서도 부업 정치가로서도 또는 본업 정치가로서도 할 수 있는데, 이는 경제적 영리활동의 경우에도 매한가지입니다. 우리가 투표를 하거나 이와 유사한 의사 표시를 하거나 '정치적' 집회에서 찬성 또는 반대의 의사를 표시한다면 우리는 모두 임시 정치가입니다. 많은 사람의 경우에 정치와의 관계는 거기까지입니다. 물질적으로나 정신적으로나 정치를 자신의 최우선적 '삶의 과제'로 삼지 않는 사람들."(105쪽)

30 '재가' 대중은 출가하지 않은 불제자들이다. 그들은 공양이나 보시를 통해 '출가' 대중의 수행을 뒷받침하면서 세속에서 수행한다. 출가 대중은 계/법의 수행자들로서, 구족계具足戒를 받은 남자 승려 비구와 여자 승려 비구니, 소계小戒를 받은 남자 사미와 여자 사미니, 육법六法을 배우는 사미니 식차마나가 포함된다. 불교의 교단은 그렇게 재가와 출가의 칠부중七部衆으로 이뤄진다. 마루야마의 비유 또는 비교 속에서, 재가 대중은 파트타임 정치 참가자이며 출가 대중은 직업정치가이다.

동하지 않는다. 그런 리얼한 인식은 공통적으로 보이는 것 속에 있는 대립, 대립하는 것처럼 보이는 것 속에 숨은 공통성, 그러한 현실의 역설적인 성격에 대한 통찰을 포함한다. '거짓말에서 나오는 진심', '급할수록 돌아가라' 같은 속담들에 패러독스가 많은 까닭은 경험지經驗智가 그 같은 인간 행동 연관에 대한 리얼리즘을 포함하고 있다는 걸 보여준다. 그런 패러독스를 견뎌 낼 수 있는 것, 현실의 모순을 견뎌 낼 수 있는 것, 그 용기—카타르시스를 추구하는 일거주의[일거(一擧)에 해결하려는 입장]와는 반대되는 것—혹은 근기根氣[견디는/근본적인 기운] 없이는 정치적 세계의 주체다울 수 없다.

인간의 정신적·물질적·육체적 차원, 그 세 차원에서의 생산 및 재생산이 역사의 진짜 기초이며, 역사의 추진력이다. 정치는 직접적으로는 그 셋 중 어느 차원에서도 생산하지 않으며, 단지 그 조산부助産婦가 되는 데 머문다. 정치는 결코 역사를 움직이는 궁극의 힘이 아닐뿐더러 목적도 아니다. 따라서 혁명이든 전쟁이든 정치 투쟁은 적어도 일차적인 역사의 추진력은 아니다. 이른바 정치적 육식동물의 생활이 아니라 정치·권력 이외의 인간 활동, 문화의 의미에서 우리의 생활을 뿌리내리게 함으로써만이 인간에게서 정치가 갖는 위치와 역할을 올바로 자리매김할 수 있다. 올바른 의미에서의 정치적 리얼리즘이란 바로 거기서 발효發效된다.

정치적인 것의 불가피성과 한계를 아는 것.

제2강 태도·의견 및 행동

1. 정치적 분석의 방법들

정치적 분석은 여러 각도에서 접근할 수 있다. 전통적인 정치학은 통치government의 이론이었다. 액터는 위정자爲政者이며 통치 형태form of government—군주정·귀족정·공화정·민주정·독재정—및 통치 조직structure or Organization of government—삼권분립제·지방행정제·관료제·의원내각제와 대통령제 등—의 문제에 초점이 맞춰졌으며 주로 법적인 용어로 제도가 서술되었다. 다른 한편, 정치가론은 정치가에게 필수적인 내재적 자질leadership traits이란 무엇인지를 질문하는 것이었다. 데모크라시의 발전과 사회·정치 운동의 활성화에 뒤따라 시점이 아래쪽으로 확대되면서 정당·압력단체·여론·대중운동의 문제가 주목받게 되었으며, 국가의 형식적인 제도 중심으로부터 더 나아가 사회집난의 정치적 기능에 착목하는, 그 사회집단의 통치 주체 및 제도에 끼치는 작용과 반작용에 착목하는 관점이 생겨나기에 이르렀다.

관심의 이동은 접근 방식의 변화를 동반한다. 말하자면 정부/통치government의 학[문]으로부터 government and politics의 학문으로 발전함에 따라 접근 방식은 제도의 목적에 기초한 분류학으로부터 제도의 현행적 작동/작용actual working에 대한 연구로, 공식적인 구조보다는 오히려 집단 간의 상호작용에 대한 분석group dynamics으로 이동해 갔다. (리더십도 상호작용의 과정[속에서 구성된다]. "훌륭한 정치가" "뛰어난 지도자" "약한 지도자" ↔ 집단 간의 긴장과 상호 연관된다. 분열.)

그러나 접근 방식의 위와 같은 변화는 이른바 정치 상황의 객체적인 분석에 여전히 머물러 있는 것이었다. 경제적 하부구조와 정치제도 간의 상호연관 및 그것에 기초한 정치 변동의 이론—마르크스주의적 접근 방식 및 그 영향을 받은 독일의 사회학적 국가론에서 전형적으로 드러나는 것—역시 기본적으로 그러한 객체적 분석의 사례에 포함된다. 객체적이라는 것은 액터로서의 자아의 관점에서는 바깥쪽에 있는 사회적 조건이 분석의 주된 대상이 된다는 것을 가리킨다. 거기서 이뤄지는 비교·대조의 기준도 위로부터 설정되느냐 아래로부터 설정되느냐의 차이는 있을지언정, 제도·계급·집단 같은 외부에 형태화된 이데올로기라는 "객관적" "비인격적" 개념이라고 할 수 있다.

집단 이론 및 집단 간의 상호작용에 착목하는 것이, 대략적으로 말해 데모크라시의 발전과 잘 어울리는 것이라고 한다면, 정치학의 분석 안에 퍼스낼리티[개성적 특질]나 행위behavior로부터의 접근 방식이 도입되기에 이른 것은 이른바 대중사회적 현상의 만연과 관련되어 있다. 행동 동기motivation·성격 형태·상징 과정·이미지의 형성·정보와 커뮤니케이션의 네트워크 같은 많은 관점들이 도입됨으로써, 의견 조사는 태도 분석으로까지 내면화되며 사회학에서 더 나아가 사회심리학으로의 관련성을 강화해 간다. '위로부터'와 '아래로부터'의 상호작용만이 아니라, 본격적으로 자아의 내부와 외부적(사회적) 환경 간의 관계로, 안쪽에서 바깥쪽으로의, 바깥쪽에서 안쪽으로의 상호작용이 시야에 들어오게 되는 것이다.

제2단계를 상징하는 사상가가 마르크스라고 한다면 제3단계의 도래를 상징하는 것은 프로이트, 그의 무의식下意識 이론이라고 할 수 있을 터이다. 정치 행동과 의식 간의 합리주의적 관계를 상정하는 일을 거슬러, 혹은 사회적·계급적 피규정성이라는 견지에서 이데올로기론을 전개했던 마르크스를 서슬러, 인격적 하부구조로부터의 규정성이라는 견지에서 이데올로기론을 제시했던 이가 프로이트였다. 의식적 행동의 배후에 숨겨진 계급적 이득손실을 폭로하는 일(선의의 액터가 객관적으로는 특정 요인에 의해 규정되고 있다는 식의 역할적 사고)을 거슬러, 인간 행동에 가해지는 무의식적인 세계의 충격을 밝힌 이가 프로이트였다. 그의 이론을 어디까지 승인할 수 있는지는 여기서 문제가 아니다. 그런 사고방식의 등장, 프로이트만이 아니라 가장 넓은 뜻에서의 퍼스낼리티론[개성론]의 출현이라는 것이 역시 새로운 문제의 등장을 상징하고 있다는 점, 따라서 아무리 답을 부정할지라도 문제 자체를 말살할 수는 없다는 점을 인식하지 않으면 안 된다.

물론, 일정한 심리적 경향과 정치 상황 간의 함수관계에 착목하는 방식은 이미 아리스토텔레스의 정치학에도 있었다. "그 어떤 전제정치도 인민의 의견[opinion]에 기초를 두고 있다"라고 쓰면서 지배관계라는 것이 단순한 물리적 강제가 아니라 피치자의 심리적인 수용의 계기를 따르고 있음을 일찍이 지적했던 것은 데이비드 흄이었다.[31] 그렇지만 정치제도의 안정이나 변동, 나아가 대중운동의 다이너미즘을 인격 구조에 깊이 관여된 분석과 결속시켜 보게 됐던 것은 20세기부터였다.

31 인용문의 출처는 27편의 짧은 글들로 1741년 에딘버러에서 출판된 『도덕과 정치에 대한 에세이Essays Moral and Political』, 그중 「정부의 제1원리에 대하여Of the First Principles of Government」이다.

테크놀로지의 발전이 민주화의 진전 여부와는 아무 관계 없이 방대한 대중을 정치과정 속으로 동원할 수 있게 됨과 동시에, 기존 정치의 영역에서는 독립되어 있던 가정 및 제1차 집단 안에서의 일들까지도 정치의 역학 속으로 끌어넣을 수 있게 되었다. 인격 내부의 conflict[갈등] 및 긴장에서 연원하는 카타르시스가 정치 행동으로서 방출되는 현상이 대량으로 출현하게 됐던 것이다. 정치 선전과 상업광고의 발전 및 그 둘 상호 간의 유사화近似化, 무관심 또는 정치적 은거·퇴거의 거대한 정치적 효과, 상징의 합리적 선택을 대신하는 권위와의 정동적情動的 동일화 경향. 이와 같은 현대 정치의 갈수록 현저해지는 측면들은 그 어느 것이든 정치학의 대상을 거의 무제한적으로 만들며, 사생활에서의 사적인 동기에서 촉발되는 행동이나 선택까지도 부득이 시야에 넣지 않을 수 없게 만들고 있다.

위와 같이 엉성하게 살펴본 발전 과정은 그 어느 것이든 새로운 문제의 등장에 응하여 새로운 관점이 필요하게 됐던 과정이며, 결코 그때까지의 대상이나 접근의 관점이 불필요해졌다거나 무의해졌다는 것을 뜻하지 않는다. [정치학은 영원히, 낡고, 새롭다.]

정치적 상황에서의 상호작용 관계에 대한 접근 방식을 분류하여 제시하면 다음과 같다.

A. 위로부터 (정치 구조 중심)

i. 권력의 공적인 조직의 기관·관계·룰[rule]

ii. 정책 결정 과정decision-making process

iii. 합의 조달의 과정. 피드백, 안정과 변혁

iv. 신조 체계belief system, 정통성의 문제

B. 아래로부터 (정치 행동과 운동 중심)

i. 상징의 선택, 대중단체, 압력단체, 정당

ii. 운동의 구조와 기능, 리더십과 다수 대중mass

iii. 선전·선동·전술·이데올로기(유토피아)의 역할

C. 바깥쪽으로부터 (상황 및 액터를 규제하는 객관적 조건의 측면에서)

i. 경제적 기반, 계급관계, 소유 (Economy)

ii. 문화, 전통적 가치 체계, 교육제도 (History, Cultural Tradition)

iii. 지리적·풍토적 조건 (Geography)

D. 안쪽으로부터 (행위자의 동기부여motivation라는 측면에서)

i. 성격 형태·경향·퍼스낼리티

ii. 자아의 기대·요구·동일화에 의한 태도 형성

iii. 참가나 도피 같은, 집단과 자아가 맺는 관계의 매커니즘

[위와 같은 네 가지 방법 및 대상을, 무릅쓰고 한마디 낱말로 줄여서 표현하자면], A는 Government, B는 Politics, C는 Society, D는 Personality가 된다.

D가 전통적 정치학에서 가장 멀리 떨어져 있는데, 즉 상식적으로 정치의 세계라고 생각하는 것으로부터 가장 멀리 떨어져 있는 것이 D인데, 그만큼 그것은 일상성의 세계와는 가까운, 정치에 의해 살아 있는 것이 아닌 일반 시민이 스스로를 정치에 관계시키는 출발 지점과는 가까운 것이다. 혁명자革命者의 정치 분석은, A와 B 사이의 관계에서는 B가 중심이지만 D와의 연관이 없기 때문에, 역시 발상으로서는 지도자의 입장에서 보는 관점이 중심에 놓여 있는바—예컨대 대중을 전적으로 처리/운용의 대상으로 보는—그런 관점에 따른 비판의 대상은 A·C에서의 거시적인 것으로 향해져 있기 때문에 신변적인 것과는 연결되지 않는다. 이런 사정은 추상적으로는 래디컬하며 일상적·신변적으로는 보수적인 일본 지식층의 취향에 적합한 것이라고 하겠다. 일본에서 중대한 것은 '시민이 일상적 입장에서 처리/운용하는 정치학'일 것이다.

[일반 시민이 스스로를 정치와 관련시키는 방법에 대해

생각할 때는 D로부터 시작하는 쪽이 좋을 것 같으므로 그렇게 한다.]

2. 정치적 태도의 형성과 변화

여러 기본 용어들의 정의. [이 챕터는 강의에서는 생략됐으리라고 추정되는데, 다음 저작의 부분 초역에 가깝다. Harold D. Lasswell and Abraham Kaplan, *Power and Society: A Framework for Political Inquiry*, 1950, pp. 11-25.]

'나'는 동일화를 통해 '우리'가 된다. 정치의 장에 흔히 등장하는 액터들은 바로 그런 '우리'이다. '나는 일본인이다' '나는 대학생입니다' '나는 전학련全学連[전일본학생자치회총연합] 학생입니다' '나는 ××당의 당원이다'라는 것은 전부 동일화에 관한 언명statement이다. '일본인' '××당'은 동일화의 상징이다.

요구라는 것은 어떤 사물을 향한 변주의 표현이다.

가치라는 것은 욕구의 대상이 되는 일/사건出来事, 목표로서의 일/사건이다.

기대의 언명은 요구 혹은 동일화를 수반하지 않으면서 어떤 상태—과거·현재·미래를 불문하고—가 일어나거나 일어나지 않는 것을 상징한다. '더 이상 제3차 세계대전은 일어나지 않을 것이다'라는 말은 미래의 상태를 표현하지만, A라는 사람이 그렇게 말했던 것이 그 상태가 그에게 바람직하다거나 바람직하지 않다는 등의 요구를 드러내고 있는 것은 아니며, 또 자아의 경계를 한정하고 있는 것도 아니다(즉, 동일화 identification를 포함하지 않는다). 예컨대 '낙관적 기대'와 '비관적 기대'가 있다.

신념(Faith)이란 감정화된 기대다.

충성이란 감정화된 동일화 또는 요구다.

태도란 일정한 관점/전망(동일화·요구 및 기대의 패턴)이 행위에 의해 겉으로 표현될 때 그 행위를 완성하려는 경향이다. 따라서 정치에 대해 완전히 무관심한 인간이 정치적 태도를 갖고 있지는 않아도 정치적 관점/전망을 가지고 있을 수 있다. 어떤 지배층이 호전적 관점을 갖고 있기는 해도 반드시 호전적 태도를 취하고 있다고는 할 수 없다.

정치적 상황에서의 태도 형성과 상징의 선택의 프로세스에 시점을 맞출 때라면, 통치 구조·법·정당·이데올로기 같은 각종 제도institution[상치/기관]는 소여[부여/구성된 것]가 된다(변수로서의 자아의 태도와 상황이 특정한 여건 아래 맺게 되는 상관관계).

액터로서의 '나'로부터 출발하여 다른 액터 및 장(필드)에 대한 나의 태도 형성의 과정을 모델화해서 살피기로 하자. 정치적 상황은, 권력관계를 내포한다는 데 특질이 있는 것인데, 느닷없이 권력의 '존재'를 전제로 삼을 게 아니라 액터로서의 '나'와 '세상'이 맺는 관계로부터 고찰해 가자.

액터의 관점에서 본 환경 { 다른 액터들 / 필드 }

I. '[우발적인] 일/사건[이벤트]'

{ 이른바 '사건'만을 가리키는 게 아님.
자연과 사회를 무수한 사건의 연쇄·복합으로 간주함. }

→ 나의 반응

그런 '일/사건'과 '나의 반응' 사이에는 몇 가지 매개항이 있다.

무생물(돌)이 마주 부딪쳐 서로 튕겨 나가는 것은 순수하게 직접적인 일/사건과 반응 간의 상호작용이다.

유기체는 센스(sense[감각/지각])를 통해 일/사건을 수취하고 센스를 통해 반응한다. 그런 수취의 경우, 일/사건에 대해 동물은 이미지를 갖는다. 이 이미지를 일회적인 것으로 한정하지 않고 거듭 기억으로서 보존하고, 또

언어에 의해 이미지를 □□[32]하며, 새로운 일/사건에 따라 이미지를 수정 또는 재조직하는 정신작용이 이뤄진다는 점에서 인간은 동물과 구별된다.

자극-반응의 단순한 반복 ↔ 경험의 축적

볼딩이 거론하고 있는 사례[Kenneth E. Boulding, *The Image: Knowledge in Life and Society*, The University of Michigan Press, 1956, p.15, p.25]. 개들 몇 마리가 고양이를 쫓는다. 개는 고양이, 다른 개의 존재, 장을 의식하고 이미지를 갖는다. 그러나 고양이가 도망쳐 버린 경우, 개는 서로 모여 이미지를 교환하지 않으며 기록하여 이미지를 보존하지도 않는다. 따라서 그 개는 자기가 태어나기 전에도 다른 개가 있었음을, 자기가 죽은 뒤에도 다른 개가 있을 것임을 모른다.

액터가 직접 눈으로 보고 귀로 들을 수 있는 이벤트event는, 특히 정치적 상황이라고 할 경우, 오히려 예외적인 것이다. 직접적인 지각을 통해서도 그런 이벤트의 의미를 이해하는 데는 상징을 매개로 한 이미지의 형성이

32 초고에서 확인 불가능한 낱말.

필요한바, 그럴 때는 대상을 직접 마주함으로써 반응하고 있는 것이 아니라 일/사건의 이미지에 반응하고 있는 것이다('보는 것과 듣는 것에는 큰 차이가 있다'). 하물며 멀리 떨어진 원격지의 이벤트에 대한 반응에는 다양한 상징을 매개로 한 복잡한 이미지가 액터와 이벤트 사이에 개재되어 있다.

사례들. '한국의 이승만 라인은 심히 괘씸하다'라는 분개의 반응. / 미국인 모두가 초고층 마천루에 사는 것은 아니라는 걸 알고 실망한 GI[33]와 결혼한 유럽 아가씨. / '소련이 일·소 중립 조약을 침범했던 것은 명백한 사실이 아닌가' / 수뇌회담 결렬 / U-2기[34] 침범. / '소련은 미국이 만들었고, 미국은 소련이 만들었다' SU : US [Soviet Union : United States]

이벤트의 리얼리티라는 것은 칸트의 '물物자체' 같은 개념이 된다.

33 Government Issue. '정부 납품'이라는 뜻이지만, '미군 병사'를 가리키는 속어로 사용되었다.

34 록히드 U-2. 미국 공군의 1인승 고고도 정찰기. 1955~1989년까지 냉전의 역사를 함께하면서 총 104대가 생산되었다.

직접적인 일/사건에 대한 반응이 아니라 일/사건의 이미지에 반응하는 데서 '거짓말에서 나오는 진심'이 정치의 세계에서 종종 일어난다. 리프먼Walter Lippmann이 말하는 pseudo-environment[거짓擬似 환경. *Public Opinion*[여론], 1922]에 대한 반응이 행위로서 행동화되는 결과는, [거짓 환경 아닌] 현실의 환경 속에서 일어나는 것이다. 예컨대 과거의 일이 연상되거나 공포와 시기·의심에 의해 A라는 일/사건(예컨대 새 한 마리가 레이더에 날아든 일)을 적의 공격으로 착각하고 총반격을 명령함으로써 전쟁이 되는 것이다! (자기의 힘에 상응하지 않는 공포를 적에게 주는 일. 제3자—세속世間—의 이미지의 작용.) 픽션에 대한 반응이 현실을 바꾸는 것이다(수뇌나 리더일수록 '거짓'된 이미지와 '현실' 형성력 사이의 차이는 극심하다).

거짓 환경과 스테레오타입[전형성]에 우리가 반응하고 있다는 것이 비극적인 게 아니라 그런 사정을 자각하지 못하는 것, 자기야말로 리얼리티와 직접 마주해 있다고 여기는 일이 비극적인 것이다. 스테레오타입을 몇 개라도 포개고 그것들을 비교함으로써 맹점을 줄이는 길 말고는 달리 방도가 없다.

현대인이 끊임없이 새로운 자극을 추구하고 있는 것

은 스테레오타입을 음미하는 정신이 없기 때문이다. '세상은 지루하고 평범해' '아아 또 이런 거야?' 같은 말은 기존의 이미지에 안주하고 있는 태만한 정신의 증좌다. 새로움을 좇는 이의 내부야말로 스테레오타입으로 충만한 채로 구태의연함을 고수하고 있다는 역설.

호기심curiosity이란, 사물·사건을 끝없이 기이curious하다고 여기는 것이다.

분명, 관념이나 사상은 화폐와 마찬가지로 유통될수록 손때로 오염되어 간다. 그러나 그것은 숙명이다. 마르크스가 '나는 마르크스주의자가 아니다'라고 말했던 것은 그런 숙명의 고백이다. 자신이 가진 화폐만은 손때로 오염되지 않는다고, 조폐국에서 만들어졌던 그 순간의 화폐라고 여기는 것이 비극적·희극적인 것이다.

텔레비전처럼 일/사건이 고스란히(?) 시각화되어 우리에게 전해질 때, 물론 이 경우에도 촬영자의 선택이나 방송국 자체의 선택으로 걸러지는 과정을 거치기는 하겠지만, 그런 의식적 선택의 손가락들 사이로 흘러내리는 모래들이 화면에 들어가 있기에 스테레오타입(전형적 틀)의 이미지를 깰 수 있는 가능성이 나온다고 하겠다. 그 가능성은 적어도 신문이 매스미디어를 대표하고 있던 단계보다는 크다. 그러나 물론 통신의 일방통행화가 더 진전亢進된다는 마이너스 차원도 동반되지만 말이다.

II. 일/사건 → 통신 → 액터의 이미지 형성 및 재조직 → 반응 → 일/사건

액터의 기존 이미지란 다른 액터 및 장에 대해 미리 앞서 형성된 이미지이다.

액터로서의 나는 단지 세상을 보고 있는 게 아니라 모종의 관심(Interest[이해(利害)관계])을 갖고서 보고 있다. 보이는 게 아니라 보는 것, 들려오는 게 아니라 듣는 것은 이미 그러한 관심을 전제하고 있다. 즉, 관심의 방향성이 있고서야 비로소 세상을 보는 나의 시점이 결정되어 간다. 완전히 무관심한disinterest 인식(순수관조)이란 신의 인식에만 해당된다.

자, 그렇게 주위의 '세상'을 바라보고 또 들어 보면, 유쾌한 일/사건도 눈과 귀로 들어오지만 유쾌하지 않은 일/사건도 들어온다(일/사건은 자연에서의 그것만이 아니라 사회의 일/사건인바, 거기에는 문제 발생도, 액터의 행위도, 필드의 변화도 전부 포함된다). 바람직한 일/사건도 바람직하지 않은 일/사건도 눈과 귀로 들어온다.

동시에 나는 다른 액터나 장에 대해 어떤 좋은 인상 혹은 나쁜 인상을 갖는다. 그럴 경우, 바람직하며 유쾌한 일/사건이란 물론 나에게도 바람직하며 유쾌한 일/사건이다.

그러나 문제는 바로 그 '나에게서'라는 것이 무엇을 의미하는가이다. 첫째, 그것은 나의 '요구'라는 차원을 가리킨다. 즉, 내가 선택한 가치에 따라 요구는 달라진다. 나의 재산에 내가 전적으로 가치를 두지 않는다면 내가 소유한 주식의 폭락이라는 일/사건은 나에게 별로 바람직하지 않은 일/사건이 아니다.

둘째, 그때의 '나'라는 것을 두고 반드시 생리적 개체로서의 나라고 말할 수는 없다. 그렇게 말할 수 있는 경우는 적다. 보통은 우리에게는 바람직한 또는 바람직하지 않은 일/사건으로 받아들여진다. '우리'라는 것은 나의 가족에, 나의 마을에, 나의 그룹에, 나의 학교에, 나의 나라에 우리이며, 보통 그럴 때의 나라는 것은 더 큰 사회적 상징과 동일화된 나이다. '나는 도쿄대 학생입니다' '나는 일본인입니다' '나는 ××의 친척입니다' '나는 ××당의 당원입니다' '나는 실존주의자입니다'라고 말하는 것은 어느 것이든 그러한 동일화identification의 명제이며, 세상에 대한 나의 태도나 정치적 의견 및 행동은 그러한 동일화의 과정을 거친, 말하자면 '사회화된 나'의 태도·

의견·행동인 것이다. 내가 가진 일개 독자적인 인식·평가라는 것도, 타자에게 전달되고 이해되며 세상 어딘가에서 언젠가는 자신의 인식·평가에 공명하는 자를 발견하게 되리라는 것을, 즉 이미지라는 것이 다름 아닌 공유된 이미지shared image라는 것을, 적어도 그런 공유의 가능성을 가진 것임을 예상하고 있는 것이다. 철학적으로 말하는 독아론solipsism[獨我論]은, 철저히 살피면 정신분열병 환자의 입장이 된다.

물론 'A라는 일/사건이란 내게는 바람직하지 않지만 일본에는 바람직하다'라는 판단도 성립한다. 그 판단에 기초하여 액터로서 상황에 영향을 끼치고자 할 경우, 그 행동으로부터 나의 어떤 지향이 추론되는바, 즉 나의 가족이나 고향과의 동일화보다는 일본과의 동일화를 더 우선시하려는 나의 지향이 추론된다.

X, Y, Z, … 등등의 동일화된 상징 속에서 우선시의 순서는 내가 가치를 부여한 것의 질서/명령order에 따라 결정된다. 양자택일에 당면했을 때의 선택을 결정하는 기준이 바로 나의 가치 서열이다. 그럴 때의 가치란 선험적인 것으로서가 아니라 경험적으로 내가 욕구하는 대상이다. 위에서 요구라고 말했던 것은 그런 가치 부여의 표현이다(나의 가치 서열이란 '우리'의 가치 서열이다. [그렇기에/예컨대] '멸사봉공滅私奉公'이라는 가치 서열은 '우

리'의 가치를 '나'의 가치보다 우선시한 게 아니다).

그렇기에, 나의 가치 서열(생명·안전·부강·평온·지위·학문·예술 등)에 비추어 좀 더 높은 가치를 추구·유지·획득할 수 있는 기회가 많을수록 나는 '세상'을 유쾌한 것으로 여기면서 만족한다(이 만족은, 자기가 동일화한 타자의 기회도 포함하는 것이므로, 이른바 개인주의적 만족을 가리키는 게 아니다). 그런 기회가 적을수록 나는 '세상'을 불쾌한 것으로 여기면서 만족하지 못한다. 나, 그리고 내가 동일화한 '우리'의 가치를 충족시킬 수 있는 '일/사건'이 가치를 감쇄시키거나 박탈하는 '일/사건'보다도 상대적으로 많이 나의 이미지에 투영된다면, 나는 현상에 만족할 것이며 그 반대 경우에는 만족하지 못한다. 이는 액터의 태도attitude를 규정하는 가장 기본적인 제1의 가설로 볼 수 있을 것이다.

그런데 두말할 나위 없이, '현상'은 과거로부터 흘러들어와서 미래로 향해 가는 추이를 보인다. 나는 '세상'의 이미지를 '시간'의 이미지와 결부시켜 생각해야만 할 것이다. '세상'이 내게서의 가치를 갈수록 더 충족시켜 줄 것인가 아니면 반대로 그 기회를 갈수록 감소시키게 될 것인가, 유쾌한 '일/사건'이 불쾌한 '일/사건'에 비해 다가올 장래에 더 많이 일어나게 될 것인가, 아니면 그 반대인가. 이러한 전망이나 기대는 내가 살고 있는 '세상'에 대한 기본적 태도를 규정할 제2의 요인으로 볼 수 있을 것이다.

(물론 제1의 가설에서의 만족·불만족 및 제2의 요인에서의 낙관적·비관적인 것이 꼭 이른바 '세상'의 '객관적 인식'은 아닌바, 그것들은 '가치판단'이며 거기에는 액터의 기질이나 성향이 크게 작용한다. 이는 '세상'으로부터의 메시지를 수취하기 전에 앞서 미리 형성되어 있는 가치의 이미지의 구성 요소를 이룬다.)

그러한 제1의 요인과 제2의 요인을 종횡으로 조합하여, 가장 간단히 정치적 태도의 이디알티푸스[이념형[Idealtypus(베버의 용어)]]를 제시하고자 했던 것이 로웰의 유명한 도식이다. 그 원형은 다음과 같다(A. Lawrence Lowell, *Public Opinion in War and Peace*, Harvard University Press, 1923, Chap.7).

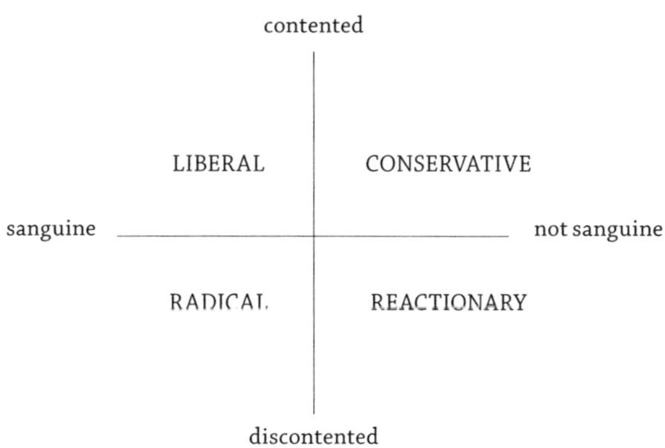

정치적 태도가 형성될 때, 기대라는 것이 어떻게 요구에 영향을 끼치는지를 보여주는 고전적 도식. 로웰은 두 종류의 기대(자아의 현상에 대한 견적見積과 미래에 대한 견적)를 조합했다.

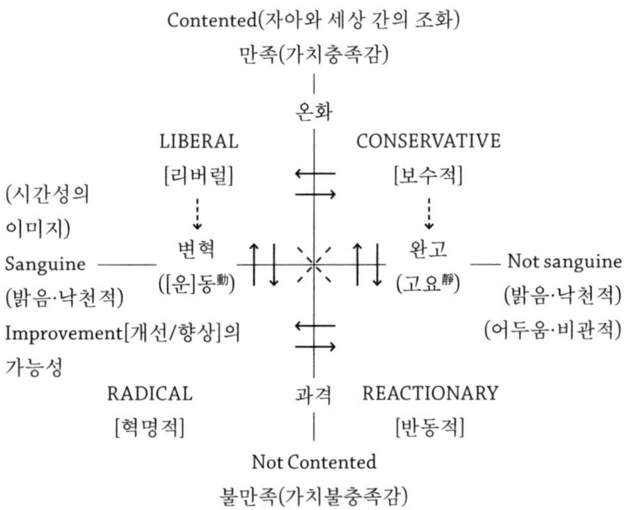

로웰의 도식에 대한 수정과 보충.

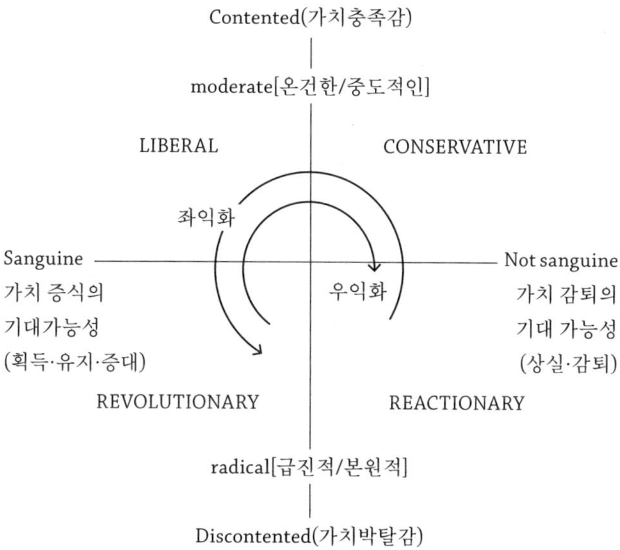

i. radical이라는 낱말은 오히려 radical revolutionary와 radical reactionary의 쌍방 모두에 공통되는 형용사로 사용하는 쪽이, 예컨대 나치 같은 과격 반동을 설명하는 데 더 편리하다.

ii. Contented라는 낱말이 너무 통속적이라면 이를 가치충족감·가치박탈감으로 바꿔도 좋겠다. 요컨대 그것은 자아와 현재 '세상' 간의 조화의 정도를 가리킨다.

iii. 세로줄은 공간성의 이미지에 따른 세상의 관점을, 가로줄은 시간성의 이미지에 따른 세상의 관점을 표시하며, 그런 가로·세로를 통해 관점의 대극對極을 생각할 수 있게 한다.

도웰의 착안에서 초점은 위의 네 가지 정치적 태도의 분류 그 자체보다도 그것들 간의 상호 대립관계를 밝히고 정치 사회(정치적 통일체)의 안정·불안정 및 진보·

정체停滯와 구성원의 정치적 태도를 서로 관계시킨 지점에 맞춰진 것이었다. 액터의 내면에서 외부적 행동으로 향하는 방향(안 → 밖)과 필드의 '객관적'인 상태라는 두 측면으로부터, 또는 아래로부터의 선택과 위로부터의 정책 결정이라는 양면으로부터 특정한 정치 상황이 분석되어야만 한다는 것, 바꿔 말하자면 액터의 기대나 요구가 제도나 기구의 '반영'에 머무는 게 아니라 동시에 제도나 기구를 움직이게 한다는 것, 그런 뜻에서 행동양식이나 의견에 대한 분석이 필요하다는 점을 누구보다 일찍 명확히 제시했던 학자 중 하나가 로웰이었다.

단, 아직 대단히 주지主知주의적이어서 무관심/무기력Apathy이라거나 무의식의 문제 같은 것은 다뤄지지 않고 있다. 모든 것이 적극적 시민citizen으로서 상정되어 있다.

위와 같은 도식이 물론 자유주의라거나 보수주의라거나 현대사회 속 이데올로기의 정책 내용을 밝히고 있는 것은 아니다. 자아라는 측면에서 정치적 태도 형성의 분화 및 이행을 해명하기 위한 이념형이었다고 하겠다.

예컨대 태도 이행 관계에 대해 로웰은 다음과 같이 말한다.

"사람들은 나의 이 다이어그램 속의 어느 각도에서도 말하는데, 그 정치적 태도가 직접 대각선의 방향으로 이행될 수 있다고는 일단 거의 말하지 않는다. 래디컬(우리의 용어로는, 혁명적 인간)이 보수적으로 되고 리버럴이 반동이 되는 경우는 직접 대각선으로 그렇게 되는 게 아니라 중간 단계 속의 다른 한 가지 태도를 경과하고서야 비로소 그렇게 될 수 있다. 왜냐하면 혁명자적인 radicals가 보수적인 태도로 변하기 위해서는 자기의 기질 경향disposition을 이루는 두 가지 요소를 동시에 역전시키지 않으면 안 된다. 혁명자적인 그에게는 현상에 대해 느끼는 불만족을 만족으로 바꾸는 일, 나아가 동시에 낙천적 전망을 희망 없는 상태로 바꾸는 일이 지극히 드물다."(pp. 280-281)

Liberal과 Conservative를 moderate로 묶고, 또 Revolutionary와 Reactionary를 radical로 묶을 수 있을 것이다.

즉, 이데올로기 내용의 차원에서 말하자면 혁명적 사상과 반동적 사상은 역사의 벡터의 정반대 방향을 띠지만 액터의 안쪽 내측으로부터 정치적 상징으로 휘감아드는 형型의 레벨에서 보자면 하나의 공통성을 갖는바, 이를테면 특공대에서 공산당으로의 급전환, 공산주의자에서 100퍼센트 반동 반공산주의자로의 급전환이 오히려 리버럴이 반동적으로 되는 일보다 쉽게, 또 종종 이뤄지게 되는 경향이 위의 도식을 통해 명확해진다(효능 I). 적어도 액터의 그러한 기질·경향·심리를 무시해서는 정치적 기후의 오른쪽右이나 왼쪽左으로의 변화가 충분히 해명될 수 없을 것이다(객관적 기구·이데올로기 분석만으로는 부족한 것이다).

물론 현실의 인간은 급진적/자유주의적/보수적/반동적 태도 각각의 안쪽에서 무수한 뉘앙스를 띠고 배치되어 있을 터이며, 쟁점들마다 어떤 액터의 가치 부여가 다르게 이뤄지는 일도 있을 수 있다. 예컨대 남녀평등, 아이들의 예절 교육, 가정 안의 천황제!

개혁의 절박함의 정도切迫度

- 리버럴 → 래디컬 레볼루셔너리 = 장래가 낙관적이라고 보는 데는 변함이 없으며, 단지 현상에 대한 불만이 높아진다.
- 래디컬 → 리버럴 = 장래에 대한 낙관적 전망은 변함 없이, 현상에 좀 더 만족한다.

개혁을 체크하는 절박함의 정도

- 보수적 → 반동적 = 장래가 비관적이라고 보는 데는 변함이 없으며, 단지 현상에 대한 불만이 높아진다. '과거는 저렇게도 좋았는데, 갈수록 세상은 나빠지고 있다'(이리되면, [과거지향적인]

역逆코스 이외에 다른 활로는 없어진다.)

반동적 → 보수적 = 장래가 비관적이라는 보는 것은 동일하며, 단지 현재에 대해 좀 더 만족하게 된다.

급진적 → 반동적 = 현재에 절망하고 있는 것은 동일
극좌 극우

하며, 벡터의 방향만이 역방향을 띠게 된다.

극단적으로 공격적인 태도, 적에 대한 증오, 가까운 것을 더욱 증오한다.

(사민[사회민주주의(자)]에 대한 코뮤니스트의 증오. 미국 국무성 리버럴에 대한 매카시스트[McCarthyist]의 증오. 리버럴에 대한 전향자의 증오.)

예컨대 1950년, 2월 9일 매카시 상원의원의 웨스트 버지니아 연설.

“왜 우리나라가 무력한impotency[발기 불능의] 상태에 있는가. 그것은 우리들의 유일한 정치적 적수(러시아를 가리킴)가 우리나라 해안에 침입자를 보냈기 때문이 아니다. 오히려 이 나라에서 지극히 우대받고 있는 사람들의 배신 행위 때문이다. 이 미국을 팔아넘기고 있는 것은 혜택받지 못한 처지의 사람들이나 소수 그룹의 멤버가 아니다. 오히려 지상 최대의 부를 획득한 나라로부터 온갖 편리를 제공받고 있는 패거리인 것이다. 제일 훌륭한 저택에 살고, 제일 훌륭한 대학 교육을 받고, 정부의 제일 훌륭한 자리에 앉아 있는 패거리들 말이다. 이는 특히 국무성과 관련하여 틀림없는 진실이다. 거기서는 입에 은수저를 물고 태어난 전도양양한 청년이야말로 갈수록 (사상이) 악화되어 갔던 것이다."(Daniel Bell (ed.), *The New American Right*, 1955, pp. 210-211.) [사이토 마코토 외 옮김, 『보수와 반동: 현대 미국의 우익』, 1958년. 이 번역본에 실린 세이무어 마틴 립셋, "The Sources of the 'Radical Right'"에서 인용되었다[괄호 삽입은 마루야마].]

물론 위의 도식에서는 적어도 여덟 가지의 타입이 추출될 수 있는데, 비교적 개연성이 높은 이행(자연적 경향으로서의 태도 변화)과 비교적 부자연스런 이행이 현실에서는 구별될 수 없을 것이다. 예컨대 radical → reactionary에 비하여, 반대의 반동이 급진적으로 이행하는 경우는 많지 않을 것이다(특공대 → 공산당은 특수조건의 산물).

정치적 기질과 태도 형성에 관한 로웰의 도식은 물론 좀 더 단순화되어 있다고 할 수 있는데, 이를 어떻게든 수정하여 중간 단계를 설정할 수가 있다. 예컨대 최근 로시터의 미국 보수주의 연구(Clinton Rossiter, *Conservatism in America: The Thankless Persuasion*, 1955)에 나오는 '변화'에 대한 'ism'의 일곱 가지 분류도 그러한 정치적 태도의 상호 위치 관계 및 이행 관계의 도식화로서 이용할 수 있다. 무엇보다 로시터는 그 분류를 두고 'liberal한 사회'를 전제하고 있는 것이라고 말한다(pp.11-15).

ㄱ. 정치적 태도를 규정하는 자칭·타칭[1인칭·3인칭]이 상황과의 관련에 따라 객관적인 위치 부여 상태와 일치하지 않게 되는 일. 이는 로웰의 도식에도 해당되는 것이지만 태도에 대한 자칭·타칭과 앞의 분류 도식은 반드시 일치하지는 않는다. 로웰이 말하듯, 타칭은 반대 방향의 정도[강도]를 과장하는 경향이 있다. 특히 정치적 긴장이 격화되면 그렇게 된다. 예컨대 보수파는 liberals에게 radicals라는 딱지를 붙이며, 또 liberals나 radicals는 보수파를 반동파에 의지한 것으로 보려고 한다. 로시터가 지적한 것인데, 완고파와 반동적 태도가 지배적인 나라(넓게 말하자면, 상황)에서는 본래의 보수주의가 [좌우 아닌] 한가운데에 위치

'변화Change'에 대한 태도attitude

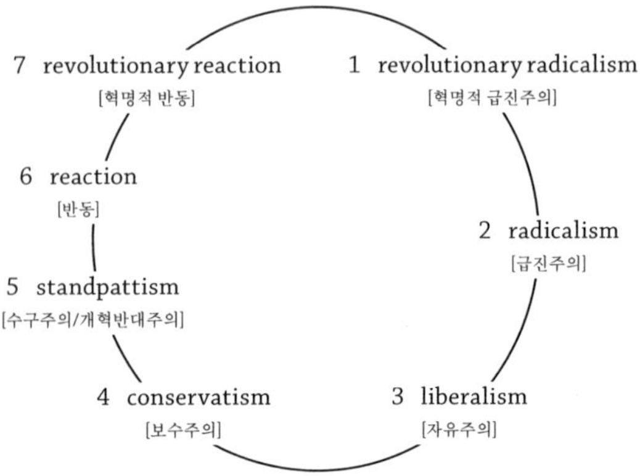

i. 1~7의 시계바늘이 가는 방향을 따라 왼쪽에서 오른쪽으로[예컨대 4에서 3으로] 움직인다.

ii. radicalism은 '평화적 수단'에 의한 유토피아의 실현을 지향하는바, 즉 '현상'에 대해 revolutionary radical만큼 desperate[절망적][될 대로 되라는 식]이지는 않다.

iii. liberalism은 현재의 생활양식에 만족하고 있으며, conservative도 변화라는 것이 인생과 사회의 룰[rule]이라는 것을 알고 있으므로 둘 사이의 차이는 크지 않다. 하지만 showdown[승부처]에 직면했을 때 liberalism은 안정보다는 변혁을, conservative는 변혁보다는 안정을 택한다. 즉, liberalism은 개혁[reform]의 가능성에 대해 낙관적이지만 conservative는 비관적이다.

iv. conservative는 discriminately하게[식별력 있게] 보수적이지만, 완고파[수구파]는 무차별적으로 보수적이다. 절대 현상 옹호(이를 넘어 반동[분]자reactionary부터는 과거의 방향으로 되돌리고자 한다). 과도한 보수주의.

v. 반동은 반격이다(역행roll-back함으로써 현상 승인을 거부한다. 반동은 헌법조차 바꾸려고 한다).

vi. revolutionary reaction은 폭력에 호소해서라도 역행을 꾀한다. 방법의 과격성이라는 점에서 1에 가깝다(나치형[Nazi]型).

하거나, 아니면 좌익의 길을 걷는다. 따라서 반동적 태도의 관점에서는 보수파로 보일지라도 타자(세속)의 관점에서는 보수파로 인식되지 못하고 좌익처럼 간주된다.

ㄴ. 어떤 사회(우리의 분석 용어로 말하자면 장場) 속의 구성원(우리의 분석 용어로 말하자면 액터)이 위와 같은 태도 형성에서 어떤 분포를 보이는지를, 그 분포와 사회의 정치적 안정성·불안정성 간에 성립하는 함수관계를 적출할 수 있다. 또한 그런 분포와 사회의 정체성停滯性·발전성 간에 성립하는 함수관계가 있다. 이것 역시 이미 로웰이 일찌감치 지적했다(Lowell, p.289).

정치적 기후political climate

[L: Liberalism, C: Conservatism, RA: Radicalism, REA: Reaction]

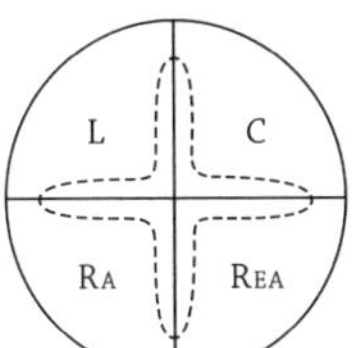

→ 현실에는 없다.

실제로는 원의 주변보다도 세로줄·가로줄의 경계 가까이에 밀집되어 분포되어 있으므로, 그 줄들이 좌우상하로 약간 이동하는 것만으로도 정치적 기후는 크게 변한다.

사례. 영국 1832년 (reform) → 1914년

1945년 → 1960년

장래에 대한 기대의 분포에 변동이 없다고 가정.

A

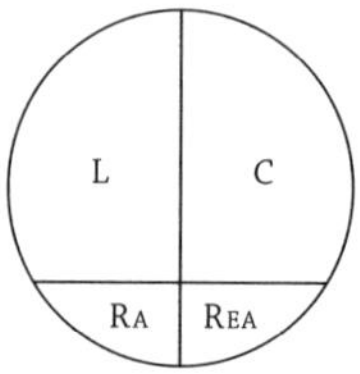

가치충족도가 높은 사회

→ 안정 (stable)

B

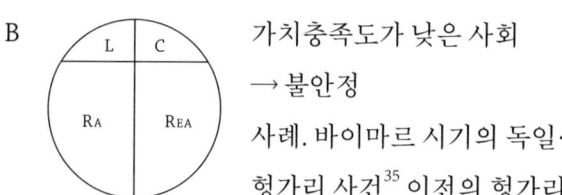

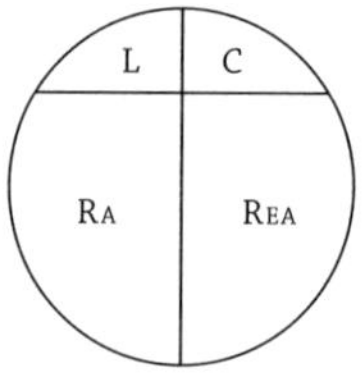

가치충족도가 낮은 사회

→ 불안정

사례. 바이마르 시기의 독일·

헝가리 사건[35] 이전의 헝가리

→ 급격한 비非스탈린화의 방향에 대한 지지자(RA)와 완강한 스탈린주의자(RE)가 다수를 점하여 대립하고 있는 사회주의 사회.

· 자코뱅 독재로부터 제3공화제의 안정까지의 프랑

35 1956년 헝가리 혁명1956-os forradalom. 소련의 간섭적 통치, 스탈린주의 관료 집단, 공포정치에 반대해 11월 4일부터 12일간 이어진 학생·노동자·농민의 전국적 투쟁. 소련군에 의해 진압되었고 친소련 정권이 재건되면서 20만 명 이상의 헝가리인이 해외로 망명했다.

스. (블랑제주의[Boulangisme][36])

'ism[주의주장]'의 내용이 들어 있지 않으므로, 다른 시대 및 다른 체제에도 적용될 수 있다(효능 II).

혁명 및 패전 이후의 사회는 B형으로 기울어지고 있음을 보여준다.

모든 혁명은 기성의 권력·부·명예·존경 등의 주요한 사회적 가치 할당의 강제적 또는 급격한 변경이다(이에 대해선 뒤에 서술하겠다).

신조 체계belief system가 붕괴되고 루틴이 깨져 방향감각을 상실했으므로, 아노미 상태가 드러난다. 탄력이 붙은 것처럼 사태의 기세가 증대된다. '모든 혁명은 과도하다.'(엥겔스) 그 과도함이란 그렇게 과도했던 그만큼 다시 역행하고자 한다(뱅자맹 콩스탕이 말하는 정치적 반동의 역학[37]). 그렇게 왕복하는 진자운동 이후에 점차

36 1870년 보불전쟁의 패전에 따른 배상금 지불 및 광업 지대 할양, 1882년 금융 공황, 비스마르크가 취한 프랑스 고립 정책 등으로 궁지에 몰린 상황을 타파하기 위해 프랑스 제3공화정 시기인 1886년부터 1889년에 걸쳐 일어난 항쟁. 육군 장관 조르주 블랑제를 중심으로 반공화주의 및 반의회주의를 내건 일종의 쿠데타였다. 국가에 대한 그 일격이 갖는 가치 체계 및 그것에 대한 신봉을 '블랑제주의'라고 불렀다.

안정을 찾는다. 그 기간에 혁명적 독재와 반동적 독재가 급격히 교체되는 일은 드물지 않다. 이를 정치적 태도의 차원에서 번역하면, 그것은 구성원의 다수가 현상에 만족하지 않는 상태, 즉 한편으로 좀 더 많은 가치 획득이 가능하리라고 기대하는 이들이 급격히 증대하고 다른 한편으로 급격하게 가치 박탈이 진행되리라는 예상 속에서 초조하게 가치를 탈환하려는 무리가 날카롭게 분열하는 상태이다. 게다가 오늘의 만족은 내일의 환멸로 바뀌므로(재분배에 대한 불만) RA와 RE 사이의 상호 이행이 격심해진다. 이 같은 모델 케이스는 자코뱅 독재, 테르미도르 반동, 나폴레옹 체제, 왕정복고(ultra-royalist[초-왕정주의자]의 등장!), 7월 왕정, 2월 혁명, 나폴레옹 3세의 쿠데타, 제3공화정이라는 반세기의 격동에 적용될 수 있다.

37 1795년 5월 29일 자로 작성된 콩스탕의 44쪽짜리 팸플릿 『테러의 효과[결과/영향]』 중 한 대목은 다음과 같다: "시스템으로 환원되고 그 형식으로 정당화되는 테러는 테러리스트들의 잔혹한 폭력보다 더 끔찍한 것인바, 그런 시스템이 존재하는 곳이라면 어디서든 동일한 범죄가 반복될 것이기 때문이다. [⋯] 그렇게 확립된 원칙은 영원히 위험할 터이다. 왜냐하면 가장 현명한 이를 잘못 이끌어 길을 잃게 하고 가장 인간적인 이를 타락시키는 경향이 있기 때문이다. 혁명적 정부가 수립될 때, 가장 감미로운 국가nation[국민] 한복판에서 다름 아닌 괴물들monstres이 만들어질 것이다."(Benjamin Constant, *Des effets de la Terreur*, 1797, p.15[출판 서지 불명, 뉴베리 도서관 스캔본]. 이 팸플릿은 콩스탕의 『정치적 반동에 대하여Des réactions politiques』 2판(1796~1797)의 서문 격으로 배치되어 있던 것이기도 하다.

패전 이후의 사회는, 혁명이 일어날 경우는 본디 그러하지만 혁명이 일어나지 않을 경우에도 흔히 사회적 가치의 절대적인 감소(생산력 저하, 빈곤, 국위prestige 실추 등등)에 의해 현상 불만이 높아져 간다.

C

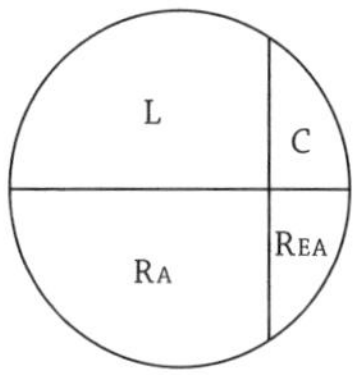

→ 전진적·실험적
(미래에 대한 활기찬 희망을 가졌다는 점에서는 동일함.)
사례. 독립 이후 개척자frontier가 소멸할 때까지의 미국, 유신 이후 메이지 전반부의 일본. (지배층이 개혁적이며 문명 개화를 중시.)

D

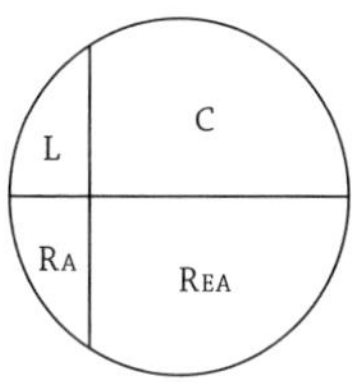

D → 정체적停滯的
(현실의 가소성可塑性[plasticity]을 믿지 않는다. 회고적이라는 점에서는 동일함. 과거를 향한 신앙으로 살아가는 사회.)
사례. 중화제국
도쿠가와 시대?
“여기서는 정치적 정체 상태가 안정 상태로 뒤바뀌어 이해되고 있다.”(어니스트 매이슨 사토우)[사카타 세이이치 옮김, 『한 외교관이 본 메이지유신』 제3장」.]

현실에서는 세로줄과 가로줄이 함께 변수가 되므로 A, B, C, D를 서로 조합하면 다음과 같은 네 가지 형이 된다.

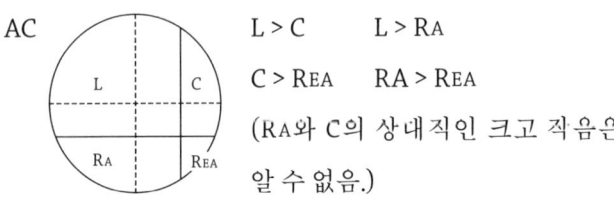

AC

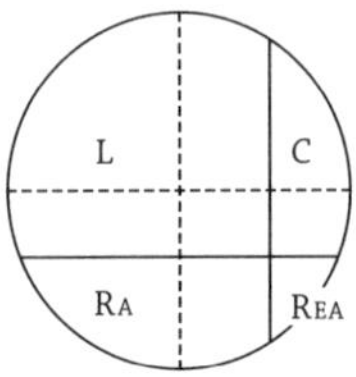

L > C　　L > RA

C > REA　　RA > REA

(RA와 C의 상대적인 크고 작음은 알 수 없음.)

구성원 안에 Liberal이 가장 많고 Reactionary가 가장 적은 사회. 안정을 보전하면서 전진하는 형.

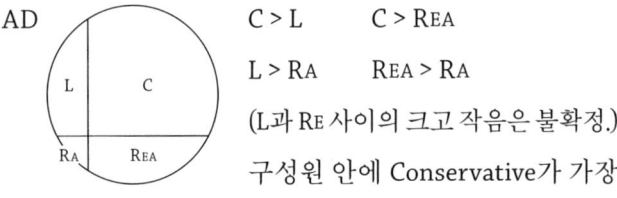

사례. 영국?

메이지 20년—제1차 대전의 일본.

AD

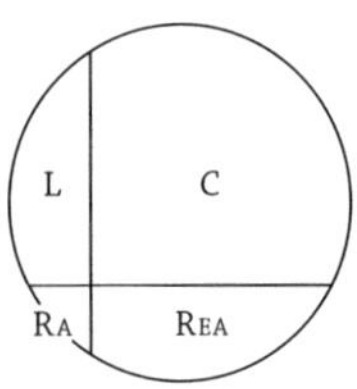

C > L　　C > REA

L > RA　　REA > RA

(L과 RE 사이의 크고 작음은 불확정.)

구성원 안에 Conservative가 가장 많고 Radical이 가장 적은 사회. 안정되어 있기는 해도 사회가 정체되어 있는 형.

사례. 도쿠가와 체제. 300년의 '태평', "대중사회"의 분위기. 행동양식의 정형화. '모든 일은 곤겐사마權現樣[38]가 정한 그대로의' 소여로서, 그런 현실을 추수하고 거기에 만족하는 태도.

BC
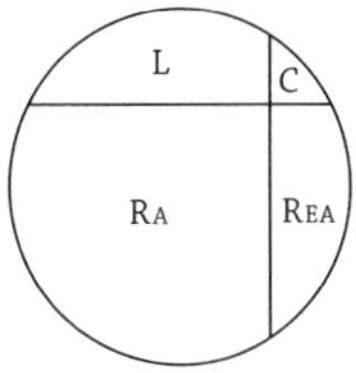

RA > L　　RA > REA

L > C　　REA > C

(L과 REA 사이는 불확정.)

구성원 안에 Radicals가 가장 많고 Conservative가 가장 적은 사회. 진보적 개혁이 격렬하게 행해짐으로써 안정이 결여되는 형.

사례. 혁명 개시의 시기(영국 17세기, 프랑스, 러시아).

아시아·아랍의 내셔널리즘.

(아기를 욕조 물과 함께 버려 버릴 위험성. 축적이 행해지지 않는다. 학문과 문화의 여유가 없음.)

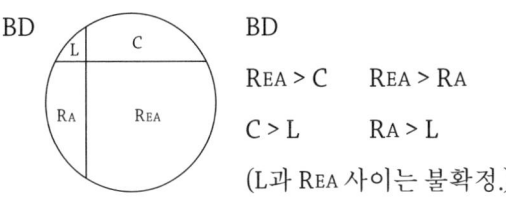

BD
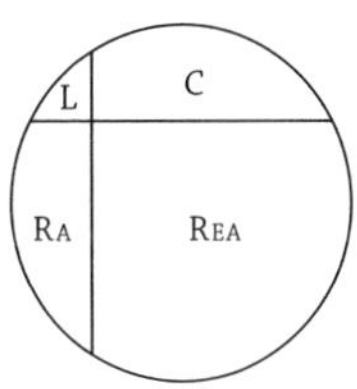

BD

REA > C　　REA > RA

C > L　　RA > L

(L과 REA 사이는 불확정.)

Reactionary가 가장 많고 Liberal이 가장 적은 사회.

38 '곤겐사마'는 '중생'을 구하는 권력으로서 임시적인 형체를 띠고 나타난 신적인 존재/힘을 말한다. 여기서는 바쿠후幕府의 창설자 도쿠가와 이에야스를 그런 존재/힘으로 높여 부르는 말. 인접어로는 '곤게權化'가 있다.

불안정한 정체형. (반혁명 독재)

사례. 나치 → 아나키의 제도화. 영구 반혁명 체제.

(나치 체제 아래에서는 리버럴이 가장 적었다!)

일본의 파시즘은 AD, BD의 혼합형.

[액터의 정치적 태도와 상황의 정치적 기후 간에 이뤄지는 함수관계로부터 여러 명제들이 추출될 수 있다.]

(i) 혁명기

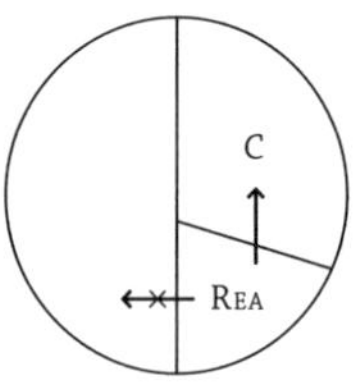

반동적 태도가 감소해 간다는 것은 무엇보다 사회의 진보성을 나타내는 일반적 징후이다(안정·불안정은 미확정). 그러나 그것이 동시에 보수[적 태도]의 감소를 동반하는 정도에 비례해서 사회는 안정성을 잃어 가게 된다. 전진적인 것의 위험이다. 혁명자가 기세를 올려 리버럴즈와 동맹을 맺기보다는 눈사태가 나듯이 반동 진영에서 사람들이 밀어닥칠 것을 기대하고 또 그런 일이 일어나게 될 때, 사회 안정성의 상실이라는 사태는 더욱 진전된다. 불안정성의 그런 진전은 아노미의 진전을 동반한다(영구혁명).

안정성의 감퇴가 보충되기 위한 조건은 반동이 급진으로 전화되는 게 아니라 보수로 이행하는 것, 리버럴이 적어도 그 태도를 변화시키지 않는 것이다(그들이 안정의 주도권을 쥐는 것이다).

반동이 급진으로 되기보다 보수로 이행한다는 것은 현상에 만족하게 되는 템포[진행/속도]가 미래에의 전망이 낙관적이게 되는 템포를 웃도는 경우이다. 개혁의 진행이라기보다는, 현재 가치의 분배.

(ii) 반동기

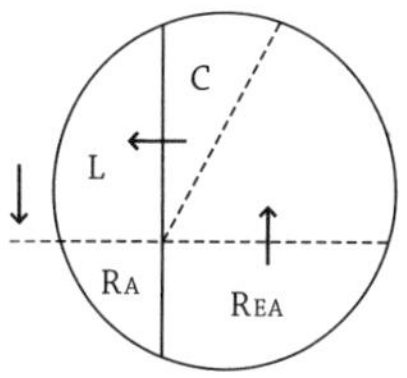

급진적 태도가 감소해 간다는 것은 무엇보다 사회의 정체성停滯性을 나타내는 징후이지 그런 감소가 반드시 안정성을 보증하는 것은 아니다. 그럴 때 사회가 안정을 향해 가는 것은 반동적 태도가 감소할 경우에만(즉 보수로 향해 갈 경우에만) 가능하다. 나아가, 급진적 태도의 감퇴에 동반되는 사회의 정체성이 보충되기 위해서는 보수에서 리버럴로의 이행이 일어나지 않으면 안 된다(보수가 진보와 실험의 이니셔티브를 쥔다).

(iii) 세내 문제와 정치적 태도

세속에서 나이를 먹어 갈수록 정치적 태도는 보수적으로 된다고(즉 시계바늘의 방향으로 이행한다고) 흔히들 말한다. 즉, 앞의 다이어그램으로 말하자면 Radical에서 Liberal로, Liberal에서 Conservative로, Conservative에서 Reactionary로의 이행이 과연 자연스러운 것인지 어떤지를 살필 수 있다. Radical한 인간이 Reactionary로 이행하지 않고 Liberal하게 되는 것은 현상에 만족하게 되는 템포가 장래에 대해 점차로 비관적이게 되는 템포를 웃돈다는 것이며, Liberal이 Radical보다 오히려 Conservative로 이행하는 경우는 장래 사회를 다시 만들어 개선한다는 전망이 축소되어 가는 템포가 현상에 불만족을 느끼게 되는 템포를 웃도는 것이다. 청년 시기에는 취직하고 자신의 전문 영역이나 일을 갖게 되면서 세상 안에서 가치충족감을 갖게 될 가능성이 비교적 빨리 도래하는바, 이와 더불어 장래 세상의 변동에 대해 탄력적으로 대처할 수 있는 자신감을 갖거나 미래의 가소성[빚어낼 수 있는 성질]을 믿게 되는 사정은 충분히 개연성이 있는probable 일이다. 그런데 나이를 먹어서 지위도 생기고 '세상'에서 누리는 (넓은 뜻의) 기득권익vested interest가 증가하면, 단지 현상에 만족하고 사는 것만이 아니라 세상이 변할 경우 자신의 가치가 상실될 두려움 역시 증대한다. 나아가 나이를 먹고서 인생을 다시 고쳐 사는 일이 점점 더 뜻대로 되지 않게 되므로(가소성의 감퇴), 가치 감퇴 또는 가치 박탈에 대해 강해지는 예상이 현상의 가치충족감을 웃도는 일이 있을 수 있다. 즉, Liberal은 Conservative하게, Conservative는 Reactionary하게 이행하는 것이 자연스런 경향성이라고 할 수 있다. 세상의 속언은 그러한 대체적 경향성을 가리킨다고 할 수 있는 것이다.

따라서 어떤 사회 속으로 척척 잇따라 그 사회의 구성원으로 보내지는 젊은 세대가 일찍부터 세상에 만족하고 향락을 즐기게 될 경우, 그것은 Radicals의 일반적 분출원噴出源이 말라 가게 됨을 뜻하므로 그 사회가 정체되고 있음을 나타내는 중요한 징후라고 할 수 있다.

시간의 경과에 따른 '오른쪽'으로 이행은 정당의 성장과 관련해서도 들어맞는 사안이다. [예컨대] 프랑스의 급진사회주의당socialistes-radicaux. 영국의 자유당Liberals이 급진적인 요소를 흡수할 수 없게 되었을 때 노동당Labour이 탄생한다. 독일의 사회민주당Sozialdemokratische Partei의 개량주의화(수정주의).

i. 프로그램의 실현에 따른 만족

ii. 정권에 근접함에 따라 상황에 대해 책임을 지지 않을 수 없게 됨

iii. 당원의 노화

앞에서 서술했듯이 급진·자유·보수·반동은 '세상'에

대한 액터로서의 나의 태도이며, 이른바 혁신정당 지지라거나 보수정당 지지 같은 투표 행위voting behavior와 반드시 일치하지 않는다. 그런 액터로서의 나의 태도가 투표의 태도와 관련하여 반드시 각각 혁명 정당·자유주의 정당·보수주의 정당·반동(반혁명) 정당의 지지를 향하는 것도 아니며, 거꾸로 각 정당의 기반과 관련하여, 예컨대 급진 정당의 기반이 급진적 태도를 취한 사람들에게 있다고도 할 수 없다.

달리 예컨대 일본의 경우는 일본에서의 민주화의 현상이라는 지표를 통해 살펴볼 수 있다. 그 현상을 민주화의 과도한 상태라는 이미지로 보는 태도와 민주화의 부족 상태라는 이미지로 보는 태도의 이분법이 성립한다. 두말할 나위 없이, 자민당의 대체적인 경향은 앞의 태도이며 사회당·공산당 같은 혁신정당은 뒤의 태도이다. 거기서 보수당은 점령 정책의 민주화가 과도하다는 판단에 입각해 있고 전후의 기본적 입법들로서 헌법·노동3법·교육기본법 등등을 "국정國情[국가 사정]에 따라" 개정하려는 지향을 강하게 표출하고 있다. 이미 경찰법 개정, 교육위원회법 개정, 교과서 검정 문제, 도덕 교육 등등 이른바 과도한 민주화에 대한 그들의 시정이 성공한 것도 있으며, 경찰관 직무집행법 개정과 같이 일단 착수했지만 실패한 것도 있다. 이에 비해 혁신정당 측은 헌법 옹호 및 노동3법 옹호와 같이 전후 민주주의의 기본 입법에 대해 전부 옹호의 태도를 취하고 있다. 즉, 변혁과 현상 유지라는 점에서는, 힘力 관계의 영향도 있지만 보수정당이 '혁신적'이자 '변혁적'이고 혁신정당이 '보수적'이라는 패러독스가 드러나고 있다. 그런 패러독스는 정치적 민주주의의 현재 및 장래와 관련하여 '현재 획득한 가치'에 혁신정당이 만족하면서 그것을 잃지 않고자 하는 상태와 보수당이 현상에 불만을 느끼는 상태에서 유래한다. 그러나 다른 한편, 경제의 영역에서는 분배의 커다란 불균형이 있고, 그런 뜻에서 클래식한 혁신·보수의 이분법이 문자 그대로 타당하다. 보수정당이 반동으로 강하게 기울어지고 있는 것은, 심리적으로 보자면, 그들이 민주화된 현상에 대한 불만 상태 및 과거의 가치박탈감에서 오는 강한 불만족 상태에 있기 때문이며, 미래에 대해 낙관적 전망을 가질 수 없는 상태에 있기 때문이다('빨강赤[아카]'에 대한 공포). 이에 비해 혁신정당의 진영 안에서 '보수'의 상징(헌법 옹호라거나 의회정치 옹호)에 대한 강조의 방향과 '혁신'의 상징(특히 경제체제의 혁신)에 강조점을 찍는 방향이 동시에 혼재함으로써 다양한 혼란과 분열이 일어나고 있는 것은 "현상" 그 자체가 혁신정당의 기준에서 볼 때 기득 권익의 측면과 가치 박탈의 측면이라는 이중성을 갖고 있기 때문이다. 이 이중성을 프로그램으로서 어떻게 통일시킬 것인지가 혁신정당이 당면해 있는 커다란 이데올로기적 문제다.

왜냐하면, 앞서 예를 든 경찰관 직무집행법 개정 때 "더 이상 데이트를 할 수 없게 된다"라는 이유로 반대하고 나섰던 청년의 행동 동기에는 역시 어쨌든 현상을 즐기려고 하는 데서 유래하는 일종의 보수 의식이 있고, 그런 동기를 조직화하는 것은 '변혁' 일변도의 호소만으로는 곤란한 일이기 때문이다. 원자폭탄·수소폭탄 금지 문제도, 나아가 안보 투쟁조차도 한쪽 측면에서는 그 같은 보수 의식에 근거한 대중운동이라는 계기가 포함되어 있다. (잃어버릴 것은 쇠사슬뿐이라고 하는 급진주의의 조건.[39]) 그러나 다른 한편, 보수당 정권 아래서 이미 대규모 복지국가를 만들어 내고 있는 영국이나 독일의 조건들 간의 상이함을 무시하면서 사회주의 정부가 급진주의의 측면을 서구의 사민당과도 같이 몽땅 씻어내 버린다면, 그것은 또한 현상—특히 경제기구의 현상—

39 『공산당 선언』 마지막 단락: "공산주의자들은 자신들의 견해와 의도를 숨기는 것을 경멸한다. 공산주의자들은 자신들의 목적이 이제까지의 모든 사회질서의 강제적 전복에 의해 달성될 수 있을 뿐임을 공공연하게 선포한다. 지배계급들이 공산주의 혁명 앞에서 떨게 하라. 프롤레타리아들은 공산주의 혁명에서 족쇄 말고 잃을 것이 아무것도 없다. 그들에게는 얻어야 할 세계가 있다. / 만국의 프롤레타리아여, 단결하라!"(강유원 옮김, 이론과실천, 2008, 62쪽.)

에 대해 심각한 가치박탈감을 갖고 있는 대중을 놓치는 일이 될 것이다.

즉, 보수당이나 그 배후 세력이 왜 반동으로 강하게 기울어지는지, 왜 현재의 일본에서 '현상' 변혁적 보수당과 '현상' 옹호적 혁신정당이라는 역설적인 측면이 드러나고 있는지와 같은 문제도, 다른 각도에서의 해명과 병립시켜 보고, 자아의 안쪽에서 이뤄지는 태도 형성이라는 접근 방식을 도입한다면 명확히 밝혀지는 측면이 있는 것이다. 이는 실천적으로는 광범위한 조직화를 위해 어떤 호소 방식이 효과적인지를 생각하는 단서가 된다.

3. 정치적 태도의 구조

위의 내용은 액터로서의 나로부터 출발한 정치적 태도 형성의 한 가지 모델화 사례라고 할 수 있으며, 현실의 정치적 태도가 좀 더 다양하고도 복잡한 동기부여에 의해 이뤄지며 그것의 분류 역시 더 다양한 방식으로 이뤄질 수 없다는 것은 두말할 나위도 없다.

선행하는 조건 및 일/사건	태도	곧바로 이어지는 결과로서의 일/사건
수입·나이·성·교육 인격·성장 환경 [계급·지위·직업] 종교	보수주의 급진주의 반유대주의 (사회적 거리두기 social distance)	투표·데모·기권· 말을 통한 행동 혹은 말에 의거하지 않는 행동

언론과 행동(실천)을 준별할 수는 없다. '행동은 말이 아니라 웅변으로 이야기한다'고들 하며, 말보다 행동을 보라는 것이 일반적으로 통용되고 있다. 그러나 꼭 행동이 말보다 더 그 인간의 진짜 태도attitude를 표현한다고 할 수는 없으며, 하물며 말에 의거한 표현보다 말에 의거하지 않은, 즉 육체적 행동에 의거한 표현이 정치적으로 더 유효하다거나 더 강력하다고 할 까닭도 없는 것이다(언론은 사람들의 이미지를 바꿔 감으로써 행동을 바꿔 간다).

말과 태도 간에 조응관계가 성립하지 않을 때가 있는 것과 같이—예컨대 상관에게 찍히지 않기 위해 보수적 문장을 쓰는 경우와 같이—행동 속에서 태도를 추론하면 오류를 저지르게 되는 경우가 있다. 급진적인 행위는 반드시 태도로서의 급진주의에 조응한다고 할 수 없는 데, 자기기만에서 그런 행동을 취하는 경우도 있기 때문이다. 오차 없이 믿을 수 있는 게 아니라는 점에서 말도 행동도 마찬가지다.

유효함이라는 관점에서는 A가 어떤 의견을 신문에 싣는 것과 많은 인간들 속에 뒤섞여 데모하러 나가는 것, 그러니까 한쪽은 언론이고 다른 쪽은 실천이므로 후자야말로 현실적이라거나 현실을 바꿀 수 있는 것이라고 말할 수는 없을 터이다. 그저 언론적 표현에 의거한 행동과 언론적 표현에 의거하지 않은 행동 사이의 구별이 있을 따름이다. 즉, 행동 타입의 상이함이 있을 따름인바, 말과 행동 간의 본질적 구별이란 아무 알맹이도 없는 것이다.

근육을 움직이게 만드는 일이라면 그 양쪽 모두가 가능하다. 타인의 행동에 영향을 준다는 점에서는 딱히 한쪽만 그럴 수 있다고 할 수는 없다.

불언실행不言實行의 문화. 디아렉틱[변증/변론술]이나 수사술修辭術에 대한 멸시.

입만 놀리는口舌 무리 → 행동주의 → 육체적 행동주의 → 충동주의(기분 전환) → 비정치적

설득 → 절복折伏[꺾어 따르게 함] → 협박 → 폭력

이데올로기와 개별적 의식 사이에 걸쳐 있는 태도는

눈에 보이지 않는다. 일/사건만이 사실이다(행동 역시 사실이다). 따라서 정치 태도에 대한 조사는 일단 액터를 둘러싼 일/사건에 대한 반응이 행동화되는 지점을 포착하고 거기로부터 역으로 추측해 가는 길밖에 없다. 정치 행동에 대한 과학적 관찰과 관련하여 어째서 심리학적인 접근이 기본적으로 중요한 위치를 점하는가. 다른 사회과학적 성과(variables[(성과) 변수])와 정치 행동 간의 관계는 간접이지만 심리학은 정치 행동의(정치 행동만이 아니라 인간 행동의) 직접적 원인을 밝힌다. 예컨대 경제학은 일정한 경제적 사실에 대해 인간이 어떻게 반응react하는지 미리부터 심리학적인 추정/가정assumptions을 갖고 임하지 않으면 안 된다. 높은 이윤보다 낮은 이윤을 바라는 인간(액터)을 상정하면 경제법칙은 성립할 수 없다(H. J. Eysenck, *The Psychology of Politics*, 1954, pp.9-10).

어떻게 태도를 과학적으로 확정하는가(Eysenck, p. 13f).

태도Attitude란 경험을 통해 조직되고 개인이 관계하는 모든 객체들objects 및 상황situation에 대한 반응과 관련하여 지령을 내리는 또는 그것에 다이내믹한 영향을 미치는 바의, 정신적·신경적으로 준비가 된 상태state of readiness를 말한다(G. W. Allport).

결국 태도란 직접 관찰할 수 있는 일/사건만이 아니라 그런 일/사건에서 도출되는 가설적 구성이며, A라는 일/사건과 B라는 일/사건 사이에 개입하는 변수라고 할 수 있다. 그런 뜻에서 그것은 일렉트론·프로톤[전자·양자]과 같은 성격을 갖는다. 따라서 이를 남용하여 함부로 추정을 내리는 것은 대단히 비과학적이며 위험하다.

A → f → (X) → f → B

X는 직접 관찰할 수 없지만 그것에 앞서는 A라는 일/사건과 함수관계에 있으며, 또 결과로서 일/사건 B와도 함수관계에 있다. 그리하여 A와 B가 직접 관찰할 수 있을 때, X를 가설로 상정하는 일이 과학적으로 허용된다(행동은 일/사건이다).

[넓은 뜻에서 '태도'는 세 가지로 구분할 수 있을 것이다.]

i) opinion level[의견 차원] [이는 개개의 일/사건에 대한 액터의 개별적인 태도이다.]

ii) habitual level[습관적 차원] [여러 종의 유사한 일/사건에 대해서는 유사하게 반응한다. 그럴 때의 태도를 말한다. 즉, 일/사건을 어느 정도 전형화하고 그것에 대해 습관

적 반응하는 태도를 말한다.]

iii) ideology level[이데올로기 차원] [이는 세상 일반에 대한 태도이다.]

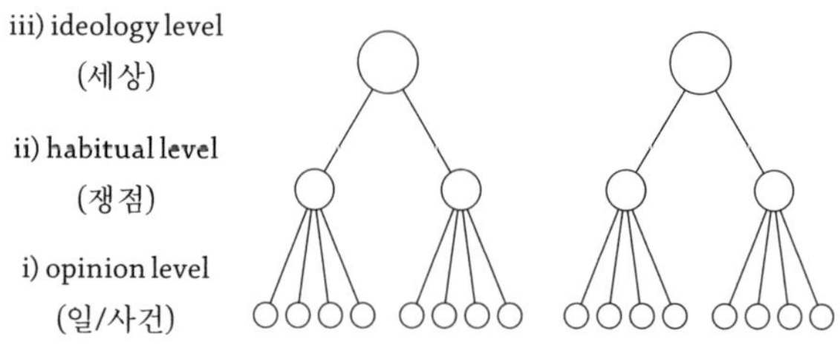

그런데 여기서 다시 한번, 장場에서의 일/사건과 그것에 대한 액터의 반응이 직접적으로 관계 맺고 있는 것이 아니라 그 사이에 거대한 심리적 메커니즘의 작용이 개재되고 있다는 점을 상기해 보기로 하자.

[예컨대 경제적 궁핍이라는 동일한 일/사건으로부터 다종다양한 정치적 태도가 나온다.]

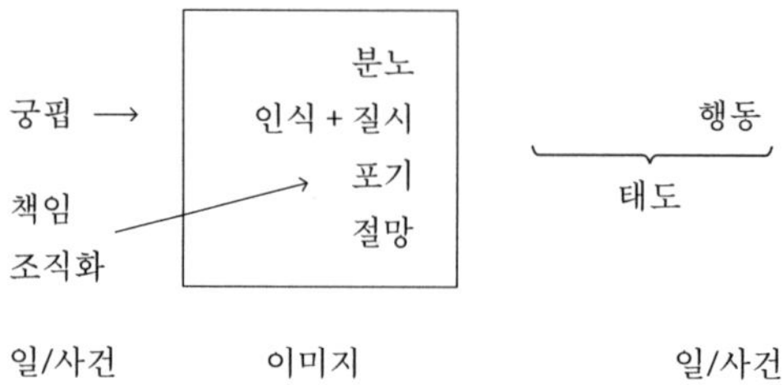

이미지 형성에 작용하는 여러 계기들[:] 성격, 전통적 문화.

(iv) 경제적 조건과 정치적 태도[40]

가치충족감이나 가치박탈감은 '우리'의 권력·위신·존경·부와 같은 다양한 종류의 가치와 관련되어 일어날 수 있다. 위신prestige이나 존경respect 같은 것의 획득이나 실추는 타자가 자신을(혹은 자국을, 기타 등등) 어떻게 보고 있는지와 관계된 자기 이미지인 까닭에 지극히 심리적인 것이라는 점이 언뜻 보아 명료하지만, 초점이 경제적 가치의 변동에 맞춰지면 마치 객관적인 '것'에 관한 일/사건인 양 상정되기 쉽다. 그러나 실제 사정은 다음과 같다.

① 경제적 가치라는 것 자체는 사람들의 가치 척도로 형성된 이미지 속에서 점하는 지위에 따라 상이하다.

② "객관적 경제 조건"은 정치적 태도와 직결되지 않는다.

조직 노동자의 투쟁에 대한 혹은 사회주의 운동에 대한 사람들의 태도를 봐도 "계급적" 이해관계라는 것이

40 바로 뒤에 편집자에 의해 첨가된 문장: "앞의 '(iii) 세대 문제와 정치적 태도'에 이어지는 것으로 생각되지만, 강의에서는 이런 소제목 없이 이야기한 것으로 추정된다."

직접 정치적 태도에 반영되지는 않으며, 가치(안전·재산 등)가 위협당하고 있다는 공포감 혹은 단결자에 대한 질투심, 자기의 고립감(불안감) 같은 심리적 매체에 의해 비로소 객관적 조건과 사람들의 정치적 반응 방식이 결부된다. 역사적으로 봐도, 사회의 급진적인 변혁운동을 억압하는 일에 가장 열성적인 목소리는 종종 재산과 소득에서 상위의 위치하는 층보다는 오히려 중층middle에서 하층 중산층lower middle에 속하는 사람들 사이에서 터져 나오는데, 이는 그런 까닭에서이다(프티부르주아[중류층 시민]의 동향의 결정성). 이런 사정을 지배층이 이용한다.

"일해도 일해도 여전히 내 삶 즐거워지지 않네"[41]라고 말하는 계층과 지극히 부유한 계층이 있어도 반드시 불만이 일어나는 것은 아니다. 대중의 소비생활이 향상되고 평균화가 진행됨에 따라 오히려 지극히 작은 불평등(한계 차이marginal difference)이 불만status anxiety을 야기하게 된다.

③ 관찰자와 피관찰체를 실체적으로 나눌 수는 없다. 액터는 무대에 있는 것이지 객석에 있는 것이 아니

41 이시카와 다쿠보쿠의 단가 「나를 사랑하는 노래」 중 한 대목. 가집 『한 줌의 모래一握の砂』(메이지 41년, 1908년)에 수록.

다. 정치적 방관자 역시 액터이다.

자기충족적 예언의 문제. 거짓말에서 나오는 진심. 예컨대 '전쟁이 가까워졌고 더 이상 피할 수 없다'라고 말하는 것이 전쟁을 불가피하게 만든다. 은행에 대한 예금 인출 소동.

자기부정적 예언.

경제적 일/사건에 대한 나의 반응 역시도 이득손실의 이미지를 매개로 한다는 점에서 안전의 이미지나 위신의 이미지와 공통된다.

예전의 런던 군축 조약 당시, 해군의 보조함 보유율과 관련해 일본은 미국 대비 7할의 비율을 국방상의 최저 요구로 주장했고, 워싱턴 조약에서는 주력함 보유율, 즉 5:5:3, 즉 6할의 비율로는 국방상 안전하다고 할 수 없다는 점을 자주 '객관적' 논거에 따라 설명하려고 했었다. 그런데 실제로는, 어차피 전쟁이 일어나면 무한히 군비를 확장하게 될 것이었으므로 미국 대비 7할이면 합격이고 6할이면 불합격이라는 안전성의 근거는 조금도 없었던 셈이다. 미일 관계에 공포와 시기·의심의 분위기(상호 간의 이미지)가 지배하고, 그런 분위기가 계속 진전된다면 아무리 군비를 확장하더라도 안전감은 없으며, 거꾸로 신뢰의 이미지가 높아지면 7할이든 6할이든 그만큼의 불안감은 감소한다. 현재의 미국과 소련이 한순간에 치명적인 타격을 줄 수 있는 압도적 군비를 소유하고 있으면서도 안전감을 누리고 있지 못한 것을 봐도, 객관적 '물량' 이외에 심리적 요인이 정치의 세계에서 어떻게 독자적인 요인을 이루고 있는지 알 수 있다.

위신이 실추되는 것은 그 경제력이나 군비에 조금의 변동도 없이, 자기의 세계에 대한 지위를 저하시킨다. 위신이란 자기에 대한 타자의 이미지이기 때문이다.

4. 정치적 무관심의 문제(권력 상황으로부터 물러앉는 태도)

자, 로웰의 입론은 '세상'에 대한 사람들(액터)의 기대(일/사건의 이미지)가 자아의 요구에 어떤 식으로 영향을 끼치는지를 정식화한 것으로서 선구적인 의의를 갖지만, 그는 구성원이 '세상'을 어떤 방향으로 움직여갈 것인가라는 점에 관해서는, 사람들이 설령 이데올로기를 신봉하지 않게 될지라도 최소한으로 본다면 여전히 적극적인 관심을 갖는다고 가정한다. 정치 사회의 안정·불안정 혹은 정체와 진보라는 것에 관련해서도 그는 전적으로 그러한 적극적 시민에 의해 구성되고 있는 사회를 모델로 삼고 있는 것이다. 그러나 두말할 나위도 없이, 그런 전제가 고스란히 현실일 수는 없다.

[그런 사회에서는 사람들의 이미지 속에] i) 이 세상이 변화할 수 있다는 것, ii) 그 변화는 인간의 노력에 따라 가능하다는 것, iii) 적어도 그 변화의 큰 영역을 정치가 점한다는 것[이 전제되어 있다. 이 필요조건이 채워지지 않으면, 예컨대 세상에 만족하지 못할 때나 자신의 기대가 충족되지 못할 때,] '어차피 세상은 뜻대로 되는 게 아니다'[라는 부정적인 태도가 나온다].

쓰라린 세상憂き世[우키요](염세주의pessimism), 덧없는 세상浮世[우키요](현실향락주의, 우키요주의) [등이 무엇보다 원시적인[시원적인] 비정치적 태도가 된다.]

한편에서는 분명 '세상'의 과거 또는 미래에 대한 기대에 근거하여 정치권력 주체 및 그 상징에 적극적으로 충성과 지지의 의견을 표명하거나 행동에 나서는 사람들이 있지만, 동일한 기대에 근거하여 권력 및 상징에 적극적으로 반항하고 그것들을 부인하는 태도를 표명하는 사람들도 있다. 일반적으로 정치적 긴장이 격화하면 할수록 지배적 권력에 대한 적극적 충성과 지지(보수·반동)는 대항 세력(자유·급진)에 대한 부인과 결속되며, 거꾸로 지배 권력(상징)에 대한 반역叛逆은 대항 세력에 대한 충성과 지지에 결속된다(반동과 급진의 양극 분해 → 불안정, 정치화의 극한 상황).

그런데 그 어느 쪽 권력 및 상징에 대해서도 적극적 충성을 보이지 않는 태도라는 게 있을 수 있다. '세상'에 만족하는 경우에도, 세상을 우려스럽게 보는 경우에도 그런 태도가 생길 수 있다. '어차피 세상은 뜻대로 되는 게 아니다'라는 것, 이것이 비정치적 태도의 원형이다. 정치적 장으로부터의 물러앉음이다.

권력 과정으로부터 물러앉는 것이 정치의 장에 아무런 변화를 일으키지 못하는 것이라면 그것은 정치학에는 큰 문제가 되지 않는다. 그런데 그런 물러앉음이 정치적 상황 속에서 셈해지지 않기는커녕 비-정치적인 non-political 태도로서 정치 상황을 크게 좌우하는 요인이 되어 왔던 때가 현대라는 시대이다.

비정치적 태도의 세 유형

그런 현대적 정치혐오의 의미를 밝히기 전에, 우선 비정치적 태도의 기본적인 세 유형을 라스웰[42]에 따라 구별하기로 하자. 무無정치적·탈脫정치적·반反정치적 무관심이 그것이다[Harold D. Lasswell and Abraham Kaplan, *Power and Society*, pp.145-146].

42 해럴드 라스웰(1902~1978). 20세기 중엽 시카고학파의 중진, 정치 커뮤니케이션 이론가.

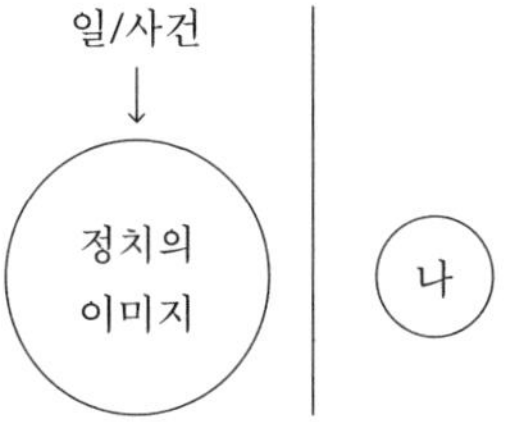

a) 무정치적인apolitical 태도와 행동이라는 것은 액터의 이미지 속에서(혹은 가치의 이미지 속에서) 애초부터 정치과정에 대한 관심과 평가가 낮은 데서 연유하는 무관심, 즉 문자 그대로 정치는 나와 아무런 관계가 없다는 식의 무관심이다. 정치 참여 찬스에서 완전히 배제되어 있는 비非데모크라틱한 사회의 멤버들이 갖는 무관심(전통적 무관심) 전체가 이런 유형에 해당되지만, 일단 그것을 제외하면 이 유형을 가장 전형적으로 보여주는 것은 예술가나 학자가 보이는 태도, 즉 다른 특정 영역에 대한 고도화된 관심의 집중이나 관여(코미트먼트)의 반사로서 갖게 되는 무관심이다.

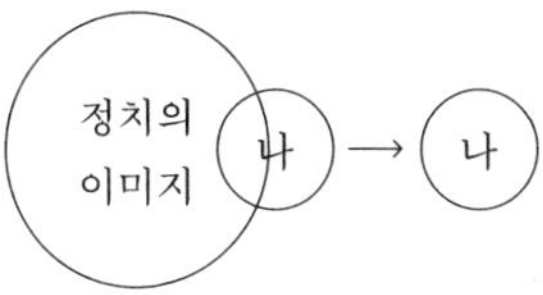

b) 탈정치적인depolitical 태도란 정치과정이 자신의 기대와 요구를 실현시키지 못하거나 만족시키지 못했기 때문에 정치과정에서 물러앉는 것을 말한다. 정치적 환멸에 따른 관심 정도의 감퇴. 문자 그대로 실의에 빠진 정치가의 물러앉음부터 실망에 따른 기권까지를 모두 포함한다. 기대·요구가 크면 클수록 환멸 역시 크다.

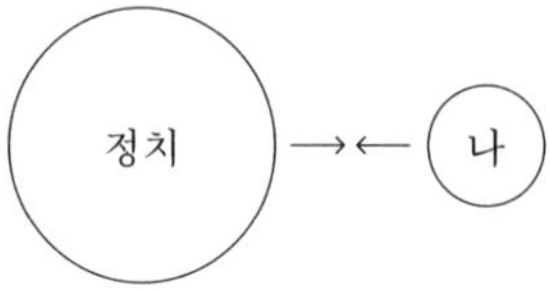

c) 반정치적인antipolitical 태도. 정치 대항적 태도. 이는 자기가 확신하면서 추구하는 가치가 본래적으로 정치와 모순을 일으킨다는 기대에 입각하여 행동한다(역설적인 정치 행동). 개인주의적 아나키스트. 모종의 종교가.

투표 행동을 예로 들어 말하자면, 애초부터 선거권의 행사·불행사에 관심이 없는 기권은 a이며, 선거의 경험에 대한 실망에 따른 기권은 b이고, 모든 정치 일반에 대한 불신의 의사 표명으로서의 기권은 c이다.

물론, 이것 역시 이념형인바, 현실의 무관심/무기력apathy는 그런 세 가지의 혼합 형태이다. 또 그것들 상호 간에는 이행 관계가 있다. 어떤 문화에서의 표준적인 정치적 관심 및 참여를 P라고 약칭하면, 일반적으로 P와 무정치적apolitical 태도 간의 상호관계는 정적인 것이며, P와 탈정치적depolitical 태도 사이의 이행 및 탈정치적 태도와 반정치적antipolitical 태도 사이의 이행은 활력적이다.

정신의 한쪽 구석에 정치를 향한 파트타임적인 관심을 항상 지니고 있는 인간, 데모크라시가 상정하는 시민/공민citoyen, 그것으로부터의 편차.

[아래는 P를 표준으로 삼은 이행 관계의 유형이다.]

P → 반정치적 태도

P와 반정치적 사이에는 통상적으로 볼 때 이행 관계가 가장 적다. 노멀한 정치 관심과 적극적 가치 의식에 근거한 반정치적 태도는 서로에게 가장 멀리 떨어져 있는 것이다. 왜냐하면 노멀한 정치 관심은 모종의 비정치적 가치(경제·교육·학문·예술)를 기초로 하여 그것을 권력 과정에 관계시키려고 하는 행위이기 때문이다.

무정치적 태도 → P

무정치적 태도 → political은 흔히 말하는 정치적 관심의 각성이나 고양의 과정으로서, 자신은 정치과정 바깥에 있다는 이미지를 가졌던 사람이 정도의 차이는 있을지언정 정치과정에 참여하게 되는 과정이다. 자각한 정치적 개입involvement에 따른 액터의 증대이다.

P → 무정치적 태도

political → 무정치적 태도는, 예컨대 유명한 정치가의 대를 이은 사람이나 공을 세우고 명성을 얻은 정치가에게서 곧잘 나타난다. 그는 권력 과정의 중핵에 가까운 분위기 속에서 자랐고, 따라서 오히려 권력(파워)에 대한 갈망을 갖지 않는다(이는 권력에의 굶주림power hungry

이 아닌 상태다). 재산이나 사회적 존경 등에 의해 혜택을 받고 있기 때문에 불만 없이 다른 학문·예술·사회적 활동 쪽으로 관심을 이동시키고, 그 결과 정치적 관심은 감퇴한다. 태어나면서부터 권력적 지위에 있는 군주가 권력의 유지 및 리더십과 관련하여 냉담해지고, 측근이 만연되도록 하며(환관 정치·측근 정치), 결국 정치적 지위가 실추되게 하는 사례도 곧잘 발견된다.

그러나 일반적으로, 이 같은 P → 무정치적 태도라는 과정에서, 자아의 인격 구조는 안정되어 있다고 할 수 있으므로 거기서 발생하는 행동의 활력적인 요소는 적다.

P → 탈정치적 태도

political → 탈정치적 태도는, 정치과정에서 기대가 배반당한 실망이나 특정 요구를 가지고 참여했지만 만족되지 않았을 때의 환멸을 기초로 하고 있기 때문에 좌절감을 동반하며 마음에 상처를 입는 경우가 많다. 거기서 좌절을 치유한다는 의식적 · 무의식적 욕구에 따라 인격 구조는 불안정해지며, 그 결과 활력적인 정치 행동으로 다시 분출할 가능성이 있다. 그 과정에는 두 종류가 있다.

(i) P → 탈정치적 태도 → 반정치적 태도. 정치혐오가 더 심해져 전향conversion('세상'에 대한 기존 이미지의 중핵의 변경)에 이르게 되면 반정치적 태도를 갖게 되는

바, 그때는 바로 그 반정치적 확신에 근거하여 정치 행동을 하게 된다는 패러독스도 일어날 수 있다(막스 슈티르너). 개인주의 아나키스트의 정치 참여 → 정치 폐기로 인한 영구혁명(이는 실현 가능성이 없다). 문학적 낭만주의자의 정치 참여. 좀 더 작은 악lesser evil에 대한 비교 고려의 관념이 없기 때문에 최선best을 추구하는 심정적인 급진주의로 인해 최악worst의 결과가 초래될 수 있다(순수 관념 → 직접 정치. 이는 중간계급을 건너뛴다). "Best is the friend of the worst and the enemy of the better[최선은 최악의 친구이자 차선의 적이다]." 이는 개량주의를 내건 정당이 올바르다고 말하는 것과는 다르다!

(ii) P → dp → P′ 이는 가장 다이내믹한 과정이며 격정적·폭발적 행동을 취하기 쉽다. 두 번째의 정치 참여는 노멀한 상태를 통과하여 과過정치적overpolitical으로 되며, 히스테릭한 폭풍 같은 정치 참여가 된다(이것이 무관심/무기력이 잉태한 가장 두드러진 현대적 문제이다).

무엇보다 P → 탈정치적 태도에 한정되지 않는 것으로서, '세상'에 대한 환멸 및 개인적 실의를 계기로 삼는 정치 참여를 탈정치적 태도 → P′의 과정 속에 포함시킬 수 있다. 좌절은 자아의 무력감, 자아의 자존감self-respect의 저하이며, 그런 상태를 치유하기 위해서는 자아를 망각하는 것이 좋다. 자아를 전체적으로 집단이나 권위적 개인 및 상징과 합일화함으로써 제2의 자아를 만들어 내는 것이다. 그 과정에서 이뤄지는 자아의 전체적인 소멸/망각과 투입에서 구원을 찾는 것이다. 급진적인 대중운동, 특히나 강력한 지도[자]를 가진 대중운동에 참가! 무관심/무기력이라는 것과 돌발적인 정치 참여 또는 전인격적이며 열광적인 정치 참여는 상반되지 않는 것이다. (깊은 자기 경멸 → 증오)

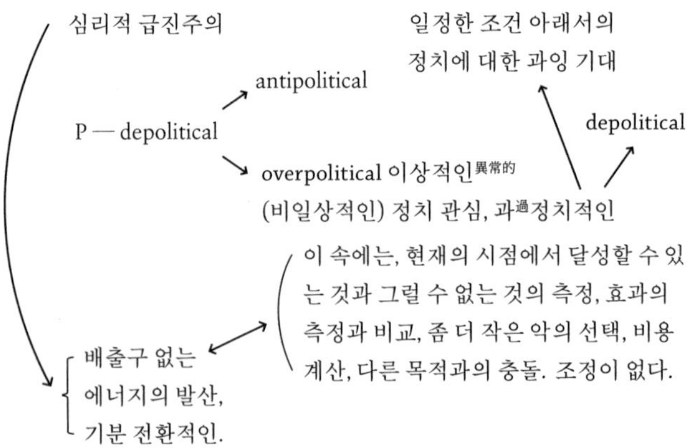

일상적 관심, 파트타임적 참가
(자아가 정착한 생활을 유보하면서 갖는 공적인 관심)

↕

비일상적인 지지attachment, 정치적 상징 속으로 인격 전체를 투입.

나치 운동을 지지했던 대중 심리. 1930년 나치의 대규모 진출을 가능케 한 투표 행동을 조사해 보면, 이전까지는 기권하고 있던 사람들 가운데서 나치당에 투표한 이가 대단히 많이 나왔다. 비합리적·정동적情動的 선택.

설령 dp → P′로 되지 않더라도 무력감을 숨긴 노멀한 정치 참여는 언뜻 노멀하게 보일지라도 실은 의례화된 것이며 실질적으로는 무관심/무기력과 동일하게 된다. 이른바 중류계급(미들 클래스)이 적극적인 액터였던 시대와 선거권의 확대 및 커뮤니케이션의 확대를 통해 방대한 규모의 대중이 정치과정에 동원될 수 있게 된 시대를 가장 명확히 구별하는 지표는 그러한 현대형 무관심 문제의 발생이다. 이에 대한 효과적인 대처는 이제까지의 자유주의와 마르크스주의의 공통점이던 인간의 정치 행동에 대한 너무나 합리주의적인 가설로는 불가능해지고 있다.

cf. C. Wright Mills, *White Collar: the American Middle Class*, Oxford University Press, 1956[『화이트칼라: 중류계급의 생활 탐구』, 스기 마사타카 옮김, 1957년].

정치적 무관심/무기력은 역사와 더불어 오래된 것이다. 현대의 문제는 무관심/무기력의 양적인 증대에 있다기보다는 오히려 무관심/무기력의 원인과 유형의 변화에 있다.

중류계급이 데모크라시를 추진했던 시대에는 자기이익의 동기에 근거해 개인주의 이데올로기로 정치에 참가했고(자기이익self-interest을 공공적인 이익public interest으로 바꿔 결실을 맺게 했고), 그 목표는 입법 및 기타 사회적 제도화에 있었다. 따라서 정치 행동의 실패는 어디까지나 공적인 활동 영역의 문제였으며, 거듭 다시 시도하는 것만이 문제였다. 그런데 현대에는 사태가 거꾸로 되었다. 즉, 이데올로기가 비개인주의적인 것이 되었음에도(모두가 사회라든가 복지국가를 말한다. 가장 적은 쪽이 야경국가 사상![43]), 정치 행동의 동기는 오히려 개인화, 아니 사[사]화私化되는 경향 속에 있다. 즉, 그것은 사생활에서의 불만을 치유하기 위한 정치 참여이며 정치적 상징과의 동일화인바, 따라서 정치 참여의 실패나 환멸은 깊숙이 개인 심리의 내부로부터 역류함으로써 그 좌절감이 [영]혼의 밑바닥에 깊은 상처를 남기는 일이 적지 않다. 현대가 정치화의 시대라는 것과 정치 자체가 사[사]화privatize되고 있는 것은 모순되는 게 아니다.

43 야경夜警 국가, Nachtwächterstaat, Night-watchman state. 1862년에 사회주의자 페르디난트 라살이 자유주의 국가론/최소주의 국가론(Minarchism)을 비판하면서 썼던 용어.

19세기 자유주의자는 잠자코 따르는 대중의 순종적 태도, 예컨대 '[힘] 센 것 앞에선 수그려라'라고 말하거나 '건드리지 않은 신은 재앙을 주지 않는다'라고 여기는 것—혹은 기껏해야 '제왕의 힘이 내게 무슨 영향을 끼칠 것인가'라는 오불관언吾不關焉[상관하지 않는 태도]의 의식—은 그들 대중이 놓인 무無권리 및 무無기회의 상황이 반사된 것으로 봤으며, 따라서 자유주의자들은 선거권의 확대, 경제생활의 향상, 교육의 보급, 계몽 활동의 결과가 대중을 교육과 재산을 가진 중류계급의 적극적 정치의식으로까지 고양시킬 것이라고, 그렇게 개개인은 자기의 이익에 기초한 합리적 선택을 정치의 세계에서도 행하게 될 것이라고 기대했다. 다른 한편 사회주의자는 자유주의적 낙천주의(옵티미즘)의 유토피아성을 지적하면서 개인적 이득손실을 계급적 이득손실로 대체했다. 그러나 프롤레타리아트가 절대적 궁핍화와 더불어 드디어 자기가 놓여 있는 계급적 지위와 이득손실을 의식한다고 하는 가설(즉 an sich[즉자卽自[그 자체]]로부터 für sich[대자對自]로 계급의식이 높아진다는 가설)에는 벤담에 가까운 이해관계의 심리학이 전제되어 있는바, 그런 뜻에서 그 가설에는 자유주의의 공리주의적 인간관이 전제되어 있다고 할 수 있다. 객관적(물질적) 사실과 정치의식을 연결하는 것은 "공리성"에 관한 합리적 계산이라는 가설. 그것은 인격 구조, 상징

과정 같은 필터를 무시한다.

니버는 마르크스주의를 자유주의와 나란히 빛의 자식으로 꼽았다. 빛의 자식이란 파시즘으로 대표되는 어둠의 자식처럼 인간성에 관한 철저한 냉소주의(시니시즘[견유주의])를 갖지는 않지만, 그 대신에 비합리적인 감정이나 암시 작용의 계기를 과소평가하거나 충동을 법칙적 '역사 과정' 속에서 합리화한다. 기구론機構論적인 발상[Reinhold Niebur, *The Children of Light and the Children of Darkness: A Vindication of Democracy and a Critique of its Traditional Defence*, 1944. 타카다 키요코 옮김, 『빛의 자식과 어둠의 자식』, 1948년[44]].
레닌이 창시한 전위前衛 이론은 그러한 '예정설'의 낙천주의에 대한 엄중한 철퇴鉄槌였지만, 그의 이론 속에는 묵시록적인 종말관과 대중조직에 관한 합리주의적 이미지가 병존함으로써(목적의식성과 자연성장성)[레닌, 『무엇을 할 것인가』, 1902년], 새로이 곤란한 문제를 야기하고 있다.

44 라인홀드 니버[1892~1971]. 미국의 자유주의 신학자. 기독교적 리얼리즘에 근거하여 정치·사회의 문제들을 비평했고, '오만'과 '악'의 관계를 탐구했다.

현대형 무관심/무기력에 대한 연구를 촉진하는 두 가지 요인

i. 제1차 대전 이후의 혼란과 아노미anomia 속에서 발생한 파시즘의 승리라는 현실.

생활의 궁핍이나 대중의 절망이 반드시 그들 대중을 '진보적' 행동에 나서도록 촉발시키는 것은 아니며, 오히려 불안과 좌절감에서 생겨난 행동양식은 자생적인 또는 합리적인 조직화의 방향이 아니라 강대한 권위와 자아를 합일시키거나 거대 집단 속으로 자아를 매몰시킨다. 자유(자생적 결단과 책임)의 과중한 짐을 벗어 던지고는 '자유로부터의 도주'를 행하기 위한 열광적인 참가[Erich Fromm, *Escape from Freedom*, 히다카 로쿠소로 옮김, 『자유로부터의 도주』, 1951년]. "우리 독일인은 이제야 행복해졌다. 자유로부터 자유롭게 되었기 때문이다"(어느 젊은 나치당원의 말).

ii. 데모크라시의 의례화에 따른 능동적 시민의 퇴화(대중사회 상황). 1920년대의 미국, 대량 기권 사태 → 투표 행동의 연구.

현대형 무관심/무기력의 특징과 발생 원인

테크놀로지의 발달은 권력 중추와 개인적 일상생활 사이의 거리를 현저하게 축소한 반대편에서 권력에 대한 대중의 제어 감각은 현대 정치기구의 복잡화 및 그 규모의 국제적 확대에 따라 오히려 더 감퇴했다(이런 감퇴는 일본처럼 전통형 무관심이 여전히 뿌리 깊은 곳에서는 굴절의 작용으로 드러난다). 데모크라시 원리의 일반적인 승인과 보통선거권 및 대중의 기타 정치적 권리에 대한 법적 보장에 따라, "인민의 의사"가 정치적 지배의 정당성의 근거가 되면서 천명이나 세습 같은 전통적 권위의 정당성/정통성legitimacy은 유통성[통용성]을 현저히 잃어버렸음에도 오히려 그런 까닭에 대중의 무력감은 증대되었다. 현대인은 더 이상 그 어떤 사회적 계층의 밑바닥에 있을지라도 정치라는 것을 풍설뇌우風雪雷雨처럼 일종의 자연현상으로는 여기지 않으며 인간이 통제할 수 있는 것이라는 점을 알고 있다. 게다가 현대인은 점점 더 중대한 정책 결정이 훨씬 더 높은 곳에서, 손이 가닿지 않는 곳에서 그들이 간파할 수 없는 복잡한 메커니즘을 통해 행해지고 있다는 실감을 가지고 있다. 지도자의 연설이나 국회에서의 일들은 텔레비전을 통해 식탁에 앉은 사람들의 바로 눈앞에서 영상으로 제시되고 있다(영상에서는 일본의 수상이든 미국의 대통령이나 소련의 서기장이든 고작 1미터 거리에서 말을 걸어온다). 그렇게 가까운 만큼, 아무리 애를 써도 소용없다는 체념과 니힐리즘이 사람들을 붙잡는다. 정치를 진짜로 자신과 아무런 인연이 없는 것으로 믿을 수 있다면 괜찮다. 그러나 결코 그렇게 믿을 수는 없다. 정치적 냉담함을 교양/세련sophistication의 표시로 자랑하는 것처럼 보이는 지식인 역시도 실제 내심으로는 정치에 대한 불안과 초조에 시달리고 있다! 무관심은 더 이상 '자연'스러운 것이 아니며 그 자체로 어물쩍 꾸며 넘기는 포즈가 되고 있는 것이다.

모 촬영소의 뉴페이스 심사 광경.

질문. "현재의 정부는 어느 당입니까."

답. "저는 정치에 일체 관심을 두지 않기로 정해 놓고 있습니다."

그렇게 말할지라도 사실 그녀는 알고 있다.

"수업을 포기하는 일에도, 데모에 나가는 일에도 무관심을 가장하면서 이 1년을 한적한 정감에 젖어 있으니."(『아라라기[단가(短歌) 유파/문집]』 도쿄의 여성 교사)

나와는 아무 상관이 없다는 생각을 끝까지 관철할 수

는 없는, 정직한 심경.

(매스컴[대중 언론]이나 교육에 의한 정치적 지식의 보급이 결과적으로는 오히려) 리스만David Riesman의 말처럼 '너무 많이 알아서 평안comfortable해질 수 없지만, 그렇다고 그 앎을 구사하여 도움이 되는 역할을 하기에는 너무도 모른다'라는 데 현대형 무관심/무기력의 복잡함이 있다.

전통적인 무관심처럼 '제왕의 힘이 내게 무슨 영향을 끼칠 것인가'라고 생각하면서 경작에 힘쓰는 무관심이라면 고정된 비정치적 입장 정도에 머물겠지만, 위와 같은 초조와 내분內憤을 숨기고는 정치로부터 눈을 돌리고 있는 이른바 활력적인 무력감이라면, 그것은 때를 만나 급작스레 비합리적 격정이 되어 분출하고 정치적 상징에 전체적으로 또 열광적으로 몸을 내맡기게 하며, 암시暗示 작용에 따라 손쉽게 특정 선택이 되어, 또는 닥치는 대로의 오퍼튜니스틱한[기회주의적인/편의적인] 정치적 선택—실제로는 결코 선택이 아닌—이 되어 드러나게 된다.

흔히 현대는 이데올로기의 시대라고 한다. 그러나 그것은 정확한 말투가 아니다. 현대는 오히려 [J. S.] 밀이 말하듯, 19세기에 여러 위대한 사상가들에 의해 생산된 이데올로기에 기생하고 있는, 그것에 기식寄食하고 있는 시대이다. 그 이데올로기 역시 소비문화가 되고 있다. "이론"이라는 것은 믿음·복종을 조달하는 운동이나 권력의 정통성의 깃발·인장旗印이며 대중 단결의 상징으로서 정동화情動化되고 있다. '과학적 사회주의'는 그 자체로 강렬한 조직 상징이지 반드시 과학적 태도를 뜻하는 것은 아니다. '나는 마르크스주의자가 아니다.' [마르크스의 말로 알려져 있다(편집자).]

open-mindedness[편견 없음(허심탄회함)], 회의懷疑의 정신 ↔ 폐쇄적

사상의 운명은 통화通貨와 같다. 유통되기 위해 사상은 개성과 분절되지 않으면 안 된다. 그러나 유통될수록 사상은 손때가 묻으며 제조된 직후의 생생함을 잃는다.

테크놀로지에 올라탄 다양한 이데올로기의 선전전은 강렬한 자극으로 경쟁하면서 아직 조직화되지 않은 대중(완전한 조직화라는 것은 있을 수 없는바, 조직화란 행동의 조직화이며 역할의 소식화이다)의 눈과 귀에 밤낮으로 날아든다. 그 작용은 양날의 칼이므로, 사람들을 정치적 관심과 행동의 방향으로만 내모는 게 아니다. 오

히려 이데올로기를 슬로건으로 만듦으로써(광고와 선전의 유사화) 사람들을 불감증에 빠지게 하고 무관심/무기력을 증대시키는 작용도 일어나는 것이다. 처음부터 에누리하여 수취하는 태도(최대급의 말을 사용하기 때문에 최대급이 아니게 된다).

현대인의 이미지가 매스컴이나 대중 소비문화에 의해 규정되는 것은 두말할 나위도 없다. 그러나 현대의 매스컴이 사람들의 정치적 태도에 가하는 작용은 그러한 이데올로기의 전달 기능보다는 직접적으로 대중의 관심을 비정치화하는 작용 쪽에서 훨씬 더 크다. 그런 뜻에서도 현대를 이데올로기의 시대로 규정하는 것은 오독(미스리딩)이다. '정치'가 이야기되는가 이야기되지 않는가보다도 정치적 사실에 관한 이미지가 어떤 형태로 유통되고 있는가에 문제가 있다. 즉, 정치적 이미지 자체가 고도로 사[사]화privatize되고 있는 것이다. 정치의 사[사]화는 정치의 한계가 흐릿해지게 되고 무드[분위기/기분]화되는 것의 뒤집어진 이면이다. 정치화가 동시에 비정치화라고 하는 역설. 신문으로 말하자면, 그것은 정치 기사의 사회면화社會面化로서 드러난다. 텔레비전, 얼굴과 화술이 지닌 역할의 증대('느낌이 좋아!'[라는 말,] 연기지도의 전문가가 있다).

케네디가 당선됐을 때, 그는 "나와 아내는 이제부터

대통령이 될 준비와 출산 준비에 들어간다"라고 말했다. 그 두 가지 준비를 아무렇지도 않게 나란히 언급함으로써 갈채를 받았던 것은 그런 언급이 대중 심리에 어울리는 조건을 갖췄기 때문이다(미국에서는 그러한 정치의 사[사]화가 좀 더 진전되어 있다. 일본에서는 공공연히 아내 이야기를 꺼내면 반감을 살지도 모른다. 그러나 그것은 문화의 상이함이며, 일본에는 일본 자체의 사[사]화가 있다. 내각의 대신[장관]이 되면 가정이 소개되면서 '좋은 아버지 좋은 아빠'라거나 '개를 좋아한다'거나 '오늘 아침 메뉴는 무엇' 같은 기사가 크게 보도된다. 과거의 업적이나 정치가로서의 능력, 정책 같은 것은 이차적인 것으로 간주된다).

매스미디어의 보도는 뉴스성과 속보성에 무게중심을 두기에 모든 사안과 현상을 잘게 썰어 내며, 차례차례 새로운 '사건'을 쫓음으로써 사람들의 사회적 관심을 단편화하고 찰나적인 것으로 만든다. 이런 사정 역시도 바쁜 현대인, 사고를 지속시킬 여유를 갖지 못한 현대인의 생활에 어울리는 것이다. 의미의 가볍고 무거움이 사라지며 모든 사실이 질적인 규정을 상실한다. 프롬은 영화·라디오·신문이 그러한 사실의 단편화에 의해 결과적으로 부지불식간에 우리의 비판 능력을 마비시키는 사정을 다음과 같이 쓴다[Erich Fromm, *Escape from Freedom*, 1941, Ch.7].

“암시적이며 인상적인 권위를 갖춘 목소리로 정치 정세의 중대함을 방송으로 내보낸 뒤, 그 동일한 목소리의 방송원은 스폰서 회사의 비누 품질이 좋다는 것을 선전한다. 뉴스 영화에는 탄갱 폭발의 비참한 화면에 뒤이어 패션쇼 장면이 나온다. …결국 세계에서 일어나는 사안들에 대한 우리의 태도는 평평하게 단조로워진 무관심의 성질을 띠게 된다. 개인은 집짓기용 장난감 나무토막을 가진 아이처럼 그 단편들을 가진 외톨이가 된다. 그러나 다른 점이 있는바, 아이들은 집이 어떤 것인지를 알고 있기에 놀이용의 그 작은 나무 단편들에서도 집의 여러 부분을 발견해낼 수 있는 데 반해, 어른들은 그 단편을 손에 쥐고선 전체의 의미를 전혀 모르고 있다는 것이다.”[45]

([관련하여 참조할 수 있는 것으로는,] Max Picard, *Hitler in uns selbst*[사노 토시카츠 옮김, 『우리들 자신 속의 히틀러』, 1955년])[46]

45 에리히 프롬, 『자유로부터의 도피』, 김석희 옮김, 휴머니스트, 2020, 270쪽.

46 1946년에 출간된 피카르트의 이 책에서 마루야마의 프롬 인용과 더불어 참조할 수 있는 문장은 다음과 같다: “라디오가 들려주는 세계는 서로 아무런 맥락이 없다”(막스 피카르트, 『우리 안의 히틀러』, 김희상 옮김, 우물이있는집, 2005, 21쪽). “언어의 생명은 맥락이다. 언어는 맥락을 통해 진실을 표현한다. 진리란 법과 같은 것이며, 맥락을 가진 것이다. 진실은 그 본래의 본질을 표현하기 위해 언어의 구심점,

(반응이 빠르다는 것이 머리가 좋다는 것으로 통용된다 → 지속적 사고력의 상실 →)

이러한 현대의 환경에서 생겨나는 무관심/무기력은 따라서 반드시 학력이나 교육 정도에만 관계된 것이라고 할 수 없다. 오히려 관청·대기업 같은 거대한 조직체 안에서 일하는 화이트칼라층이 비교적 에퍼시에 빠지기 쉬운 조건을 갖추고 있다. 베버가 말하는 의미에서의 지속적·방법적 경영Betrieb의 발달 및 전문화와 분업화의 진전은 그 자체로 무관심/무기력의 절호의 발효원이다 (이 점에서는 사회주의 속에서도 공업화가 고도화되고 분업이 치밀하게 되는 만큼 일반적인 정통적 이데올로기와 일상적인 루틴 간의 연결은 드물어진다고 할 수 있으므로,

맥락, 법 등을 필요로 한다. 진리의 구조와 언어의 구조는 서로 맞아 떨어진다. [⋯] 인간은 말을 하는 동안 그 언어 속에 담겨 있는 결집하는 힘, 연속성을 나누어 갖는다. 인간 속에서 무너지고 해체되려던 많은 것들이 말로 다듬어지고 문장으로 정리되면서 다시 힘을 얻어 굳건해진다. 이는 신이 내린 은총과도 같다. [⋯] 인간의 내면이 망가져 있으면, 다시 말해서 불연속적이면, 언어도 파괴된다. 그러면 진리의 맥락, 핵심, 법칙과 같은 힘이 말 속에 담길 수 없다. 진리가 말을 잃는다. 터져 나오는 말마다 거짓이 된다. 불연속성 안에서는 진리가 있을 수 없기 때문이다"(92~93쪽). 이 불연속성과 관련하여 '히틀러'와 '우리'의 상동성은 다음과 같다. "히틀러는 오직 순간만을 가지고 작업한다"(48쪽); "내면의 맥락이 사라진 인간의 오만, 이것이 바로 나치스의 오만이다"(64쪽).

형태는 다를지라도 역시 유사한 현상이 발견되는 게 아니겠는가).

기술적으로 고도의 전문 지식을 요하는 일의 경우, 속에서 종종 기술의 니힐리즘이라고 해야 할 정신 경향이 태어난다. 전문 기술과 그것에 봉사하는 목적이 맺는 관련을 잃어버리고 일의 '의미'가 아니라 그 '효과'efficiency for efficiency's sake에만 관심을 집중시키게 되는 것이다. 부분인간Teilmensch화. 어중간한 지식층에게서만 정치적 니힐리즘만이 균형 없이 발달한다. 그러한 기술의 니힐리즘이 다름 아닌 정치적 독재로의 선도자 역할을 행하는 것은 드문 일이 아니다.

현대형 무관심/무기력의 정치적 기능

인민주권이 체제의 정당성 근거로서 확립되어 있지 않고 대중이 정치에 참여할 수 있는 기회를 주지 못하며 정책을 비판하고 판단하는 최종적 주체라는 것이 인정되지 않고 있는 사회에서, 무관심/무기력이라는 것은 정치과정에서 대중이 배제되고 있는 상태의 이른바 자연적인 반사이다(국민이란 국민이고자 하는 존재이다. 내셔널리즘nationalism과 데모크라시democracy). 커뮤니티에 대한 주체적 책임의식이 낮은 곳에서는 집단 에너지의 아웃풋 효율이 낮을 수는 있어도 직접적으로 무관심/무기력이 정치과정으로 튀어 오르는 작용은 적다. 그런데 제도의 겉모양이 데모크라시이고 그 위에서 무관심/무기력이 진행되고 있다면 그것 자체로 커다란 정치적 기능을 갖게 된다.

탈정치에서 반정치로 혹은 탈정치에서 과過정치로 이행의 정치적 효과에 대해서는 앞서 서술했다. 그런 활력적인 무관심/무기력은 손쉽게 비합리적인·폭풍적인 행동주의로서 종종 그 급진주의적인 경향은 파시즘에 의해 조직화되지만, 그런 비일상적인 효과는 제쳐 두더라도 에퍼시의 일상적인 침윤은 데모크라시의 태내胎內를 좀먹고 그것을 공허하게 만든다고 해야 한다. C. W. 밀즈는 미국의 화이트칼라 혹은 중간층의 무관심/무기력을 두고 "그들은 급진적이지도 리버럴하지도 보수적이지도 반동적reactionary이지도 않다. 말하자면 그들은 무행동적inactionary이다"라고 말하는데 [*White Collar: the American Middle Class*, Ch.15], 그럴 때 무행동적 대중이 과연 정치과정에서 계산 외의 요소로 간주되느냐 하면, 물론 그렇지는 않다. 지배적인 권력 및 상징과 대항적인 상징, 그 둘 모두에 적극적으로 충성을 보이지도 않거니와 부인도 하지 않는 것은 그 자체로 때마다 권력관계를 유지하는 방향에서 더 크게 작용한다. 왜냐하면 현실의 권력관계를 변혁하려는 운동 쪽에서는 대중의 적극적인 동원, 나아가 그 조직화를 위한 지속적인 노력이 필요하지만, 지배층 쪽에서는 사회적 타성에 의지할 수가 있으므로 단지 권력을 유지하기만 한다면 적극적인 충성 행동 같은 것은 필요하지 않기 때문이다(물론 그런 만큼 체제는 정체되어 가며, 예컨대 민주제의 경우라면 그런 만큼 묵종conformity이 동의consent를 대체하게 된다). 기시 노부스케 전 수상의 '목소리 없는 목소리' 혹은 '야구장은 언제나 꽉 들어차 있지 않은가'라는 발언[47]은 그것이 현실의 객관적 표현으로서 얼마나 들어맞는지 여부를 제쳐두더라도(데모에 나가면서 야구를 보는 이들이 늘었다!), 정치적 대항 관계를 이루는 그 어느 쪽으로부터도 물러앉는 행위가 현실에서 어느 쪽에 유리하게 작용하는지를 명확히 보여주고 있다. 태도로서, 적극적으로 진보적이지도 보수적이지도 않다는 것은 정치적 상황에서의 의미 차원에서는 좀 더 보수에 가산加算되는 것이다.

47 일명 '1960년의 유행어'로서, 1960년 안보 투쟁 (비)참가자에 대해 신문들에 보도된 기시의 발언. "힘에 맞서 힘으로 대항해도 괜찮은 것인가?"라는 정치부 기자의 물음에 기시는 다음과 같이 답한다: "나는 목소리 없는 목소리에 귀를 기울이지 않으면 안 된다고 생각한다. 지금 있는 것은 목소리 있는 목소리뿐이다. […] 데모 참가자는 한정되어 있다. 야구장이나 영화관은 언제나 만원이며, 긴자 거리 역시 언제나 변함이 없다."

주[해]
일본에서 '비-정치적non-political'이라는 말과 '반-정치적anti-political'이라는 말은 흔히들 정당과 맺는 관계 속에서 사용된다. 정당이 대중적 기반을 갖고서 집행권력ausführende Macht로서의 관료에 대해 진짜로 지도권력führende Macht인 정도가 높을수록 '정치적[인 것]'과 '정당적[인 것]'은 일치한다. 그렇지 않은 경우, 실질적인 결정은 행정(집행)의 이름으로 관료에 의해 행해지며("사무"적인 일상·루틴적 결정과 양자택일적alternative 상황에 직면한 결정 과정), 가치 배분을 둘러싼 투쟁에 정당 이외의 사회집단(노동조합, 압력단체, 기타 직접적으로 정치적이지는 않은 그룹, 서클 등등)이 커다란 역할을 하게 되므로 전체의 정치과정 속에서 정당이 점하는 지위는 상대적으로 작아지게 된다. 따라서 정당으로부터의 중립이라는 것이 반드시 정치적 중립을 뜻하지는 않는다. (교육의 경우) [모든 정당으로부터 독립한 교육이 반드시 정치적 중립을 뜻하지는 않는다. 관료에 의한 통제가 행해지고 있으므로 정치적 요소를 갖는 것이라고 하지 않으면 안 된다.]
또, 정치 과잉이나 정치주의 비판의 시선이 전적으로 정당이나 운동으로 향해짐에 따라 관료제의 레일에 올라탄 권력 남용에 대해 예상외로 둔감한 것은 드물지 않은 일인데, 그것 역시도 정치적[인 것]과 정당적[인 것]을 동일시하는 지점에서 발생한다. 일본의 현상 속에서 그것은 모종의 정치주의와 같은 것인바, 다른 종류의 정치주의에 대한 관용이라는 뜻에서는 전혀 비-정치적인 태도 혹은 반-정치적인 태도라고 할 수도 없는 것이다.

무관심/무기력의 대증[요]법對症法

앞서 서술했듯이 현대의 테크놀로지와 생산력이 고도로 발전하고 관료화가 진전되고 있는, 또한 대중의 관심이 소비생활로 향하고 있는 조건을 갖춘 곳에서는 정치적 에퍼시가 만성화되는 경향이 있다. 그것은 대중의 정치의식에 관한 본질현현론을 통해 바라보자면 현실에 의해 호되게 보복당한다. 그런 한에서 '광범위한 대중은 점점 더 각성하면서 들고 일어나는 중이다'↔'권력은 매스컴을 구사하여 대중을 기만하는 중이다'라는 단순 이분법적 발상을 통해서는 현실을 해명할 수 없으며, 그런 이분법적 전제에 기초하여 작용을 가할지라도 유효성은 턱없이 부족하다. 그러함에도 '무관심/무기력에 따른 대중의 수동화는 숙명적인 방향이다'라고 말하고 마는 것은 반대편에서 일어나는 일면화라고 할 수 있다. 만성적인 무관심/무기력의 경향을 일방적으로 강조하면서 거리로부터 기계적으로 숙명론적 귀결을 도출하는 것은 인식의 차원에서 사/물의 다른 일면을 간과하는 것에 머물지 않는바, 대중의 수동성에 대한 강조 자체가 자기실현적 예언이 되어 악순환을 야기하기 때문이다.

예컨대 매스컴의 영향이라는 것도 언제나 양가적인 성격을 갖는다. 6·15 사건[48] 관련으로 텔레비전이 보여준 강렬한 이미지. 매스미디어의 발전에는 일정한 의도에 따라 완전한 통제가 곤란해지는 측면도 있는 것이다. 의도를 배반하는 효과(지배계급의 '소유'로 환원하는 것은 도리어 그 이용의 길을 막는 일이 되기도 하는 것이다).

이번 선거에서도 매스컴이 그 의견이나 해설을 통해 [대중을] 일정하게 패인 홈으로 흘러 들어가게 하는 데 반드시 성공했다고는 할 수 없다. 매스컴에 대한 패배주의적 관점에 빠지지 않는 것이 필요.

또 오늘날의 정치는 기술적으로 너무 복잡해져서 초보자 대중의 판단력을 넘어서 있기 때문에, 무관심/무기력은 오히려 당연하다고 말하는 것은 관료의 발상이며 정치의 문제를 행정의 문제로 의식적·무의식적으로 바꿔치기하는 것이다. '설령 시민 한 사람 한 사람이 정

48 편집자 삽입 주: 1960년 6월 15일 밤, 미일안전보장조약 개정에 반대하면서 국회를 포위한 학생·시민과 경찰대가 충돌하여 도쿄대 학생 한 명[칸바 미치코(樺美智子)]이 사망한 사건.

책을 형성할 수는 없을지라도 그것을 판단할 수는 있다' 라고 한 페리클레스의 말처럼, 애초에 데모크라시의 사고방식은 정책의 좋음 여부에 대한 최종적 판단의 자격을 갖는 것은 정책의 입안자가 아니라 그 정책에 의해 영향을 받는 자라는 점에 뿌리박고 있다. 요리사와 건축가. 전문가(엑스퍼트)의 맹점.

그럴지라도, 퍼블릭한 사안을 향해 일상적인 생생한 관심을 지속적으로 갖는 것이 반드시 안이한 일이라고 할 수는 없다. 그럴 수 있으려면 물론 정당이 국민의 생활 속에 뿌리를 내리고, 일상적으로 활동하며, 끊임없이 문제를 제시하는 것이 필요하다. 토의(디스커션)에 의한 통치government by discussion란 정당 안에 혹은 국회 안에 토의를 가둬 봉쇄하는 게 아니라 거꾸로, 직업 영역이나 지역을 이루는 여러 겹의 차원에서 토의가 행해질 때에야 비로소 그 이름에 값할 수 있게 된다. 무수한 장소의 작은 서클들에서 행해지는 비교적 친근한 문제를 둘러싼 토의의 누적 위에서만이 국민적 문제에 대한 국민적 토의가 진정으로 성립할 수 있다. 커다란 정치 문제와 작은 공공사公共事.

개인적 의사소통personal communication이 가능한 집단, 그 작은 집단이 개인 혹은 가정을 큰 정치집단으로 링크하는 매체가 된다.

[무관심/무기력과 관련해서는,] i) 조직 면의 여러 조건들, ii) 제도적 조건들(예컨대 사표死票를 줄이는 것)도 있지만, iii) 사고법의 문제로서, 자기가 속한 직접적 집단에 매몰되지 않고 끊임없이 횡적으로, 사회적으로 시야와 관심을 넓혀 가는 것(보이는 것만이 아니라 보이지 않는 연대감), 이것이 현대의 지성이 맡아야 할 역할이라는 점을 언급해 놓는다. 직인적職人的 지식과 인간적 지성의 구별. 지성을 가동시키는 것.

장에 입각하면서 장을 넘어서는 전망을 갖는, 장에 입각하면서 생활의 거점을 갖는—동분서주하는 지사형志士型 활동이 아니라—퍼블릭한 관심과 행동.

지식의 단편화와 취미의 왜소화에 대항하기 위해서는 노블레스 오블리주noblesse oblige['고귀하기 때문에 특별한 의무를 진다']라는 지적 귀족주의, 말하자면 대중에 뿌리내린 귀족주의가 필요하다. 그렇지 않으면 단순한 양量의 지배가 되며 악화惡貨가 양화良貨를 쫓아낸다는 법칙이 고삐 풀린 채로 관철된다. 이는 문화의 문제인 동시에 정치의 문제이다.

사고법을 바꿔 감으로써 정치적 무관심/무기력에 대한 저항소抵抗素를 체내에 증식시켜 나가는 일.

과대한 기대 ↔ 급격한 실망[의 악순환] (안보 투쟁)

무엇이 그때의 조건(예컨대 기간) 위에서 가능했는지를 무시하고서는 승패를 단정할 수 없다.

운동 측에서 어디까지 가능했는지를 질문하는 것 외에, 정부 여당 측에서 무엇이 불가능했는지를 질문하는 것(다양한 가능성들을 봉쇄했던 것, 예컨대 민사당民社黨에 의한 조정 성립, 다수결에 따른 통과. 어찌 됐든 민사당만의 출석으로 단독 채결을 피할 수 있는 것. 참의원에 동지회가 출석하여 단순한 형식적 토론과 채결을 행하는 것).

여러 가능성들에 대한 정부 측의 선택을 한정했던 작용. 그것을 무시하고, 단지 통과됐느냐 아니냐의 여부만으로 효과를 판단하는 것은 너무도 형식적이다.

[현대의 무관심/무기력 문제, 그것은 정치에 관심을 가진 사람 쪽의 문제이지 관심의 유무가 문제인 것은 아니다.] [냉담한/무관심한 접근법apathetic approach이 가장 큰 문제다.]

[다음은 1965년 도쿄대학 교양학부 문과 학생들을 대상으로 한 정치학 강의에서 '정치'라는 말이 연상시키는 사례들로 제시된 것으로 제2강 노트 맨 끝에 기록되어 있다. (편집자)]

재미없는 희극喜劇

BC　물리적 폭력(군사력)

B　국회의사당

연설

오직汚職[직권남용/부정부패]

AC　도그마의 반대

C　사물/사안을 현실적으로 처리함

지배

힘 < 권력투쟁의 자기목적화 / 타협

A　이데올로기

A　사회이론의 시행

A　정치와 종교

정치와 경제

A　좌익

A　공산共產, 공산주의

A　이데올로기

B　기구

C　기능 …을 위하여(목적)

D　수단

제3강 집단과 리더십의 정치과정

1. 서설: 집단 관계에 대한 접근 각도

이 강의에서 분석단위로 규정했던 액터와 필드는 모두 분석 개념이지 경험 개념이 아니다. 액터라는 것은 구체적인 인간 또는 인간 집단이 다른 인간(또는 집단)과 맺는 관계에서의 역할에 착목하고 그 역할이 귀속되는 주체를 부르는 것에 불과하다. 필드는 액터가 필드로부터 이미지를 수취하는 여건으로서의 환경이며, 그 속에서는 액터의 반응 결과로서 일/사건이 각각 퇴적된다.

어째서 경험적 인간과 집단에서 출발하지 않는가.

근대사회에서는 한 인간이 다원적 집단에 동시에 속하며multiple membership, 제각기 다른 역할을 담당하는 동시에 그 내부에 한 집단이 점점 더 다양한 역할과 기능을 분화하고 있다(관료화·전문화). 나아가 사회에 대한 그 집단의 기능 역시 다양화되고 있다. 역할과 기능에 따른 identification[신원/동일성 확인]의 필요.

'오늘은 친구로서(선배로서) 이야기하자' '저는 ××성省

××국 대표로서 이 회의에 나왔습니다' 등등, 커뮤니케이션이 복잡하게 교착되어 있기 때문에 각자의 역할을 이야기하지 않으면 서로가 왜 만나러 나왔는지 모른다.

니시오 스에히로[49]가 사회당 서기장이던 무렵, 어떤 행동이 의혹을 초래했을 때, 니시오는 그 행동에 대해 '개인으로서 행한 것인가 사회당 서기장으로서 행한 것인가'라는 질문을 받고는 '서기장 개인으로서 행한 것'이라는 명답을 내놓은 일이 있었다. 이 역시도 기능 분화에 따라 인간 행동의 동일화identification가 곤란해진 사례라고 할 수 있다.

이에 비해 공동체(씨족tribe·동족 단체·부락 등의 지역 공동체)는 구성원이 비용 전부를 부담하는 단체이며 기능 분화의 정도가 낮다. 뒤에 서술할 것인데, '조직'이란 가장 명확하게 기능이 분화된 집단, 즉 역할의 조직화임에도 불구하고 일본 등에서는 커뮤니티에 의제擬制된 전통이 강하다. 따라서 '비용 전부의 부담'을 상정하게 되는 것이며, 따라서 무한 책임 원리가 된다(천황제). 근대화가 진전될수록 기능 분화의 간격은 커지며 무한 책임은 결과적으로 무책임이 된다. 어찌됐든 근대 집단 속에서

49 1891~1981년. 노동운동가, 정치가(중의원 의원, 부총리, 관방官房 장관).

구성원 상호 간의 관계 및 구성원과 집단 간의 관계는 역할 관계이기 때문에 실체로서의 인간이나 집단을 고스란히 분석 용구로 사용할 수는 없다. 또 집단의 대외적(대對사회적) 기능의 다양화는 다음과 같은 사례를 보면 쉽게 이해할 수 있다.

정부government의 확대가 반드시 정치 기능의 확대를 말하는 것은 아니다. 정부가 그 자체로 거대한 지속적·방법적 경영Betrieb이 됨으로써 사기업의 경영·관리 원리를 갈수록 더 받아들이게 되고 다른 한편, 자발적 결사의 비대화는 그 결사 안에서 관료화 현상이 발현되게 하고 국가와 비슷한 통치와 권력관계의 도입을 초래하고 있다(거대 기업). 국가의 기업화와 기업의 국가화라는 패러독스의 동시 진행.

정치학의 방법론과 관련해서는 '정치란 국가의…'라는 식의 논의, 즉 먼저 국가 개념을 전제로 하여 정치적인 것을 정의할 것인지, 아니면 먼저 정치 개념부터 규정한 다음 그것이 적용될 수 있는 것은 국가에 한정하지 않고 널리 정치학의 대상으로 삼아야 할 것인지를 둘러싼 논쟁이 왕성하게 진행되었다. 이 논쟁은 정치학 방법론을 종종 불모의 스콜라적 논의로 이끌었지만, 그러한 문제가 제기됐던 애초의 배경에는 앞서 언급한 근대사회 속 집단의 다원화와 기능의 교착이라는 현상이 있었다. 오늘날 국가중심설을 주장하는 자들 중 어느 누구도 국가가 사법私法상의 계약 주체가 되는 경우에 그것을 정치 행동이라고 보는 이는 없을 것이다. 마찬가지 사정을 다른 사회집단과 관련해서도 말할 수 있다. 경제단체라거나 교육단체 같은 구별은 그 단체의 주된 기능을 표현하는 것이기는 해도 결코 배타적이거나 독점적으로 경제 기능이나 교육 기능을 영위하고 있음을 뜻하는 것은 아니다. 정당은 오늘날 대표적인 정치단체이지만 결코 좁은 뜻에서의 정치활동만을 하고 있는 것이 아닌바, 이탈리아 공산당처럼 넓게 보아 기업 활동을 하고 있는 사례도 있으며, 거꾸로 지금은 노동조합·압력단체·문화단체가 영위하는 정치활동이 갈수록 중요한 의미를 띠어가고 있다. 형식적인 정의에 붙들려 살아 있는 정치과정을 간과하지 않기 위해서도 사회관계를 실체적인 인간관계나 의인화된 집단 관계로서가 아니라 역할과 기능의 상호연관으로 분석할 필요가 있다. 처칠이 그림을 그리고 있을 때 그는 정치가로서 그림을 그리고 있는 게 아니라 한 명의 예술가로서 그렇게 하고 있는 것이다.

따라서 구체적인 개인의 특정 행동은 그 자체로가 아니라 다양한 차원에서, 여러 가지 시스템과의 관련 속에서, 그 사회적 의미를 문제 삼지 않으면 안 되는 것이다.

어느 정당 구성원이 정당 안에서 한 행동(간부의 지령

에 복종한다거나 간부를 비판하는 등등의 행동)이 정당 안에서 갖는 의미와 정당 바깥에서 갖는 의미, 거꾸로 어느 집단을 대표하여 그 구성원이 다른 집단의 구성원과 교섭을 하거나 약정을 맺는 행위는 [예컨대 다음과 같은 시스템과의 관계 속에서 다양한 의미를 갖는다.]

a) 대표적 섭외 행위 (일·사정의 성공도成功度)
b) 직속 간부와의 관계에서 갖는 의미 (충성·신뢰의 강화)
c) 같은 담당 부서 구성원과의 관계에서 갖는 의미 (지나친 참견)
d) 출신지·향리·선거구와의 관계에서 갖는 의미

대중사회라고 할 때의 '매스'라는 것도 그 자체로 추상 개념이며, 일정 상황에 놓인 인간 행동양식의 특정 측면에 착목하면서 그런 행동양식이 귀속되는 주체를 부르는 말이다. 대중화Vermassung는 계급·사회적 지위·직업을 교차하는 현상이다.

2. 집단화의 형태들

여기까지의 전제 위에서, 액터들 서로가 일정한 장에서 맺게 되는 주요 관계를 몇몇 전형으로 구분해 보기로 하자.

우선 한쪽 극에는 사람들의 무리[떼]multitudes or crowds가 있다. 전철 안에서 우연히 만난 사람들, 긴자 거리를 왕복하는 사람들은 집단group이 아니다. 그룹 이전以前이라고 하겠다(그러나 개개인은 각기 특정 그룹들에 속해 있으므로 본래적으로 원자적인atomic 개인의 집합이라고 할 수는 없다). 우연히 공간적으로 접근해 있을 뿐이므로, 그 관계에는 아무런 정형성도 없다. 그들을 묶는 상징도 없을 뿐더러 서로 협력하겠다는 의사 표명도 없으며 물론 일치된 행동도 없다. 그 관계란 완전히 무정형적amorphe이며, 무정형적이라는 것이 당연한 일로 여겨진다. 다른 액터로부터의 통신은 대체로 자신의 이미지를 그저 지나치고 만다. 액터 서로 간에는 공감도 반발도 없으므로 자기 홀로 자연 속에 있는 것과 비슷하다.

그 사람이 그룹에 대한 공감이나 연대감을 떠올리면, 그는 무서울 정도의 고독을 맛보게 된다(군중 속의 고독, "lonely crowd"—David Riesman [*The Lonley Crowd: A Study of the Changing American Character*, Yale University

Press, 1950]). 그러나 거꾸로 소속 집단 속에서의 부적응을 의식하거나 주위로부터의 통신을 처리할 수 없게 된 사람은 군중 속에 섞여 들어갈 때 안정된 기분을 느낀다(산속으로 도피하는 것과 마찬가지).

액터 상호관계와 필드 사이의 임시성과 우연성이 제일 강해진다. 그런 상태 속에는 제도도 조직도 없다.

그러나 군중multitude 속에 혼란이 일어나지 않는 것은 개개의 액터가 성장하는 과정에서 몸에 익힌 더 큰 사회화socialization('시츠케[仕付け/예의범절]') 및 제도institution의 규범이 작용하고 있기 때문이다. 사람은 가정이나 학교 안에서 습득하게 된 또는 직접 사회로부터 습득한 '시츠케'에 따라 어떤 표준화된 행동의 틀을 지킨다. 그 표준화된 행동의 틀은 애초부터 개인 바깥에 또는 개인 앞에 있던 규범이 개인 속으로, 의식하지 못하는 동안 내면화된 것이며, 그런 내면화를 통해 개인은 사회생활에 대한 적응 능력을 광범위하게 몸에 익힌다. 전통·습속·집·법률 등은 모두 사람들의 행동양식을 규범적으로 정형화한다는 뜻에서의 제도이다.

그렇게 군중은 우연적이며 임시적이기는 하지만, 어떤 일/사건에 따른 이미지를 공유하게 됨으로써 단순히 무관계한 공간적 근접을 한 발짝 넘어서는 집단을 형성할 때가 있다. 예컨대 화재에 몰려드는 구경꾼 무리들, 영화관의 관객, 시가지 길거리 연설을 듣는 군중 등이 그렇다. 이것이 "다수 대중(매스)"의 원형이라고 할 수 있는 '시가지 길거리 위의 다수 대중'이다. 그것은 정당이나 조합이나 문화단체 같은 얼마간의 일정한 지속적 목적을 가진 사회집단이 아니다. 각각의 사람들은 다양한 사회집단에 속해 있지만, 다수 대중의 차원에서라면 그런 집단이나 직업의 개성은 말살, 평균화, '추상화' 되어 있다. 그런 상태에서는 임시적으로 관심을 공유하고 있을지라도 명확한 목적이나 규범에 의해 서로가 결속되어 있다는 의식은 있을 리가 없다(그럼에도 언어나 문화는 공유되고 있다. 하지만 특별히 그 집단을 개성화하는 공통의 상징은 없으며 공통 소속의 감각 역시 없다). 이른바 "군중심리"라고 불리는 이모셔널한[감정에 이끌리는] 집합적 반응을 볼 수 있는 것은 그런 경우에서이다.

그러나 여기서 주의해야 할 점은 시가지 길거리의 대중집화 또는 대중행동이 즉각 그 자체로 추상적 다수 대중이라고 혼동해서는 안 된다는 점이다. 대중집회나 시위 행동이 일정한 상황하에서 시가지 길거리의 다수 대중에 근접해 갈 뿐인 것이다([그런 한에서 '대중'은] 분석 개념이다).

다른 한편, 예컨대 신문의 선동적 표제나 텔레비전

의 강렬한 영상 앞에 노출되어 있는 독자나 시청자는 공간적으로 하나의 장소에 모여 있지 않을지라도 "시가지 길거리 위의 다수 대중"과 극히 유사한 심리적 상태에 있다고 하겠다. 그 지점에서도 직업·지위·계급 등에 따른 개성의 차이는 말살되며(다수 대중으로서의 고급 관리·사회 중역重役·전문 과학자) 아무런 내적 유대나 협력 의식 없이 단지 공통의 이미지에 따라 결속된 평균적 '독자' 또는 '시청자'만이, 그들의 눈에 보이지 않는 거대 군중만이 존재할 뿐이다. 설령 집안의 가정에서 홀로 보거나 듣거나 할지라도 그것은 시가지 길거리 위의 군중 안에서 보거나 듣고 있는 것과 비슷한 반응을 일으킨다.

이러한 다수 대중은 선명한 역할 의식이 없는 까닭에 극히 휩쓸려 들기 쉽고 폭발적으로 행동한다. 폭발적이라는 것은 단지 돌연히 행동으로 옮겨 감을 뜻하는 것이 아니다. 조합이 어느 날 일제히 파업에 들어가는 것은 폭발적 행동이 아니다. 일정한 룰과 조직(이에 대해서는 후술하겠다)을 가진 항시적 집단의 행동은 한쪽에서 보면 에너지의 소비이지만 다른 쪽에서 보면 축적이기도 하다. 더 많은 이윤을 지향하는 자본의 투하와 마찬가지로 가치의 확대재생산을 지향한 목적의식적인 행동인 것이다(노동자. 명확한 목적과 수단의 선택, 고통과 위험, 조합 분열의 위험). (물론 개개의 구체적 파업들 전부가 그렇다는 게 아니라 파업이라는 집단행동의 의미가 거기에 있다는 말이다.) 그런데 다수 대중의 급격한 행동은 에너지를 일거에 완전히 소비하는 경향을 갖는다는 점에서 다름 아닌 폭발과 닮아 있다(카타르시스). 그렇게 행동화한 다수 대중을 두고 몹mob이라고 한다. 다수 대중과 자발적 집단의 차이란 종종 단순화되듯 한쪽이 감정적인 데 반해 다른 쪽은 이성적이라는 관점으로 포착될 수 없다(물론 다수 대중 쪽이 좀 더 충동적이기는 하지만). 그 차이란 이모션emotion이 무정형적인 것인가 아니면 명확하게 한정된 객관/물적인sachlich 목적을 향하고 있는가의 차이다. 다수 대중의 이모션은 부정적이며 타율적이다(까닭 모를 "울분").

일/사건이 불러일으킨 '공포', 적에 대한 '증오'가 선행하는 것이며, 그런 것들을 지렛대로 공동 행동이 생겨나는 것이다. 집단의 적극적 가치를 옹호하고 촉진하려고 하는 데서 그런 긍정성을 방해하는 힘이나 집단에의 증오가 생겨나는 것이 아니다. 따라서 공포나 증오는 무한한 증폭 작용을 갖는다. 다수 대중을 이끄는 리더는 다수 대중의 공동 행동을 지속시키기 위해 공포나 증오를 끊임없이 재생산하는 이외에 다른 방도가 없다. 파시즘처럼 주로 다수 대중의 행동력에 의거한 운동이 반유대주의나 반공 같은 부정적 상징을 통합 수단으로 삼는 까닭이 거기에 있다(나치즘은 추상적 다수 대중의 제도화라고 불리기도 했고 아나키의 제도화라고 불리기도 했다). (다수 대중의 제도화란 그 자체로 모순되는 말이다. 물론 나치는 정당이었으며 나치 국가는 국가인 한에서 제도와 조직을 가졌다. 오히려 거대한 관료 조직이 있었다. 단, 그런 조직이 유동하는 시가지 길거리 다수 대중으로부터 직접 구성되었던 것은 아니다. 나치 운동의 역학이 관료적 행동양식이나 자생적 집단의 행동양식보다도 대중적 행동양식에 최후까지 의존하고 있었다는 말이다.)

자발적 집단이나 관료제나 '기업' 조직은 일정하게 한정된 목적에 따라 조직화된 것이므로 다른 집단과의 공존을 당연한 전제로 삼지만, 다수 대중은 그 자체로 말하자면 전체이며 그런 전체의 한계 바깥은 의식하지 않는다. 프로레슬링에 열광하는 관중, 시가지 길거리에 떼를 지어 모인 사람들, 어느 쪽이나 그 자체로 완결된 우주이다.

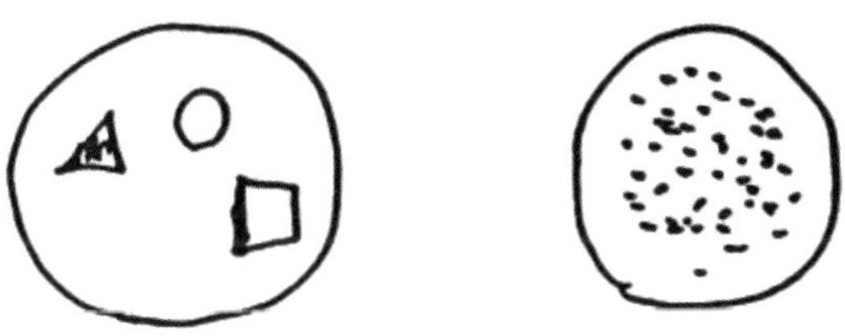

따라서 몹화[mob-化]하게 되면, 불덩이가 언덕길을 굴러 내려가듯이 물리적 장애물로 정지되기 전까지는 혹

은 에너지가 전부 소진되기 전까지는 무제한적으로 행동하게 된다([1950년 2월 5일 경륜장 승부 조작 관련 소동]. 다른 집단과의 절충이나 문제를 해결하려는 의지 같은 것은 애초부터 없다.

사회 속에서 자신의 장position이 사라지거나 알 수 없게 되어 버리면 자신이 탈락자층outcaste에 속한다는 의식이 자라나게 된다. 전통적 커뮤니티로부터 절단되어 정[규]직을 갖지 못하는 층. 집단에의 귀속의식과 생활 거점을 잃어버렸거나 애초부터 그런 것들을 갖지 못한 층. 실업자·제대 군인·이주민·룸펜프롤레타리아트[50] 등에 주로 의거하는 대중운동은 현저하게 길거리 집회적인 성격을 띤다.

50 이 단락의 '룸펜프롤레타리아트'라는 낱말은 '탈락자층(아웃카스트)'의 가장 광범위한, 혹은 결정적인 사례일 수 있다. 쓰레기·누더기·찌꺼기를 뜻하는 '룸펜'과 '프롤레타리아트'의 합성어로서, 이는 루이 보나파르트(나폴레옹 3세)가 프랑스의 대통령으로 선출된 1848년 12월 10일 이후, 정통 왕조파 앙리 5세와의 경쟁 구도 속에서 왕정복고를 꾀하던 보나파르트 및 그의 지지 집단 '12월 10일회'에 대한 마르크스의 문장들에서 연원한다: "자선단체를 창설한다는 구실 아래 파리의 룸펜프롤레타리아들이 비밀 지부들로 조직되었는데, 각 지부는 보나파르트의 대리인에 의해 지도되었으며, 보나파르트파의 한 장군이 전체 조직의 우두머리로 있었다. 생계 수단도 모호

'사'생활이 없음. '공'과 '사'의 분별도 없음. 비일상성의 일상화. 개인 생활의 무의미함이나 하찮음을 거대 군중 속에서 망각함. 돌아가야 할 거점(가정이나 직장)이 없음. 막연한, 까닭 모를 불만. 뚜렷이 구별되는 자아의 전적인 포기[51].	내면적 자존심과 자기 직무의 합리적 훈련보다 더 상위에 있는 운동. 일상성과 임시성의 분별.(홈[집]) 내면적 자기충실감과 구체적 목표를 갖는 요구. 집단행동은 목적이 아니라 수단.

고도로 근대화된 환경 안에서 뿌리째 뽑힌, 원자화된, 홀로 외떨어진 개인들[52].

i. 급격한 도시화와 공업화에 따라 농촌에서 도시로 흘러들게 된 대량의 노동인구가 근대 기업 조직에 의

하고 출신 성분도 모호한, 타락한 무위도식자들 그리고 파산한 부르주아 계급의 모험가들과 더불어 부랑자, 제대 군인, 출옥 범죄자, 탈출한 강제 노역자, 사기꾼, 협잡꾼, 거지, 소매치기, 사기 도박사, 노름꾼, 뚜쟁이, 포주, 짐꾼, 삼류 문사, 거리 악사, 넝마주이, 칼 가는 사람, 땜장이, 걸인, 요컨대 모호하고 뿔뿔이 흩어져 여기저기에 내버려져 있는 대중, 프랑스인들이 보헤미안적인[La bohème]이라고 부르는 대중, 이 다양한 분자들로 보나파르트는 '12월 10일회'의 핵심을 구성하였다."(마르크스, 「루이 보나파르트의 브뤼메르 18일」[1852], 『프랑스 혁명사 3부작』, 임지현·이종훈 옮김, 소나무, 1991, 221쪽)

51 이는 다음 구문을 옮긴 것이다. "total surrender of the distinct self"

52 이는 다음 구문을 옮긴 것이다. "uprooted, atomized, isolated individuals amidst highly modernized environment"

한 노동의 규율discipline도 받지 못한 채, 단결을 통해 그들 자신의 이득손실 관계를 옹호하거나 연대의식을 배양하는 노동조합 같은 자생적 조직도 갖지 못한 채 원자화된atomize 개인으로 도시 생활 속에 내던져질 때.

ii. [내용이 기록되어 있지 않다.]

그런 차이는 리더십의 출현 방식에서 전형적으로 드러난다. 집단이 위기 상황에 직면하면 아무리 수평적으로 결합한 그룹일지라도 리더십을 요청하게 된다. 그럴 경우 많은 이들의 눈길이 일치하는 리더는 어디까지나 냉정하고 대담하며 사려 깊은 사람이 뽑힐 것이다. 그 과정에는 어떤 규칙성과 필연성이 있다. 하지만 그런 과정과는 완전히 다른 유형의 리더, 그는 몹화[mob-化]된 다수 대중으로부터 나온다. 급작스레 튀어나와서는 다수 대중 속에 있는 공통의 감정을 점화함으로써 그 주위에 다수 대중이 응집하게 된다. E. 레더러[Emil Lederer. 1882~1939][53]가 *State of the Masses: The Threat of the Classless Society*[대중의 국가: 무계급 사회의 위협][1940]에서 썼

53 유대계 독일 경제학자/사회학자. 대학교에서 추방된 후 미국으로 망명했다.

던 것처럼 말이다. "there is, so to speak, a sudden crystallization around him, in which he acts as a catalyst[이를테면 그의 주위에서 돌연히 결정結晶 작용이 일어나는바, 그는 그 과정에서 촉매로 기능한다]." 그 리더는 제도적 리더십처럼(예컨대 선거와 같이) 그룹으로 이뤄지는 과정의 몇몇 단계를 거치면서 추려져 나오는 게 아니다. 말하자면 하늘에서 내려오거나 땅에서 솟아오르듯 출현하는 것이다. 나오기 전부터 이미 알려져 있는 자가 아니라 그때까지 전적으로 무명이던 자가 튀어나온다.

그런 리더십은 기능 분화 속에서 합리적으로 나오는 게 아니므로, 리더와 다수 대중은 정동적情動的으로 일체화되어 있으며, 따라서 종종 리더는 자기 스스로가 점화했던 다수 대중의 데모닉한[민주적인/다수 지배적인] 행동을 제어하거나 통제할 수 없게 된다(전설의 마법사. 관련 경험이 축적되어 있지 않음). 일/사건에 따라 이미지를 끊임없이 수정하는 피드백 장치가 집단에도 리더에게도 현저하게 결여되어 있는 것이다. 고정된 이미지는 광신으로까지 타오르면서 작열하고, 그것이 리더와 다수 대중을 통째로 묶어 모조리 불태울 때까지 돌진해 간다(「1억 불덩이」[54]). 모든 혁명은 임시적으로는 길거리 다수 대중의 그런 강렬한 파괴성을 동원하지만, 결코 거기에서 혁명의 역사적 의미나 가치가 나오는 것은 아니다. 그

의미와 가치의 성격이 분명해지는 것은 길거리의 분자들을 새로 편성된 사회집단 속으로 흡수하고 구분된 각 부서部署들이 책임의식을 갖고 건설적인 직무에 맞춰지도록 하는 제2단계로 혁명이 이행했을 때이다.

타인을 끌어내리는 혁명과 스스로를 고양시키는 혁명. 가치에의 참여.

1918년, 킬Kiel 군항에서 반란을 일으킨 수병의 말. "우리도 한번은 니키슈[심포니 지휘자]를 듣고 싶었으니까." 긍지[이는 자신들을 끌어올리려는 혁명이다.] [그런데 다수 대중의 경우와 관련된 것은] 원한·르상티망과 증오에 의해 [타인을 끌어내리는] 평등화 요구이다. 나치의 메이데이[노동절]. 사장과 노동자.

무리multitudes도 군중crowds도 무정형적/무규율적이며 임시적인 집단 형태이다. 그것은 그런 집단 형태 속에서 행동양식을 추출하여 임시적이지 않은 다양한 집단 관계에서의 대중화 경향을 측정한다는 뜻에서 예시되었을 뿐으로, 그런 집단 형태로부터 한층 더 액터의 통합이 진전된 지점에서만 지속적인 사회집단 형태는 시작될 수 있다.

54 '나아가라, 우리는 일억 불덩이다進め一億火の玉だ'. 태평양전쟁 기간에 선전되고 유행했던 대정익찬회大政翼賛会의 전시 협력 슬로건. 군가 제목이기도 했다.

군중의 상태에서는 어떤 일/사건에 '정신이 팔려 있다'라는 의미에서의 타동적他動的 관심의 일치는 있지만 목적의 일치나 자발적 협력 의사는 없다. 이와 달리 개개의 액터들 사이에 어떤 가치의 유지·획득·증대를 지향하여 자주적으로 멤버십을 한정하고 상호 간의 역할 관계를 의식하여 협력할 때를 두고 자발적 결사라고 한다. 그것은 근대사회에서 가장 오소독스한[정통적인] 집단화의 형태이다. 영화관에서 '화재'가 났을 때, 군중인 채로는 몹으로 전화되기 쉽지만, 불을 끄는 작업에 협력하는 어떤 집단이 나온다면 그것은 자발적 결사voluntary association의 근원/기초 형태라고 할 수 있다. 종교단체·사교클럽·학문 연구회·스포츠 단체·××협의회·노동조합·정당 등은 이념형으로서는 모두 그러한 볼룬터리 어소시에이션이다. 그것은 액터의 사생활과 사회를 연결하는 루트이며 액터의 개인적인 이득손실을 사회화하는 매개 장치이다. 개인에게 사회연대의 감정을 배우게 하는 교육 장치이기도 하다. 그런 식의 자발적 결사는 전통적 공동체나 제1차 집단(가족)의 탯줄에서 분절된 인간으로 하여금 소외감이나 고립감으로부터 자기를 회복할 수 있게 하고, 유동하는 사회 속의 자기 자리position를 의식할 수 있게 한다.

볼룬터리 어소시에이션이 다양한 사회, 그런 어소시

에이션이 끊임없이 결성되는 사회는 본래의 공공적인 public 관심이 아래로부터 부단히 상승하는 사회이며, 그런 전통이 없는 사회에서는 폐쇄적 공동체와 국가의 관료제·군대 같은 비자발적 권력 조직체가 공공적인 것을 빨아들인다.

국가와 사회의 이원주의dualism. 권력 대對 자유라는 문제 제기는 그런 이원론에서 행해진다.

근대사회는 어소시에이션(결사)의 증식proliferation[다태성(多胎性)][55]에 의해 특징을 갖게 된다. 올바른 뜻에서 '개인주의'라는 것은, 그러한 사적 관심이나 이득손실을 지극히 공개적으로 표명하고는 그것들을 볼룬터리 어소시에이션의 결성에 따른 연대solidarity를 통해 실현해 가려는 지향이다. 개인주의와 사생활주의는 다르다. "영국인은 일상생활에서 곤란한 일에 직면하거나 부정을 목격하거나 필수적인 일에 맞닥뜨리면 만족스러운 해결책을 발견하기 위해 자연스럽게 특정한 어소시에이션을 만든다"라고 흔히들 말한다. 그것은 권위의 은정恩情에 호소하는 것도 아니며 오카미[주군/정부 관청]에게 진정陳情하는 행동도 아니다(압력단체의 존재 방식).

55 편집자들은 철자가 다른 영어 낱말을 제시해 놓았다: "proliferation[확산/급증]인가"

미국의 식민자 → 청교도 좌파. 퓨리턴의 결사sect 모델. 공통의 신앙(정치 사회를 초월하는 신앙)으로 결속된 평등자平等者의 집단. 그들을 연결하는 정신spirit은 하나이지만 그 정신의 작동 방식은 개성화·다양화되어 있었다. 자유 토의·관용은 그런 다양태 속에서의 일치라는 사고방식 속에서 육성되었다(Roger Williams[1603~1683. 미국 로드아일랜드 식민지 건설자]가 그런 패턴을 사상화했으며, 미국의 자발적 결사의 증식은 전도양양한 프런티어·개척자의 존재에 의해 도움을 받아 더욱 진전되었다).

그러나 자발적 결사가 문자 그대로 농밀한 개인적 접촉을 일상적으로 보전할 수 있는 소집단에 머물지 않고 더 성장하여, 내부에 분업이 발전하고 멤버의 역할 관계가 더 명확해지면서 행동 계열을 일원적으로 통제할 필요가 생겨나게 되면, 그 지점부터는 **조직**이라는 것이 발전하게 된다. 이는 자발적 결사에 한정되지 않는바, 국가·기업체·노동조합 등 근대사회의 주요 집단은 조직적 측면을 결여할 수 없다(관청/사무국Bureau이란 그런 조직을 말한다). 트뢸치는 신앙 단체의 양대 유형으로서 섹터 유형Sektentypus과 교회 유형Kirchentypus을 거론했는데[Ernst Troeltsch, *Die Soziallehren der Christlichen Kirchen und Gruppen*[기독교 교회와 그룹의 사회적 가르침], 1922][56], 이는 일반적인 사회집단에도 적용될 수 있는 하나의 전형으로서, 소집단이 탄생하고 성장하여 내부에 계층적 조직이 발전하면, 그에 따라 소집단은 섹터 유형으로부터 교회 유형으로 이행한다. 특히 국가나 정당 같은 정치적 결정을 주요 기능으로 하는 단체는 조직을 결여할 수 없다.

[우리들의 생활에 대단히 근접해 있는 마을 같은 것에는 조직이라는 이미지가 없다.] [그 대극에 있는] 국가를 민족공동체의 네이션nation 또는 사회적=제도적 유기체organism와 동일시하는 오류는 대단히 널리 퍼져 있다. 국가는 공동체도 아닐 뿐더러 일반의지volonté générale의 산물도 아니며, 단순한 법질서도 아닌바, 국가는 도드라진 특정 지역을 기반으로 하는 조직화된 일체성organisierte Einheit이다.

조직이란 무엇인가. 여기서는 헤르만 헬러[*Staatslehre*[국가학], 1934]를 따라 조직이라는 것의 특질을 서술해 놓는다.

조직이란, 다수의 행동 중심(우리의 용어로는 액터)의 급부[혜택/편익] 또는 행동Wirkung을 목적의식적으로, 또 강

56 에른스트 트뢸치(1865~1923). 독일의 자유주의 신학자, 철학자, 사회학자.

제력을 배경에 두고, 중앙으로 편성해 들여 놓고 그것을 외부에 대해 일원적으로 작동시키는 사회적 행동양식이다.

vielheitlich gewirkt, einheitlich wirkend[다양한 것에 의해 편성되고, 하나의 것으로서 활동함]. [헬러의 원문은 "ein vielheitlich bewirktes, aber einheitlich wirkendes Aktzentrum[다원적인 효과를 내지만 일원적으로 활동하는 행동 중심]." S.231]

조직의 요소.

i. 구성원Mitglieder.

ii. 제도·질서Ordnung(Institution). 협력과 역할이 룰에 따라 규칙화되어 있다.

iii. 기관Organ. 그런 룰의 정립과 확보에 해당한다.

"[조직이란] 기관을 통해 목적의식적으로 결단과 작용에까지 질서가 잡혀 있는 행동 통일체."

조직화된 구성원과 기관이 반드시 일치하는 것은 아니다.

조직이라는 행동 중심의 작용은 구성원 각각이 지닌 에너지의 산술적 총화가 아니다. 그 제곱(곱積)이 된다.

그 지점에 조직의 우월성이 있다. 조직은 구성원과도 기관과도 동일시될 수 없으며, 룰의 체계와도 동일시될 수 없다. 조직은 역할과 행동의 계획적인 조합이지만, 구성원은 기계가 아니므로, 조직의 통일성은 어디서나 die wirkliche Einheit ein es bewirkten Wirkungeszusammenhanges[실행된 행동 연관의 현실적 통일[효과를 내는 활동 연관의 실제적 일원성]]라는 동적인 과정 속에 있다.

조직이 반드시 의사意思나 감정의 일치체인 것은 아니다. 조직은 행동통일체이다. 이 지점에서, 순수한 자발적 조직화voluntary organization로부터 물리적 강제로 외적 행동의 통일을 확보하는 강제 또는 지배 조직에 이르기까지, 모든 뉘앙스가 조직에 존재할 수 있게 된다. 이른바 사적 조직화private organization에서도 광범위한 강제 수단을 내부에 대해 행사한다. 거래 중지, 신용의 인상, 아웃사이더에 대한 카르텔·트러스트의 압박 등. 그 어떤 전체주의 조직도 인간을 전체적으로 조직화할 수는 없다. 그러나 통일을 확보할 수 없는 곳에서는 조직이라는 것도 없다. 국가가 기관Organ이기만 한 게 아니라 조직적 통일체인 것은 국가가 국민의 실행Leistung[서약]을 믿고 의지할 수 있기 때문이다. 지배란 복종을 조달하는 것이다.

적극적으로는 끊임없이 역할 지정과 의도된 작동을 확보해야 할 필요가 있으며, 소극적으로는 그런 필요에서 벗어난 행동에 따른 쓸데없는 에너지 비용을 최소화하는 노력이 불가결한바, 그런 점들에 조직에서의 리더십의 필연성이 있다.

우리는 집단화의 한쪽 극한에 무리multitudes를 놓고 출발했는데, 이와는 다른 한쪽 극한에 제도institution을 놓을 수 있다. 여기서는 군중과 마찬가지로 제도 역시 인간관계의 특정 측면으로서, 그러니까 행동양식으로서 생각할 수 있다. 제도란 제도적 행동양식이라는 말과 같다. 이런 뜻에서의 제도란 사람들의 행동양식이 정형화되고 그 정형성이 사회적으로 승인되어 있으며 이를 통해 인간이 자연적=사회적 환경과의 조절 작용을 영위할 수 있게 하는 것이다. 관습·전통·관례·풍속·의식儀式·법률 등은 전부 제도이다. 조직organization이라는 말이 종종 제도와 혼용되지만, 여기서는 구별해서 살피기로 하자. 조직 역시 인간 행동을 정형화한다는 의미를 갖지만, 정확하게는 자각된 목적을 향해 인간의 에너지를 동원하기 위한 기술적 수단이라고 할 수 있다. 조직은 반드시 자각적으로 만들어지지만 제도가 반드시 그런 것은 아닌바, 오히려 다양한 사회적 필요와 압력 속에서 탄생하고 성장한 것이 제도이다. 조직에 비견하여 말하자면, 제도란 유기체organism에 가깝다. 조직은 기술적 수단이기 때문에 보편성을 띠며 그 가치는 목적-수단 관계의 합리성이나 유효성의 관점에서 측정될 수 있지만, 제도는 사회적 승인에 의해 이를테면 그 자체로 가치나 의미를 내포하며 문화와 분절될 수 없는 것이다. 경험적으로 존재하는 단체와 관련해서는—국가, 교회, ××그룹, 마을 등등—그 제도적 측면과 조직적 측면을 구별하여 이야기할 수 있을 것이다(가족은 제도적 측면이 강하지만 조직적 측면, 특히 근대적 가족의 경우 그런 조직적 측면은 거의 없다고 하겠다).

제도는 장(필드), 액터의 행동, 그리고 그 둘의 정형화를 통해 형성된다. 그렇게 개개의 일/사건은 개별 사례로 묶이게 된다. 따라서 일/사건으로부터의 통신들도 정리되며 사람들의 이미지도 안정된다. 다른 액터의 행동양식도 측정 가능한 것이 된다. 예외적인 행동양식은 금기나 사회적 제재에 의해 배제되며 틀 속에 끼워 맞춰지게 된다. 지속적인 사회생활은 원시적인 경우라면 조직 없이도 가능하겠지만 제도 없이는 불가능하다.

무리multitudes처럼 인간관계가 유동화되고 무정형적으로 되는 방향을 가리켜 상황화라고 부른다면, 제도화는 정확히 그 반대 방향이라고 할 수 있다. 구체적인 사회관계는 언제나 그런 의미에서의 상황화와 제도화가 서로를 배반하는 방향을 내재하지 않을 수 없게 되어 있다. 사회의 역사란 상황화와 제도화라는 두 방향의 변증법적인dialektisch 진행이다. 따라서 시간의 계기를 도입한다면, 현재 지극히 강고하게 보이는 제도—즉 그 속에서 이뤄지는 인간 행동의 정형성의 정도가 강하고 그것이 사회적으로 승인되는 경향이 높은 것—도 과거의 유동적 상황이 응고된 것으로 파악할 수 있으며, 거꾸로 무정형적/무규율적 상황은 옛 제도의 융해로부터 생겨난 것으로, 제도를 응고시켜 가는 싹을 품고 있는 것으로 파악할 수 있다(제도의 물신화에 따른 위험, 정치적 사고의 특질에 대해 설명한 앞의 제1강을 참조하라. 물론 상대화하는 것과 그 상대적 차이를 무시하는 것은 전혀 다르다. 오히려 모든 것을 응고한 제도라는 관점, 또는 모든 것을 유동하는 상황으로 환원할 수 있다는 생각이 고정적 사고이며, 이와 달리 상대화야말로 "제도"의 현행적 작동/작용actual working을 전체의 정치적 배치관계 속에 위치시킬 수 있게 한다).

의회제도라고 말할 때는 사회 속의 의회가 고려되는 것이며, 이는 (정치제도로서의) 의회가 인간의 정치 행동을 어떤 형틀에 흘려 넣어 가는지에 착목한다. → 인간 상호작용의 정형화.

의회의 조직이라고 말할 때는, 의회 내부의 역할·권한·연차 등에 의한 인간 활동의 형식적이며 의식적인 조합 상태가 고려되는 것이다. [마찬가지로] 정당이라는 제도와 정당의 조직[은 다르다].

가족제도·의회제도·선거제도. '실재' 대 '환상' → 말의 자위自慰

인간관계가 거의 남김없이 제도화된 전형으로서, 이 강의록의 서설에서 근대적 집단과 견주어 다뤘던 전통적 공동체tribal community를 생각해 보자. 베르그송의 이른바 닫힌 사회la societé close[Henri Bergson, *Les deux sources de la morale et de la religion*[도덕과 종교의 두 원천], 1932].[57] 거기서 사람들의 행동양식은 미세한 일상생활에 이르기까지 전통과 습속에 의해 정형화되고 의례화되어 있다. 그런 전통의 신성함은 터부에 의해 보호되며 조금의 일탈도 허용되지 않는다. 사회적 룰은 개인의 심리에 완전

57 "닫힌 사회는 매 순간 일정한 수의 개체들을 포함하고 다른 개체들을 배제하는 것을 본질로 한다. […] 사실상 우리가 타인의 생명과 재산을 존중해야 하는 의무를 사회생활의 기본적 요구라고 설정할 때, 우리는 어떠한 사회에 대해 말하는 것인가? 이에 답하기 위해서는 전쟁 시에 일어나는 일을 생각해 보는 것으로 충분하다. 살인과 약탈, 배신과 사기, 거짓말은 합법적인 것이 될 뿐만 아니라 권장되기까지 한다. 교전자들은 『맥베스』의 마녀처럼 말할 것이다. '정당한 것은 사악하고 사악한 것은 정당하다.'"(앙리 베르그송, 『도덕과 종교의 두 원천』, 박종원 옮김, 아카넷, 2015, 40쪽)

히 내면화되어 있다. 근대인의 관점에서 보면 그런 의례화된 행동은 자발성이 아예 없는, 즉 외적인 규범에 따른 행동으로 보이지만, 애초부터 전통적 공동체에는 바깥과 안, 공과 사에 대한 구별의 의식이 없었던 것이다. 그런 공동체에서 주권자는 습속이나 전통 그 자체이며, 설령 공동체 내부에 통제 관계가 존재할지라도 통제자controller(연장자, 높은 집안 출신자, 사제 등) 그 자체도 자유로운 결단을 허락받고 있지 못하다(전통적 '정당성'). 그렇게 일거수일투족이 '형틀' 속으로 흘러 들어가 있는 것이다. 거기서 규범과 사실 간의 괴리는 가장 작다.

상황은 안정되기보다는 고정되며 필드와 액터, 액터들의 상호작용은 판에 박힌 것으로서 진행된다. 모든 것은 어제처럼 오늘도 있으며, 구성원들이 전통과 습속에 따라 행동하고 있기만 하다면 새로이 정의해야만 할 일/사건은 거의 일어나지 않는바, 환경에 대한 적응은 부드럽고도 자동적으로 진행된다. 환경과 단절된 나의 의식이라는 게 없으므로 고독감도 없다. 하지만 군중 속의 인간과는 완전히 반대되는 의미이기는 하지만, 역시 그 정신 형태는 수동적이라고 할 수 있을 것이다. 집단과 나의 구별이 없는 대신에 외부자outs와 내부자ins의 구별이 있다. 외부자는 규범이 전혀 통용되지 않는 세계이다. 외부자의 세계로 나가는 것은 '문을 열고 나서면 7

인의 적[미지의 적들]이 있다'라고 하는 아웃로outlaw[무법자]의 세계로 나가는 것이며, 따라서 거꾸로 말하자면, 집단 안에서는 전통에 따라 일거수일투족 행동하고 있던 예의 바른 인간이 바깥 세계 혹은 외부자에 대해서는 완전히 무규범적으로 파렴치하게 행동할 때가 있다('여행 중에는 창피를 당해도 아무렇지 않다'). 도덕의 이중 규준double standard of morals이 지배하는 것이다.

그러나 유기체Organism로서의 집단(제도) 전체는 역시 바깥 세계에 적응하지 않으면 안 되는 것이다. 그 적응은 균일하게 이뤄진다. 따라서 그런 집단적 적응의 필요에 의해 기존 행동양식의 변화가 일어날 때는 보호색을 가진 동물의 피부처럼 훌륭하게 또 급속하게 변하거나 아니면 적응에 실패하여 집단 통째로 망하거나 둘 중 하나이다(집단 전향인가 멸망인가). 집단적 적응의 필요에 따른 행동양식의 변화는 대체로 잘 일어나지 않지만(이 점에서는 군중crowd과 정반대), 변화가 일어났을 때 그 전파성이 대단히 빠르다는 뜻에서는 반대쪽 극한의 군중과 일치한다.

이러한 제도화의 극한적 상황을 상정함으로써 대략 '제도'라는 것이 갖는 사회적 기능이 명확해진다. 그것은 개개인의 개별적인 일/사건에 대한 개별적 반응을 일반적인 사례와 일반적인 규범으로 '묶음'으로써 인간 행동을 판에 박은 듯 일상화하고 환경 적응에 관련된 인간의 결단과 선택의 노고를 최소한으로 하며 심리적 안정을 확보하는 기능이다. 모든 제도의 기능은 그런 뜻에서 보수적이다. 각종 사회적 가치는 제도를 통해 축적되며 상속되어 간다.

인간 행동을 정형화하는 제도의 기능이 약화되는 정도에 비례하여 액터는 유동하는 상황 속에 내던져진다. 액터는 변동하는 장에 대해 어떻게 반응하고 어떻게 행동해야 하는지 알 수 없게 된다. 환경과 자기 사이에 균열이 일어난다.

그런 심리 상태를 두고 뒤르켐(Emile Durkheim[1858~1917])은 아노미anomie라고 불렀고[*Le suicide: étude de sociologie*[자살: 사회학적 연구], 1897], 이 아노미의 정치적 기능에 착안하여 정치사회의 안정과 동요의 역학에 대해 탐구한 세바스티안 드 그레지아[1917~2000]의 저서 *The Political Community*[*: A Study of Anomie*[정치적 공동체: 아노미 연구], 1948] 이래로, 아노미라는 망각되었던 용어가 부활했다. 아노미는 노모스(nomos[사회적 규범])가 없는 상태이며, 사회의 신조 체계Belief system의 붕괴를 가리킨다. 아노미한 상황의 출현은 모든 대중운동의 출발점이다

(대중운동 속에 보수주의적 대중운동이라는 것이 있을 수는 없다. 왜냐하면 현상에 만족하고 있다는 것은 움직이지 않는다는 것을 뜻하기 때문이다. 만족하고 있는 현상이 '위험하다'라고 보는 관점, 즉 변화의 가능성이 높다는 관점/전망에 입각한 행동이란 이미 혁명적인revolutionary 방향이거나 반동적인reactionary 방향이거나 둘 중 하나의 방향성을 갖는다).

아노미한 상황은 단지 기성 제도의 규범이 붕괴됨에 따라 일어나는 것이 아니다. 상이한 가치 규준을 가진 제도가 동시적으로 병존하면서 각각의 제도가 서로 그 타당성 범위를 질서화하지 못한 채로 액터의 행동의 정형화 상태 속에서 경합하게 될 때, 행동의 좌표축은 혼란되기 마련이며 액터는 아노미에 쉽게 빠진다. 이런 현상은 전통사회가 급속하게 또 무작위적으로 근대화될 때 종종 일어난다. '민법이 나오자 충효가 망한다'라는 호즈미 야츠카[58]의 개탄은 가족을 둘러싼 법적 제도화의 요구와 문화에 뿌리박은 '미풍양속醇風美俗'의 전통적 제도 사이에서 벌어진 충돌conflict을 둘러싸고 튀어

58 穗積八束, 1860~1912. 법학자. 도쿄제국대학 법학대학 학장, 귀족원 의원. 『대일본제국헌법 강의』(1889), 『행정법 대의』(1896), 『헌법 제요提要』(1910), 『헌정 대의』(1917) 등의 저작을 썼다. 본문 인용문은 1889~1892년 이른바 '민법전 논쟁' 가운데 호즈미의 입장이다.

나온 말이지만, 그런 맥락에서 메이지 이후의 제도적 근대화는 끊임없이 아노미 상황을 일본제국 내부에서 재생산했던 것이며, 거기서 '개인주의의 악폐' 혹은 '자유주의의 횡행'으로 간주되었던 것('영국·미국보다도 더 심하군!', 우키타 카즈타미[59])이란 실제로 보면 대개 개인주의도 자유주의도 아니었다. 그것은 위로부터의 급격한 근대화 및 도시화에 따라 공동체적인 귀속감을 상실한 대중이 지역이나 직장에서의 자발적 집단 형성을 통해 새로운 연대감을 키울 수도 없고 근대적 제도에 입각한 행동양식을 몸에 익힐 수도 없었던 데 따라 생겨난 행동, 즉 말하자면 정신의 진공상태에서 생겨난 아몰프(무규율)한 행동을 두고 '개인주의적'이라거나 '모던'이라는 말로 지칭했던 것에 불과하다. 메이지 30년대(1897~1906년)에 이미 개인주의의 만연을 개탄했고 동시에[동시적 현상으로서] 이후 종종 전통적 공동체의 이미지에 대한 향수가 '근대의 초극'이라거나 '극복' 같은 이름으로 회자되었다![60] 법이나 룰에는 뒷문으로 난 샛길이

59 浮田和民, 1860~1946. 정치학자, 법학자. 『제국주의와 교육』(1901), 『국민교육론』(1903), 『윤리적 제국주의』(1909) 등의 저작이 있다.

60 예컨대 『문학계』 1942년 9월호와 10월호 특집으로 수록된 것을 단행본으로 출간한 저작, 『근대의 초극: 지적 협력 회의』(1943)가 유명하다. 이 책은 불문학자/문예비평가 고바야시 히데오와 교토학파(우파) 역사철학자 니시타니 케이지, 일본 낭만파/문학계 동인 카와

있다는 것, 겉에 드러난 제도의 표면적 방침과 '실제로는'이라는 말로 시작되는 속사정inside story이 함께 있다는 것이 일찍부터 상식이 되었다고 하는 상황 그 자체가 끊임없이 민중의 아노미를 발효시키는 지반이 됐던 것이다(선거법을 위반함으로써만 당선될 수 있었던 변호사로부터 법치국가에 대한 설교를 듣게 되는 모순! 규칙/룰에 대한 감각이라는 것은 법규에의 형식적 적합성 문제가 아니라 사회적 행동 속에서 검증되어야 할 문제이다).

분쟁의 규칙화, 권리 주장의 규칙화 아닌, 위로부터
스스로를 결박할 줄 아는 것 ↔ 면피하고서도 부끄러워할 줄 모르는 것
증오할 만한 언론 자유. 절차 감각이 내면화되어 있는가. "언론의 자유"

그런데 한쪽 극한의 무리multitudes 및 다른 쪽 극한의 상황이 모조리 제도화된 폐쇄적 공동체에서는, 제도화된 그 양극에서는 본래적 의미에서의 리더십 문제가 등

카미 테츠타로우 등을 필두로 가톨릭 신학자, 물리학자, 시인, 과학사가, 영화평론가, 음악평론가 사이의 대담집/논문집이다. 마루야마의 1960년 이 강의 직전인 1959년에 저들의 지적 협력에 대한 비판으로서 다케우치 요시미의 「근대의 초극」이 출간되어 있었다.

장하지 않는다. 리더십은 상황의 유동성이 전제됨과 동시에, 무정형적인/무규율적인 인간 행동에 일정한 목표를 부여하고 이와 관련된 통제의 요구가 생겨날 때 비로소 문제가 된다. 앞에서 군중crowds에게 위기의 이미지가 엄습했을 때 리더십에 호소하는 일이 나타난다고 했다. 마찬가지로 제도의 일상적 작동이 이를테면 자동적으로 진행되고 있을 때는 전통적 공동체든 근대적 집단이든 규범(법·관습 등등)이 저절로 타당한 것이 된다. 노멀normal한 상태란 norm[규범]이 지배하고 있는 상태이다. 제도의 해체 또는 재편성이 일정에 오를 바로 그때에 비로소 누가 어떤 규범을 타당하게 만드는가라는 문제가 일어난다. 즉, 리더십의 문제는 근본적으로 위기적 상황과 밀접하게 관련되어 있다. 칼 슈미트는 '주권이란 예외상태의 결단이다'라고 정의했던바, 판에 박은 틀이 깨지고 위기적인/비판적인critical 상황이나 문제적 상황과 관련하여 구체적 결단을 통해 집단을 통제하는 바로 그때에 리더십의 본래적 과제가 가장 예리하게 밝혀지는 것이다.[61] 그러나 일반적으로 말하자면 제도와 상

61 "주권자란 예외상태를 결정하는 자이다. [⋯] 진정한 의미의 예외상태야말로 주권에 대한 법학적 정의에 본래적으로 적합하다는 사실에는 체계적이고 법논리적인 근거가 있다. 예외상태에 대한 결정은 그야말로 결정 그 자체이다. 왜냐하면 정상시에 유효한 법조문을 그

황 간의 완전한 일치라는 것은 이념형이라고 할 수 있는바, 전통적 공동체든 자발적 결사든 모든 사회집단에는 정형화된 행동양식을 빠져나오는 인간 행동이 있으며, 또 일반적 사례의 틀로는 처리할 수 없는 일/사건이 언제든 일어난다. 그런 한에서 위기crisis라는 것을 이렇게 미분화된 상황으로까지 확대하면, 판에 박은 틀 안에서의 결정decision(예컨대 순수 사무직 관료의 일상적 업무 수행)과 대비되는 의미에서의 위기적/비판적 결정critical decision은 거의 모든 집단에서 끊임없이 필요하게 되는 것이라 하겠다.

다음에는 일반적으로 집단화와 리더십의 연관, 특히 리더십에 대한 정치학적 연구가 집중하는 조직 과정에서의 리더십 관련 여러 문제들을 다시금 개관해 보기로 한다.

대로 옮겨 놓은 일반적 규범은 절대적 예외를 결코 파악하지 못하고, 진정한 예외상황이냐 아니냐에 대한 결정도 완전하게 근거 짓지 못하기 때문이다."(칼 슈미트, 『정치신학: 주권론에 관한 네 개의 장』, 김항 옮김, 그린비, 2012, 16~17쪽)

참고서(정당 관련 참고서는 제외)

A. W. Gouldner (ed.), *Studies in Leadership: Leadership and Democratic Action*[리더십 연구: 리더십과 민주주의적 행동], 1950.

E. Hoffer, *The True Believer: Thoughts on the Nature of Mass Movements*[참된 신봉자: 대중운동의 본성에 대한 생각], 1951.

H. Cantril, *The Psychology of Social Movements*, 1941. [『사회운동의 심리학』, 미나미 히로시 옮김, 1959]

P. Selznick, *Leadership in Administration: A Sociological Interpretation*[행정의 리더십: 사회학적 해석], 1957.

일본정치학회 『연보 정치학. 대중 데모크라시에서의 정치지도』(이와나미쇼텐, 1955)

쿄고쿠 준이치, 「리더십과 상징과정」(『사상』 1956년 11월호)

조직 문제에 관해서는 『사상』 1959년 6월호 특집 「조직의 문제」.

3. 리더십의 과제와 기능

리더십에 대한 예전의 연구는 기관 및 제도의 수장 headship이 갖는 권한과 지위라는 법적 제도의 문제로 취급하거나, 아니면 이른바 지도자에게 필요한 자질leadership traits에 대한 연구에 집중되고 있었다. 그런 자질에 대한 연구는 두말할 나위 없이 플라톤과 공자 이래(정치가론)의 정치철학이나 정치사상의 중심 과제를 점해 왔던 것이며, 정치학의 경험적 접근 방식이 번성한 이후에도 정치집단뿐 아니라 각종 사회집단의 리더에 관한 실태 조사를 통해 공통의 인격적 특징을 추출하는 시도로서 행해져 왔다. 하지만 상황이나 문화의 상이함을 도외시한 채로 리더십에 필요한 인격적 자질을 거론하게 되면 표현 자체가 틀리게 됨으로써 실질적으로는 별다른 차이 없이 '덕德'으로 귀착되고 만다.

막스 베버가 정치적 지도자에게 필수적인 세 가지 자질로 사물/사건/사실Sache을 향한 정열, 책임윤리, 목측력目測力, Augenmaß을 거론했던 것(*Politik als Beruf*[직업/소명으로서의 정치])은 잘 알려져 있는데('우쭐거리는' 지도자)[제1강 참조], 이를 더 상세하게 나누면서 메리암C. Merriam은 a) 기상 관측력(political climate[정치적 기후]의 변화를 민감하게 살펴 아는 능력), b) 인격적 접촉 능력, c) 대립하는 집단의 이득과 손실을 조정하고 통합하는 능력, d) 극적인 표현 능력ability of dramatizing expression, e) 상징—예컨대 공식formula('무조건적인 교섭', '철저한 항전'), 정책policy(AA[아시아/아프리카] 국가들 간의 단결), 이데올로기('민족해방')—을 발명하는 능력, f) 용기와 의사력意思力 등을 거론하고, 특히 현대 정치가에게 중요성이 증대되고 있는 계기로서 상징을 구사하는 능력과 조직화 능력에 대해 말하고 있다(왜 그런 능력들이 필요한가 → 정치란 무엇인가).[62]

그러나 두말할 나위 없이 현대 정치에서의 리더십 문제에 대한 해명은 추상적·일반적 자질에의 접근traits approach만으로는 불충분하다.

첫째, 문화가 서로 다르므로 지도자에게 필요한 자질leadership traits이라는 것이 반드시 동일하게 이해되는 것은 아니다. 특정 자질을 가진 정치가가 리더에 오르는 경향성은 문화와 밀접하게 관련되어 있다. 예컨대 일본에서는 강렬한 개성과 선명한 정책을 가진 정치가는 오히려 집단 내부의 복잡한(인적·물적인) 대립관계를 격

62 편집자들은 다음과 같이 출처를 밝히고 있다: "Charles E. Merriam, *Systematic Politics*[체계적 정치학], University of Chicago Press, 1945. III장 VI절 Leadership에 따른 듯하지만, 원문 그대로 인용된 것은 아니다."

화시킬 우려가 있다는 이유에서 꺼려지고, 막연하기에 잘 파악되지 않는 정치가 타입, 이른바 '맑고 탁함을 가리지 않고 삼키는' 타입이나 파벌 간의 균형 유지의 관점에서 무능해도 무해하다고 간주되는 정치가가 리더에 오르는 경향이 적지 않다. 혹은 최고 권위의 대표자와 "커튼 뒤"에서 결정권을 가진 인간(실력자) 사이에서 분업이 설정되는 경향이 있다(간접 지배의 전통. 이 속에서는 과도한 권력 집중이 방지되는 대신에 인세이院政, 은거 정치[가 행해지며], 따라서 책임의 귀속이 애매해진다). (섭정제攝政制 → 인세이, → 겐로·쥬신元老重臣, 싯켄執權 → 칸레管領·시츠지執事, → 로츄老中·와카도시요리若年寄 → 소바요우닌側用人.)[63]

63 '인세이'는 천황을 대신해 상황上皇이 정무를 행하는 정치 형태를 뜻한다. 은퇴한 자가 실권을 쥐고 군림함을 비유하는 말이기도 하다. '겐로'는 메이지 후기부터 쇼와 전기에 걸친 정부 최고위 '쥬신'이다. 그들 겐로들이 차기 총리대신의 선정을 비롯해 국가 중대사에 대한 천황의 자문에 응하기 위해 모이는 것을 '중신회의[쥬신카이기]'라고 한다. '싯켄'은 가마쿠라 막부 시대의 쇼군을 보좌하여 막부정치를 통할했던 직위이다. 이와 유사한 것이 무로마치 막부 시대의 '칸레'와 '시스치'이다. '로츄'는 에도 막부 시대의 상설 최고직으로 정무를 통할했으며, '와카도시요리'는 로츄에 뒤이은 직위로 쇼군에게 직속되어 정무에 참여했다. '소바요우닌'은 쇼군 곁의 근시近侍로서, 역시 로츄 다음가는 직위를 갖고 상신上申하거나 사안의 가부를 헌의獻議하는 요직이다. 이 직위들 전부 및 그 역사를 집약하는 본문의 키워드가 "간접 지배의 전통"이며, "커튼 뒤"다.

동일한 정치제도하에서도(예컨대 영국과 프랑스가 모두 의원내각제를 취하고 있어도) 어떠한 자질의 정치가가 리더로 등장하는 데 비교적 유리한지는 반드시 동일하지 않다. 가령 영국과 미국이 파시즘 정치체제 아래에 놓여 있을지라도 히틀러 같은 타입이 지도자가 될지 어떨지는 의문이다. 히틀러와 무솔리니의 유형 차이도 두 나라 문화와 분리시켜 논할 수 없다.

둘째, 대체로 시대 상황에 의해 상대적으로 강조된 자질들이 고정되지 않고 변동된다는 점을 무시할 수 없다. 예컨대 교양과 재산을 가진 중류계급이 의회정치의 중심체를 이루던 19세기 영국의 빅토리아 시기Victorian Age에는 세련된 레토릭을 구사하는 당당한 웅변형이 많이 등장했으며 대중운동의 발흥과 함께 수만 명의 군중에게 강렬한 감정을 환기시키는 선동형도 나타났다. 그러나 테크놀로지가 발달하고 국가기구가 복잡화되면서 정치의 사회적 기능이 다원화되면, 그러한 고전적 웅변형이나 선동형에서 사람들은 부질없는 공허감을 갖게 되는바, 실제로 전문 관리官吏를 더 잘 부려 쓰기 위해서도 기술적 지식을 갖춘 관리자manager[운영자]형 지도자를 요구하게 된다(합리화·전문화가 진전된 사회일수록 더 그렇다). (고도 공업국에서의 기술적 전문화: 관료화.)

케네디와 닉슨의 텔레비전 토론회[1960년 9월 26일

개시]를 봐도, 토론 내용 자체는 감히 말하자면 수수하고 소박한데, 숫자를 들어 가며 구체적으로 예증하면서 정책에 대해 말하고 있기 때문이다(상대적으로 닉슨 쪽이 선동적이다). 반면에 특별히 신선한 사상이라거나 웅대한 프로그램으로 강렬하게 인심에 호소하는 요소는 후퇴되고 있다. 나쁘게 말하자면, 후퇴 정도가 아니라 작은 알갱이처럼 자잘해지고 있다. 루스벨트·처칠·스탈린이라는, 이상한 위기 시대의 "거물" 타입에 견준다면 전후 수십 년간의 미국·영국·소련의 리더 유형은 제각각 문화의 상이함에 따른 특징을 보이면서도 자잘하게 왜소화되었으며, 좀 더 평범해짐과 동시에 사람들에게 부드러운 감촉을 주게 되었던바, 거대한 사상보다는 경제 및 기술에 관한 구체적 계획이나 숫자에 대해 이야기하는 것을 장기로 내세우는 유형으로 변모하고 있었고 그것은 대단히 두드러지는 현상이었다(그러나 전쟁 같은 이상 상황이 되면 사정은 달라진다). '꽃도 있고 과일도 있는 정치'라거나 '배려심 있는 정치' 같은 나니와부시浪花節[64]적인 자질이 변함없이 큰 목소리로 사/물에 대해 말하는 일본에서도, 보수당의 지도자가 경제성장의

64 나니와부시浪花節는 샤미센 반주에 맞춰 의리와 인정을 표현한 대중적 창가를 말한다.

퍼센트 숫자나 소득 2배 증진 계획 및 농업 근대화 계획 등을 가지고 대중에게 직접 호소하기 시작했다는 점은 여기 일본에서도 관리형[매니저형]으로의 동일한 이행이 점차 정치적 리더의 자질을 결정하고 있음을 가리킨다[1960년 7월 제1차 이케다 하야토 내각 발족, 12월 27일 내각 회의에서 '소득 2배 증가 계획' 결정].

복잡한 행정에 있어 과학적·기술적 지식이 불가결한 것이라는 과학 신앙, 숫자로 표현된 것은 정확하며 진실한 것이라는 숫자의 미신에 따라 실질적으로 리더에게 관련 자질들이나 능력이 필요해졌다는 점 이상으로, 리더는 스스로를 더 잘 팔리도록 하기 위해 그런 능력을 자랑스레 과시하게 된다. '자비심을 깊게 하는 것보다 자비심이 깊은 것처럼 보이는 게 필요하다'라고 마키아벨리는 말했지만,[65] 그런 이미지의 내용이 바야흐로 도덕형에서 관리형으로 변했던 것이다. 그렇다면 대체 어떤 쇼맨[showman]이어야 하는가. 자신이 관리의 전문가임을 보여주는 쇼맨. 국민소득, 공업 생산고에 대해 사무 당

65 "군주는 앞서 말한 성품들 전부를 갖추어야 할 필요는 없으나, 사실 그것들을 갖추고 있는 것처럼 보일 필요는 있다. 아니, 나는 감히 이렇게 말하겠다. 그 성품들을 갖추고 항상 그대로 준수한다면 해가 되며, 그것들을 갖추고 있는 것처럼 보인다면 득이 된다고 말이다."(니콜로 마키아벨리, 『군주론』, 225쪽)

국은 [소수점 이하를 버리고] 3%[라는 숫자를 제출했던 것에 대해], 정치가는 3.2%[라고, 소수점 이하까지 제시하도록 요구했다는 이야기도 있다].

셋째, 위에서 말했듯이 문화 및 일반적·역사적 조건에 따라 상대적으로 강조된 리더의 자질은 서로 다르며 이동하는 것일 뿐만 아니라, 좀 더 단기적으로 정치적인 장의 변동에 의해 지도자 타입의 변경이 요구될 수 있다는 점도 가까운 경험에 입각해 볼 때 분명하다. 가장 단적인 사례로서 굳센 의지나 결단력이 중요하다고 동일하게 말할지라도, 예컨대 전쟁 시 리더의 경우와 평상시의 경우, 호황기·경제발전기의 경우와 불황·공황기의 경우는 저절로 그 내용이 달라질 것이다. 따라서 요구되는 지도자의 개성/인격 역시 달라지지 않을 수 없다. 현대 데모크라시에서도 국민의 정치적 성숙을 측정하는 가장 중요한 표식 중 하나는 지도자의 선택과 관련된 그런 리얼리즘이라고 할 수 있다. 상황의 변화에 민감하게 대응하면서 지도자를 과감한 결단으로 변경할 수 있는 능력을 가진 집단, 지도자의 교체를 부드럽게 행할 수 있는 집단은 그 집단 속의 민주제가 현실적으로 작용하고 있음을 드러내 보이는 것만이 아닌바, 왜냐하면 그것은 그런 탄력성에 따라 환경에 대한 고도의 자동조절력을 구비하고 있다는 증거이기도 하기 때문이다.

곧잘 거론되는 사례는 제2차 대전 중의 영국과 대전 후의 영국이다. 미증유의 위기로부터 영국을 구한 영웅 처칠은 전쟁을 지도하는 데는 천재였지만 전후의 곤란한 경제적·사회적 문제를 처리하는 데는 너무도 낡은 인물이었다. 이를 간파한 영국민은, 지극히 건조하게 전쟁 말기의 총선거를 통해 처칠을 실각시키고 노동당의 [클레멘트] 애틀리에게 정권을 주었다.

그저 막연히 결단력이라거나 식견 같은 것을 말해도 그다지 의미가 없다. 식견과 결단력이라는 것이 특정 상황에서 특정 문제를 해결하는 데 적절한지 아닌지가 중요한 것이다.

지도자보다는 지도부brain trust

루스벨트와 홉킨스[66]

지도자의 인격이나 행동 양식의 상징화와 의제화擬制化(이미지[화]!)

카메라맨 앞에서 모두와 악수하는 것이 '대중성'의 표현. 아이들의 머리를 쓰다듬는 것.

66 해리 로이드 홉킨스(Harry Lloyd Hopkins, 1890~1946). 루스벨트의 최측근, 직속 참모, 핵심 대리자. 뉴딜 정책 지휘, 상무부 장관, 2차 대전 중 대통령 수석 외교 정책 고문. 연방긴급구호국, 토목공사국 등을 총괄.

가슴 언저리를 장식하는 훈장, 부상자라는 것 → 실제로 무슨 일을 했는지를 불문하고 용기와 조국애를 표현함.

처칠의 실격[실각]. 용기라거나 결단력 같은 것을 말할지라도 상황에 따라 다름.

리더십의 지위에 있다는 것이 그 자질을 강화하는 측면도 있음.

파데레프스키[Ignacy Jan Paderewski, 1860~1941. 피아니스트, 1919년 폴란드 공화국 초대 대통령].

비공식 집단의 리더십

벨트[허리띠/전달] 역[할] → 정체성停滯性과 억압성이 너무 심하면 역으로 반항의 기반이 되거나 혁명의 온상이 된다([예컨대] 익장翼壯[대일본익찬장년단. 1942년 결성]).

상부의 정치적 결정의 전달 기관

기존 경로로 빨아올린 풀뿌리 민초grass roots의 감정이나 요구를 위로 전달하는 기능, ('민의'를 아는) 졸병 대오卒伍[이하 '보통 사람들']의 자발성을 환기하는 장치, 관료화에 수반되는 파이프의 폐색을 타개하는 기능, 정보를 좀 더 완전하게 만듦.

비공식 집단informal group에서의 리더십 형성을 간과한 데 따른 실패.

전시라거나 평시같이, 리더가 직면한 상황과 함수관계를 맺고 있는 것은 집단 바깥쪽의 필드뿐만이 아니라 집단 안쪽의 상황에도 해당된다. 예컨대 강력한 지도성이라는 말이나 약체화된 리더십 같은 말이 종종 리더에 대한 비평으로 사용되지만, 그런 사정 역시 결코 선험적으로 단정될 수는 없다. 벤틀리A. Bentley가 *The Process of Government: A Study of Social Pressure*[통치의 과정: 사회적 압력에 대한 연구](1908)에서 "약체화된 지도, 그것은 일차적으로는 서로 상극하는 이득손실quarrelling interests의 산물이지 그 반대는 아니다"라고 말함으로써[제8장], 리더의 강함/약함과 집단 상황 사이의 함수관계를 지적했던 점은 선구적인 의미를 갖는다. 물론 벤틀리가 약한 리더를 일차적으로 집단 속에서의 이득손실의 긴장도가 증대됐을 때의 산물로 봤던 것은 종래의 자질론적 접근에 대한 반동으로서 오히려 역방향의 일면화라고도 할 수 있는바, 리더가 약체화되었기 때문에—즉 내부의 '이득손실'을 둘러싼 대립을 조정하고 통합하는 능력이 저급하기 때문에—점점 더 집단 속의 대립이 지속되며 격화된다고 하는 방향도 무시할 수 없는 것이다. 하지만 어찌됐든 지극히 강력하게 보였던 지도자가 점차로, 또는 급격히 약체화되었음을 폭로하게 될 때, 그것은 지도자의 속성으로서의 능력에 특별한 변화가 일어났기 때문이 아니라 단지 집단 안팎의 상황 변화가 종래 이상으로 통합적 에너지를 필요로 하게 됐기 때문이라는 사정이 잠복해 있을 뿐인 경우도 많다. 어느 쪽이 좀 더 규정적인 방향인지는 구체적 상황을 음미하지 않고서는 안이하게 결정될 수 없다.

A. W. Gouldner ed., *Studies in Leadership*[리더십 연구: 리더십과 민주주의적 행동][1950]에서는 리더십의 기능화·역할화에 대한 고찰을 철저하게 추진하면서, 리더와 수행자의 구별 자체마저도 불필요한 것으로 간주한다. "지도라는 것은 어떤 시점에서, 그리고 어떤 집단에서 개인이 맡아 행하는 역할이다. 지도자는 전체적 인격이 아니다. … 분명히 동일한 개인이 동시에 추종자follower이며 지도자이기도 하고, 또 어떤 때는 지도자이지만 다른 때는 추종자일 수도 있는 것이다."(앞의 책, p.20)

집단 속 이득손실의 대립만이 아니라 예컨대 집단의 목표에 따라서도 지도의 강약에 대한 규준은 달라진다. 혁명이나 강력한 외적外敵의 타도 같은 목표가 설정될 경우에는 노멀한 상황에서라면 별달리 "약하게" 보이지 않을 리더도 약하게 보이며, 거꾸로 목표의 강렬도intensity가 그다지 높지 않다면 강력한 리더는 필요하지 않게 되는바, 극히 평범한 차원의 지도에 대해서도 특별히 "약하다"라는 이미지가 부여되지 않는다. 그런 뜻에서 리더십에 대한 가치판단을 상황과 분리하여 리더의 소질이나 인격에까지 환원시키는 사고법이 반드시 리얼한 인식이라고 할 수는 없다. 리더와 일반적인 보통 사람들의 인격적 자질에 현저한 상이하다는 점이 인정될지라도, 그런 리더의 자질이란 다름 아닌 리더의 지위에 있기 때문에 숙달되고 강화된 것일 때가 종종 있다.

넷째, 리더의 자질은 반드시 리더의 선천적인 인격적 소질에 귀속되지 않는다. 리더의 지위에 있다는 것, 또는 리더가 될 수 있는 훈련 기회의 혜택을 받는 환경에서 자랐다는 것이 거꾸로 그런 자질을 키운다.

영국의 귀족, 전통적인 통치 계급governing class. 리더가 될 수 있는 훈련 기회의 혜택을 받음 → 갈수록 통치 능력이 연마됨.

민주적 정치과정이 갖는 큰 의미 중 하나는 단지 만인에게 리더의 길이 열려 있다는 것만이 아니라 '토의discussion'에 따른 결정 과정 그 자체가 리더로의 교육과정이 된다는 것, 이를테면 리더가 자연스레 양성되어 간다는 것이다. 민주적 정치과정을 확대하지 않고 위대한 지도자의 결여를 한탄하는 것은 결국 기적에 의한 영웅대망론이 되고 만다.

번정藩政 개혁. 에도 막부 말기, 하급 무사의 헤게모니, "처사횡의處士橫議"[67] → 메이지의 지도자

소라이,[68] 인재를 배출하는 세상, 그렇지 못한 세상, 재야에 유현遺賢[초야에 남은 현인]이 있음[오규 소라이, 『태평서』].

그런 맥락에서, 집단이나 조직을 실체화하는 사고는 리더로의 접근 방식을 도덕적인moralistic 것으로 만들기 쉽다. 본래 마르크스주의의 조직론과 지도론이란 도덕주의moralism와는 가장 멀리 떨어진 것일 터임에도 소련에서 스탈린 비판의 양식은 스탈린의 성격에 대한 탄핵으

67 이는 '처사(초야의 인재들)' 혹은 재야의 지사들이 국가적 사안을 놓고 서로 간에 토론/협의하는 일('횡의')을 말한다.

68 오규 소라이(荻生徂徠, 1666~1728). 에도 중기의 유학자, 정론가, 문헌학자.

로 끝났던바, 그 발생의 조직론적인 활력 운동을 분석의 대상이어야 할 개인숭배로 [분석 없이] 환원시키려고 했던 것, 모든 것의 원인을 그런 개인숭배로 귀착시키려고 했던 것은 소련의 공인 마르크스주의가 지닌 사고양식 속에 레닌이 풍부하게 보여줬던 기능적 파악이라는 것이 현저하게 결락되어 있었던 결과이다.

집단이나 조직의 실체화는 지도를 둘러싼 관계를 정점의 지도자(또는 지도하는 당의 간부)와 보통 사람들로 된 대중이라는 평평한 이분법으로 환원함으로써, 정점과 저변 사이의 벨트로서 조직의 실질적 활동에 결정적인 의미를 갖는 무수한 서브리더subleader[하위 지도자]의 문제를 간과해 버리기 쉽다. 실제로 리더십을 리더와 수행자 사이의 기능 관계라고 보는 관점에서 볼 때, 리더의 문제란 구체적 인간에 입각해 말하자면 서브-리더십sub-leadership의 문제라고 해도 좋겠다.

그런 지점과 밀접한 관계를 맺고 있는 것은 이른바 공식적인 조직 내부에서 필연적으로 형성되는 비공식 집단의 문제이다. 경영에서 대인관계의 등장과 함께 이 비공식 집단informal group의 역할 문제는 각광을 받아 왔다. 거대한 조직은 물론이고 그것만큼 명확한 기관이나 법칙을 갖지 못한 집단에서도 끊임없이 그 내부에는 파벌/패거리clique나 분파, 서클, 동창생 같은 다양한 형태의 비공식적인informal 집단화와 비공식적인 리더(보스)가 발생된다. 집단화 혹은 조직화의 과정은 그러한 조직 속 집단의 형성 과정이기도 하며, 그런 사정을 간과하는 것은 조직과 리더 간의 활력적 상호운동을 이해하는 관점에서 말하자면 종종 치명적인 실수가 된다.

조직 안에서 비공식 집단이 맡는 역할은 양가적인바, 바로 그 지점에 정치학적 문제가 있다. 우선 그것은 조직 효율의 관점에서 언제나 마이너스가 되지는 않는다. 특히 조직이 거대하고 그 속에서의 역할role 분화가 제도화되어 있는 정도만큼 비공식 집단은 조직의 순환을 원활하게 만드는 기능을 하게 된다. 비공식 집단은 정점에서의 결정을 구성원에게 효과적으로 전달하는 파이프이며, 기존의 법적 절차로는 빨아올릴 수 없는 저변의 감정이나 요구를 위쪽으로 전달한다. 따라서 그것은 관료화의 진전에 따른 조직의 경화硬化와 파이프의 폐색을 방지하고 보통 사람들의 자발성을 환기하는 장치가 될 수 있다. 사실, 저변을 이루는 보통 사람들의 조직의 동일화는 먼 거리에 있는 정점을 향한 직접적 충성보다는 서클이나 파벌 등의 비공식 집단informal group을 매개로 하여 비공식적 리더informal leader를 향한 충성을 통해 간접적으로 조달되는 경우가 적지 않다. 정점의 지도자가 집단 내부의 행동과 관련하여 가능한 한도 안에서 풍부한 정보를 확보하는 것은 리더의 자기 유지에 결여되어서는 안 되는 요건인데, 그런 '민의'를 아는 데서 비공식 집단의 존재는 오히려 편리할 때가 많다. 그러나 동시에 비공식 집단은 강력한 리더십의 확립에 저해 요인이 되기도 하며 나아가 대항적 리더십이 발효되는 토양이 될 수도 있다. 역사는 본래 조직이나 체제의 하위 시스템subsystem으로서의 기능을 맡아 왔던 비공식 집단이 상황의 변화에 따라 보통사람들의 반역에 보루가 되거나 "혁명"의 온상이 됐던 숱한 사례를 보여준다. 이런 지점에 뿌리박고 있는 것이 당내 파벌에 대한 정당 지도자의 본능적 경계심이며, 조합 등 대중조직 내의 서클에 대한 조직 지도자의 경계심 같은 것이다.

대정익찬회—익찬장년단('아카[빨갱이]'!). 그 단체 자체는 비공식적이지는 않았지만 그 속에 비공식 집단이 있었다. [전쟁 중 대정익찬회가 만들어졌을 때 그 하부에 있었던 것이 익찬장년단이었는데, 그 속에서 비공식 집단이 형성된 문제는 흥미롭다. 익찬장년단에는 적극적 활동가들이 많았던바, 이를 계기로 당국은 빨갱이가 익찬장년단에 들어가 있다는 구실을 만들어 탄압했다.]

모든 리더십은 조직의 목표에 관한 수행자와 지도자

사이의 합의consensus 위에 성립한다(동일한 방향으로의 지향). 조직 효율을 저해하는 편향 행동에 대해 제재 조치가 취해지는 것도 그런 합의가 있기 때문이며, 이를 결여한 정도에 상응하여 리더십 관계는 순연한 지배관계로 이행한다. 극한 상황은 별도로 치더라도, 모든 집단에는 지배관계와 지도관계가 함께 존재한다. 이 경우에도 이념형으로서 그 둘은 서로 대비되고 있는 것이다. 지도라는 것이 수행과 상관관계에 있듯, 지배라는 것은 복종 없이 존재할 수 없다. 그렇지만 지배는 복종자의 저항을 배제하고 그 복종자의 의도 및 기대에 부응하는 행동을 조달하는 것에서 성립하는 것인바, 그 원형으로서 이득손실, 기대, 요구의 배반성이 전제되어 있다(전형典型, 주인과 노예).

리더십은 거꾸로 수행자와의 이미지 공유를 전제하고 있다. 그런 뜻에서 모든 리더십은 지도자와 수행자의 공통 소속감 위에 성립한다고 할 수 있을 것이다(모범, 교사와 생도, 목적의 이미지가 동일하다).

그런 사정은 조직의 결정 과정이 민주적이든 권위적이든 상관없다. 따라서 모든 리더는 되도록이면 공통 소속감과 조직의 공적인 이미지public image를 배양하고자 한다. 지도자의 역설은 지도자와 수행자가 서로 동일해야만 하는 동시에 서로 다르지 않으면 안 된다는 점(리더와 추종자 사이의 분화의 필연성)에 있다. 이 모순은 권위적 리더의 상징 처리/운용에서 가장 선명하게 드러난다. 그 리더는 한편으로 리더의 위신威信을 (뒤에 서술할) 카리스마의 실증 및 복장·의례 등을 통해 과시하지 않으면 안 되는 동시에(위신, 거리[두기], 존숭의 가치deference value), 다른 한편으로 그를 따르는 수행자와의 동질성을 상징화하지 않으면 안 된다. 대중 앞에 나타나서 누구랄 것도 없이 악수를 하고 애교를 부리며 아이들을 안아 올리는 등등, 친애성親愛性 역시 의제화擬制化된다!

상대적으로 말하자면, 권위적 리더십은 자기일체성identity의 가치에, 민주적 리더십은 위신의 가치deference value에 강세를 찍지 않으면 안 되는바, 본래 리더십에는 그 두 계기가 결여될 수 없다.

리더십의 일반적 과제와 기능

이미 강의 이곳저곳에서 단편적으로 다뤘는데, 이제 여기서는 다음과 같이 항목별로 제시해 보기로 하자.

i. 상황의 정의定義를 부여하는 것, 상황을 재정의하는 것.

완전히 제도화된 행동양식만 있는 데서는 리더십이 성립될 수 없다. 따라서 상황화가 리더십 발생의 전제이며, 조직 안팎의 상황에 대해 끊임없이 새롭게 정의하는 일이 과제가 된다. 지금은 어떤 때인가, 조직은 어떤 필드에 직면해 있는가, 어떤 문제를 우선적으로 해결하지 않으면 안 되는가 등등. 이를 통해 '세상'에 대해 수행자가 갖는 이미지를 명확히 한다.

> '일본은 어떤 세계 속에 놓여 있는가.' '서력西力의 동점東漸, 인도를 보라, 버마[미얀마]를 보라, 실론[스리랑카]을 보라, 이윽고 중국.'

그런 맥락에서, 리더십이 결여되어 있을 때 개개인은 제멋대로 정의definition를 내리게 되며, 그럴 때 무엇이 조직 효율을 올리는 행동이고 무엇이 편향 행동인지 결정할 수 없게 된다.

ii. 조직의 목표와 전술 제시. 멀고 가까움의 구별. 문제 해결의 우선순위. 장기적 목표long-view goal와 당면 목표의 구별. 한 걸음 후퇴, 두 걸음 전진. 리얼리즘.

> '부국강병', 부국이 먼저인가, 강병이 먼저인가. '제국주의 타도.' [예컨대 메이지 초기의 일본과 그것을 둘러싼 세계, 즉 버마·대만은 어떻게 되고 있는가라는 상황의 정의 및 목표의 설정은 부국강병 결정과 밀접한 상관관계에 있다. 부국강병에 우선순위가 부여됐

음을 보라.]

목표에 관한 합의consensus가 없는 곳에는 조직이 존재하지 않는다. 그런 사정을 자각하고 있다는 점에서 조직은 한편으로 군중과 구별되며 다른 한편으로 완전히 제도화된 사회와 구별된다. 무엇을 위한 조직인가라는 목표의식이 희박해지면 수단이어야 할 조직은 물신화되며 구성원의 행동양식은 타성에 젖게 되고 창의와 자발성은 저하된다. 효율과 대인관계에 대한 관심이 목표에 대한 관심으로 대체되는 일은 모든 조직의 위험 신호이다.

iii. 내부 결정 과정의 제도화

다양한 작동을 일원화하기 위해 조직 안팎에 정책-결정 과정Policy-making process(이를테면 입법·사법·행정에 해당한다)를 제도화하지 않으면 안 된다. 임시적·비일상적 리더십은 그런 제도화를 통해 일상화되며, 그렇게 조직의 지속성이 확보된다.

iv. Leadership selection(sub-leader도 포함. 인재 등용.)

v. 위의 i, ii, iii, iv에 따라 구성원의 행동을 편성시켜가는 일. 통합 과정integration process. 그것은 상징 처리/

운용을 통해 행해진다.

행동의 통제 효과에 대한 기대 속에서 사용되는 상징을 조직상징이라고 하며, 이와 달리 사실관계를 표현하는 데 머무는 상징을 인식상징이라고 한다. 그 둘을 혼동해서는 안 된다. 마르크스주의와 같은 것은 그 두 측면 모두를 고도로 갖춰 놓고 있기 때문에 서로가 뒤섞이기 쉽다. 조직상징은 통합 효과에 따라 측정되기 때문에 정동情動을 환기한다는 의미를 지니며 가치의 이미지로 충만해 있다('증오해야 할', '무참한', '부끄러워해야 할', '아름다운', '부당한', '정당한' 등등). "시민주의"라는 말의 혼란.

전부가 조직상징의 차원으로 환원되는 경향, 이것이 다름 아닌 말에 의해 정치화되는 것 같다. '민주주의적'이라는 말. 사회과학 용어의 곤란함.

본래 조직은 인간 행동의 조직화이지 인간의 조직화가 아니다. 인간은 다양한 의도intention와 이미지를 통해 조직에 참가한다.

순수한 조직을 향한 멸사봉공적인 참여 같은 것은 없다. 조직의 목표에 찬동할지라도 조직 내의 지위/입지status에 대한 관심, 조직을 통한 이익(명예·위신·권력·부, 기타 가치들)의 배분에 대한 관심이 동시적으로 작용하고 있는 것이다. 리더의 중요한 과제는 그런 복수의 관심을 조직의 목표와 조직 효율의 관점에서 어떻게 처리해 갈 것인지에 있다. 통합 수단은 그런 관점에서 선택된다. 구성원에 대한 이익 공여(배분)와 편향적deviant인 행동에 대한 제재(당근과 채찍)는 가장 원시적인, 그런 만큼 가장 보편적인 통제 수단이다.

통합을 위한 조직상징은 고도로 체계화된 이데올로기로부터 신화나 단편적 슬로건에 이르기까지 다종다양하며, 조직의 성질 및 조직이 직면해 있는 상황에 따라 각기 다르다. 위의 i, ii, iii은 그 자체로 통합 수단으로서 의미를 갖는다. 예컨대 집단이 외부로부터의 위험에 노출되는 것은 리더가 대두하는 객관적 조건이지만, 또한 리더는 구성원 통합의 수단으로서 그런 이미지를 만들어 낸다.

그렇게 집단이 외적인 위험에 직면해 있다는 이미지를 만들어 내는 일은 리더가 갖는 소극적 통합 수단으로서 가장 중요한 것이다. 친구/적의 구별은 그 어떤 경우에도, (상황의 정의에 들어가는[상황에 정의를 내리는]) 리더의 불가결한 과제 중 하나이지만, 그럴 경우 "적"이란 단지 경험적으로 존재하는 것이 아니라 리더[의 결정]에 의해 존재하게 되는 것이다. '제군, 발포하라. 그리하면 국민은 단결할 것이다'라는 말은 예로부터 정치적 지도자의 격률maxim이었다. 집단 내부의 이득손실 및 의견의 분열 혹은 구성원들의 자발성·능동성의 저하에 대처하기 위해 특히 선동적인 리더가 즐겨 사용하는 수단은 다름 아닌 적의 발명이다('혹시 유대인이 존재하지 않는가, 그렇다면 그것을 만들어 내야만 한다').

적의 발명이란 리더를 향한 그룹의 증오·불만의 역류를 전환시키기 위해 속죄양scapegoats을 만들어 내는 일이기도 하다. 이는 그룹의 안팎 어디서든 행해져도 좋다. 우리 안의 적(혹은 scapegoats)이 우리 바깥의 적과 서로 내통·공모하고 있다는 이미지는 멤버의 안정감을 요동치게 하는 데 가장 적절한 것이다('제5열'의 발상, 간접 침략의 이미지.[69] 1차 대전 이후의 '등에 칼 꽂기' 전설stab in the back legend 혹은 비수匕首 전설Dolchstosslegende을 모조리 이용했던 히틀러나 루덴도르프 등의 국방군 간부.[70] 스탈린 치하의 '트로

69 '제5열'은 동지로 구성된 집단 내부에서 암약하는 (이중) 스파이, 밀정 혹은 그들에 의한 사보타주 유도, 역정보 유포 등의 활동을 말한다. 스페인 내전 당시인 1936년 반정부군 장군 에밀리오 비달이 라디오 방송에서 자신들의 4개 군단이 마드리드로 진군할 것이며 동시에 마드리드 내부에서 '제5의 군단(제5열quinta columna)'이 호응할 것이라고 말한 데서 유래한다. 이와 유사하게, '내통' 및 '간접 침략'의 위험을 제거하기 위해 태평양전쟁 시기인 1942년 미국 정부에 의한 일본계 재류인 강제 격리 수용이 있었고, 소련 내에서는 독일인 80만 명의 시베리아 강제 이주가 있었다.

70 배반자가 등에 비수를 꽂았다는 마력적 선동. 이는 1차 대전에서 독일 제국이 패전한 것은 제국의 잘못이 아니라 제국 내부의 배반 세

츠키주의자'—현실적 위험과 상상된 위험을 변별하는 것은 위기적 분위기일수록 더 곤란해진다. 그런 변별이 더욱 필요하게 됨에도 더더욱 곤란해지는 것이다).

동조同調 행동.
higher roles[상위적 역할]에 대한 conformance[합치]

구성원이 지닌 본래적 관심과 조직의 필요 사이의 타협. consent[합의]

공포
적(국내의 적)을 거대화하는 것(왜소한 적에 맞서서는 싸울 힘이 나오지 않음). 동시에 그런 적을 전능화하거나 과도하게 거대화하지 않는 것.
강대한 적과 필승의 신념.

전쟁 중의 일본. '친영미파親英美派 자유주의자'=제5열.

매카시즘 아래의 미국. 국내의 공산주의자 → 그들과 적극적으로 싸우지 않는 자들. 반동적 리더십은 적극적

력, 예컨대 독일사회민주당SPD이 이끄는 사회주의자, 공산주의자, 유대인, 불순분자 등이 적과 내통했기 때문이라는 유언비어로, 패전을 면책하기 위해 유포되었다. 1919년 발행된 엽서 그림에는 비수를 쥔 유대인이 독일 경계병의 등을 찌르고 있고, 1920년 총선거 시기 우파 독일국수인민당DNVP의 선전 포스터에는 폴란드에 맞서는 독일기사단[독일인 성모 마리아 기사수도회] 한 명을 앞뒤에서 빨간색 옷과 모자를 걸친 두 명의 사회주의자가 제지하고 있으며, 1924년의 한 풍자화에는 바이마르 공화국 선언을 행한 독일사회민주당의 샤이데만과 굴욕적 휴전 협정을 체결한 중앙당의 에르츠베르거가 참호에서 적을 경계하고 있는 독일 병사의 등을 찌르고 있다.

목표보다도 부정적인 공포와 증오를 [인민 통합을 위한] 시멘트 조제약으로 삼는다.

음모설의 한계, 음모는 만능이 아니다. 소수 사람들이 꾸민 음모가 역사를 움직였던 사례는 없다.

유대인, 공산주의자, 크렘린, 베이징, 미국 제국주의자, 펜타곤.

음모설은 주관적 목적의식의 관점에서 사/물을 이해한다. 상호작용의 무시, 피해망상.

조직의 결정 과정과 지도의 관계——민주적 지도와 권위적 지도 (유형화)

조직의 효율은 다원적 작동을 일원적 작동으로 전환하는 데 있다. 군중의 무정부적 민주주의와 조직은 서로를 용인할 수 없다.

조직에서의 운용 및 결정 과정에 착목하여 민주적 지도와 권위적 지도를 나눠 볼 수 있다. 그런 과정은 동시에 역할(권한)에 대한 기대 관계 및 정보(통신) 전달의 과정(관계)으로 드러나기 때문에, 후자의 측면에서 두 가지 유형이 갖는 차이의 특징을 제시하면 다음과 같이 된다.

민주적 리더십에서도, 권위적 리더십에서도 조직 내부의 권한(역할) 분화가 있고, 그런 뜻에서 역할의 위계 hierarchy of roles란 조직이 목적합리적으로 되려고 하면 할수록, 또 조직이 일대일로 마주하는face to face 소집단에서 더 거대화하면 할수록 피할 수 없는 것이다("관료적"). 그 점에서 두 리더십은 서로 다르지 않다. 데모크라시를 지도자 없음Führerlosigkeit과 동일시하는 소박한 관점은 오히려 복잡하게 전변하는 상황에 응하여 조직이 민첩하게 적응하는 것을 곤란하게 만들고, 조직을 실질적으로 군중화함으로써 비합리적인 투기적 지도에 조직의 운명을 내맡기고 마는 결과를 낳기 쉽다. 파시즘의 지도자 원리는 그런 소박한 데모크라시주의의 맹점을 찌르면서 출현했다고 할 수 있으며, 그 심각한 경험을 거침으로써 오늘날의 데모크라시에서 리더십 문제가 가장 중요한 과제로서 의식되기에 이르렀다.

(명목적으로 리더가 있어도 그 리더가 본래 리더십의 역할을 수행하지 않는 쪽이 더 이상적인 것으로 여겨지는 경우, 예컨대 멤버들이 조직에 대해 품고 있는 이미지를 지도자가 단지 '반영'하거나 그들의 요구·의견의 중개자 또는 '대리인'(대표와 구별되는 뜻에서)으로서만 행동해야 한다고 상정되는 경우도 역시 민주적 과정을 리더 없는 결정 과정으로 여기는 사고방식과 동일한 카테고리

에 들어간다.)

권위적 리더십은 상급·하급으로의 역할 분화가 있다는 점에서 민주적 리더십과 구별되는 게 아니다. 구별의 제1규준은 리더의 권위가 수행자 측의 역할의 신탁trust에 기초해 있는가의 여부, 따라서 수행자에 의한 믿음의 철회 즉 지도자의 변경이 제도화되어 있는가의 여부이다.

믿음trust에 기초해 있는 리더십에서 리더와 수행자 사이 책임의 일방통행이란 없다. 권위적 리더십에서는—지도자 국가의 모토로서—'권위는 위에서 아래로, 책임은 아래에서 위로'라는 방식을 취한다. 이에 비해 민주적 리더십에서 리더는 하급의 역할과 관련하여 리더 자신의 역할에 책임을 지지 않으면 안 된다. 그런 책임의 태만 및 실패에 따라 믿음은 철회된다.

설령 리더가 민주적 절차로 선출될지라도, 인민투표적 지도자의 경우가 곧잘 그러하듯, 그것이 단지 기성 사실로서의 지도자의 입지를 추인하는 의미만을 가질 경우, 또는 단 한 번으로 영구적인 once and for all로서[단 한 번으로 모든 것이 확정되는] 역할 관계의 수립이 이른바 민주적 선거를 통해 행해질 경우에도 그것을 민주적 리더십이라고 할 수 없다(신탁trust과 이양transference, 신탁인가 이양인가).

이는 리더의 권위와 역할role의 원천에 관한 구별이

지만, 현대에는 일단 역할의 원천이라는 것이 출생이나 신분 혹은 신의 자손이나 하늘의 사자使者 같은 리더 고유의 특권에 있다는 사고방식은 보편성을 잃는바, 그런 원천 문제는 이전만큼의 중요성을 갖지 못하며, 오히려 실질적인 기능의 수행 과정에서의 민주성에 무게중심이 놓이게 된다.

민주적 리더십 아래에서 조직의 순환 과정(결정 과정)은 다음과 같이 된다. 우선 거기서 지도자(더 높은 역할)의 결정이라는 것은 반드시 가설적·잠정적 성격을 띤다. 하급의 역할은 가설적인 지령(메시지)을 수취하고 그것에 반응한다. 그 반응은 하급의 역할에 피드백된다. 이에 응하여 앞의 가설적 결정은 수정되며 다시 아래로 흘러간다. 이러한 피드백 기능이란, 실질적으로는 모든 역할 사이의 토의와 의견(정보)이 아래로부터 전달되는 과정의 제도화를 통해 수행된다. 그럴 경우에도, 예컨대 인민투표적 독재자가 종종 행하는 토의 형태를 띤 만장일치 방식은 그러한 피드백 기능을 하지 못한다.

나치의 어용학자는 지도자와 대중의 일치 또는 지도자에 대한 신뢰는 투표에 의해 머릿수를 세는 기계적 방법보다도 갈채acclamation 속에서 훨씬 더 생생하게 표현된다고 서술했다.[71] 다수결이 실질적인 운용에 따라 위와 같은 피드백 기능을 담당할 수 있는지 아니면 '기계적' 방법에 머무는지는 지켜볼 필요가 있는 것이 사실이며, 그런 한에서 다수결의 방법을 취한 결정이기 때문에 그 자체로 민주적인 결정이라고 즉각 말할 수는 없는 것이다. 그러나 갈채에 의한 전원 일치는 다수결보다도 훨씬 더 리더십의 민주적 분장扮裝[꾸밈]의 성격이 강하다. 즉, 그런 갈채 속에서도 실질적으로는 기계적인 결정을 사후에 추인하는 의미를 가질 뿐인 때가 많다. 단, 가설적 결정 → 전달 → 하급 역할의 자유로운 반응 → 이에 기초한 결정의 수정이라는 프로세스가 조직 안에서 살아 있는 때에는, 특히 조직의 목표에 관한 공공적 이미지가 존재하고 있을 때에는, 예컨대 구체적 정책이나 법안이 최고 기관에서 최종적으로 결정될 때까지는 피드백 기능은 충분히 이뤄지며, 그렇게 구성원의 합의가 성립되어 있으므로 만장일치 역시 충분히 있을 수 있는 일이다. 때문에, 최고 수준top level에서의 만장일치라는 이유만으로 그것을 즉각 인민투표적 독재의 권위적인 지도와 동일시하는 것은 성급한 생각이라고 하겠다.

71 "갈채Akklamation"는 1920년대 중후반 가톨릭 (정치)신학자로서 에릭 페터존과 정치(신)학자로서 칼 슈미트 사이의 접점을 이루는 키워드이다(『국민투표와 국민발의: 바이마르 헌법의 해석과 직접민주주의 학설을 위한 기여』, 1927).

(사례) 중국의 대중 노선(『모순론』). 소수 의견의 취급 방식 및 정보 전달 시스템을 조직의 모든 차원에서 구체적으로 점검하지 않으면 안 된다는 것(특히 쟁점이 있는지, 쟁점이 빠짐없이 토의되고 있는지 여부가 중시된다).

권위적 리더십에서 권위적 결정은 진리나 정의를 '체현'하고 있다는 겉모양을 취하므로 가설적인hypothetical 성격은 덜 갖게 되는바, 진리에 대한 말대답은 무의미하게 되며 하급의 역할에 대한 메시지는 '절대적'인 것이 된다. 아래로부터의 정보의 상승은 일상적으로 제도화되어 있는 것이 아니라 임시적으로, 위로부터의 요청에 기초하여 행해질 뿐이다. 그렇게 결정에 대한 피드백이 약화되는 지점에서 리더는 독단적인 쪽으로 기울어지기 쉽다. 열린 토의open discussion를 배제하고 이른바 조직에 대한 편향적 활동의 발생을 두려워하여 언론 통제를 시도하면, 그 결과로 리더의 정보원情報源은 제한되며, 이로써 리더에게는 자신이 듣고 싶어 하는 정보만 들어오게 됨으로써 리더의 리얼리즘은 망실되고 만다. 이는 예로부터 모든 폭군이나 독재자의 비극을 이루는 것이었다. 상급의 역할 주변에는 예스맨들만 모인다. 이리하여 조직의 목표, 필드의 인식, 구성원의 요구·기대 등과 관련하여 갖게 되는 지도자의 이미지와 대중(하급의 역할)의 이미지 사이에 괴리가 심해진다. 실제로는 조직에 대한(또는 그 조직의 목표에 대한) 추종자들followers의 충성이 소멸되고 있음에도 지도자는 그런 사정을 알아차리지 못한다. 더 나쁜 것은 그런 이미지의 괴리에 따라 거꾸로 조직 내부에 시기·의심·불신이 만연해지면서 지도자가 곳곳에서 배반이나 반역을 탐지하게 된다는 점이다(이는 자신에게 딱 알맞은 정보만 들었던 사정의 반면이다). 그렇게 되면 조직은 실질적으로 해체되고 있는 것이다.

민주적 결정 과정은 단지 추종자들의 이득손실과 관련해서만 의미를 갖는 게 아니라, 지도적 역할과 관련해서도 조직의 피드백 기능을 원활하게 하고 상황 판단의 리얼리즘을 확보할 수 있게 한다는 의미를 갖는다.

간관諫官[간언하는 관리]이나 고이켄방御意見番[상급자에게 거리낌 없이 간언하는 자] 같은 제도는 전통사회의 권위적 지도자가 경험에 기초하여 고안한 조직의 피드백 장치이다. 윗사람殿様의 귀에 거슬리는 것을 말하지 않으면 고이켄방은 자신의 역할을 완수하지 못한다.

물론 다른 한편의 민주적 리더 역시 리더십이 기능장애에 빠질 위험을 면하고 있는 것은 아니다. 하급 역할의 피드백에 따른 상급 역할의 통제가 너무 다양해지고 다방면에 걸치게 되면서 조직의 일원적인 작동(통일의사統一意思의 결정)이 불가능해지는바, 리더십 그 자체가 기능하지 못하게 되기 때문이다. 이는 조직과의 동일화 및 목표에 대한 공공적 이미지가 사라졌을 때 일어나기 쉽다. 백가쟁명百家爭鳴이 하모니(다양한 음색의 협조)가 되느냐 제멋대로의 소리를 따로 내는 완전한 소음이 되느냐의 차이다. 그런 기능 장애의 상황하에서 파벌 같은 비공식 집단이 실제로는 조직 내의 독립 조직이 되면서 통일적 조직은 실질적으로 해체된다. 그러나 피드백의 과잉이라는 것은, 실은 조직 내의 여러 조건들의 결과이지 원인이 아니다. 피드백의 과잉이라는 현상은 "민주화"가 과도하기 때문이 아니라 이득손실과 이미지의 분열이 하급 역할의 반응이나 정보의 상향 전달을 가능케 하는 채널을 혼란시켰기 때문에 일어나는 것이다. 권위적 리더십 아래서도 파벌은 발생하는바, 거기서는 오히려 비공식 집단 간의 투쟁이 숨겨지면서 음성적으로 되거나 추악해지는 경향이 있다.

나아가 민주적 리더십의 타락 형태로서 거론할 수 있는 것은 리더의 독자적 기능을 토의나 다수결의 과정 속에서 의식적으로 해소해 버리면서 리더의 책임을 애매하게 만들거나 회피하게 만드는 경향이다. '만사를 서로 이야기하여' 결정한다고 하는 것이 리더의 책임 해제의 구실이 되는 것이다.

리더의 구체적이고 실질적인 가치판단 전부는 문화

나 구성원의 도덕 수준 등 복잡한 요인을 고려하지 않으면 안 되는 것이므로, 결정 과정에서 민주적이냐 권위적이냐의 규준만으로 우열을 정할 수는 없다. 단, 그런 규준의 차원에 입각해 말하자면, 상대적으로 민주적 리더십 쪽이 조직에 있어 더 "건강"한 것이며 발전성을 갖는 것이다.

조직의 정책 결정 과정과 리더십이 맺는 관계 문제로서, 특히 민주적 리더십이 직면한 현대적 문제로서 언급해 놓을 필요가 있는 것은 조직 안에서 이른바 활동적 소수자active minority가 형성되는 경향이다. 1911년 미헬스Robert Michels는 주로 유럽 사회주의 정당을 대상으로 삼은 연구 *Zur Soziologie des Parteiwesens in der modernen Demokratie[: Untersuchungen über die oligarchischen Tendenzen des Gruppenlebens*[현대 데모크라시 속 정당 제도의 사회학을 위하여: 집단활동의 과두지배적 경향에 관한 연구]]에서 근대적 조직의 비대화 및 조직 내 분업의 발전과 함께 과두지배Oligarchie의 경향이 불가피하게 발생한다는 점, 게다가 역설적으로 전투적 민주주의 정당일수록 과두지배의 경향이 더 강화된다는 점을 실증했고, 이를 "Das eherne Gesetz der Oligarchie"[과두지배의 철칙][72]라는 음울한 공식으로 표현했던바, 이는 조직 안에서 형성되는 활동적 소수자의 문제에 대한 선구적 접근이라고 할 수 있다. 이후 미헬스의 이름은 그 '철칙'이라는 것과 분리될 수 없는 연관에 따라 정치학 및 사회학의 영역에서 거듭 기억되게 된다. 이는 리프먼이 자신의 저작 『여론』을 통해 이미지 형성 과정에서 스테레오타입이 갖는 거대한 역할을 지적했던 것과 나란히, 인민이 행하는 자기결정의 능력과 범위의 직선적 확대라는 전망에 찬물을 끼얹은 획기적 업적이었다.

72 "과두정의 철칙."(로베르트 미헬스, 『정당론』, 김학이 옮김, 한길사, 2015, 488쪽). 그 철칙과 관련한 한 대목을 인용해 놓는다: "특히 이탈리아에서 영향력이 큰 이 노선은, 모든 인간 사회에는 본질적으로 '정치 계급', 즉 정치적으로 지배하는 소수 계급이 불가피하다고 주장한다. 민주주의의 신神을 부인하는 그들은 민주주의를 하나의 아동용 우화로 규정하고 국가, 시민, 인민 대표, 민족 등과 같이 대중의 지배를 함축하는 모든 언어 표현들이 다만 법적인 원칙만을 의미할 뿐 결코 어떤 진실을 말하는 것이 아니라고 여긴다."(같은 쪽) 미헬스(1876~1936)는 독일 출신 이탈리아 사회학자, 사민주의자이다. 20대 중후반 이탈리아와 독일의 사회민주당에 각각 입당, 1907년 이탈리아의 토리노 대학 정치경제학 교수, 1914년 이탈리아 국적 취득. 1923년에 이탈리아 파시스트당에 입당한 이후 무솔리니에 의해 1928년 페루자 대학의 경제사 정교수로 임명되었다.

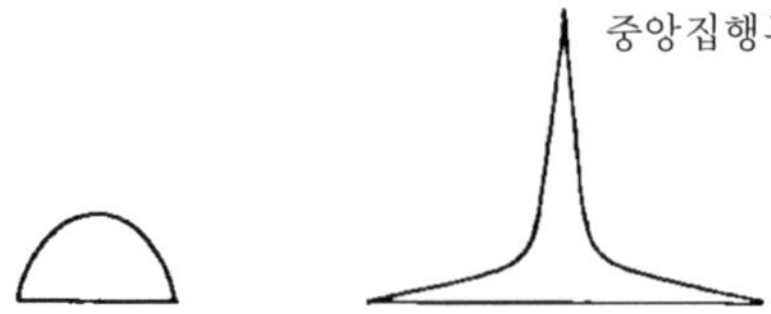

리더십의 정당화 원천을 통해 본 리더십의 유형들 —전통적·합법적·카리스마적

리더십의 정통성legitimacy—즉, 수행자가 리더의 역할 수행에 협력하고 리더의 지위를 승인하는(명시적 승인뿐만 아니라 묵시적 승인까지 포함) 근거—에 착목하여 분류를 시도한 베버의 저명한 용어를 따르자면 전통적 리더십, 합법적 리더십, 카리스마적 리더십을 구별할 수 있다(베버는 '지배의 정당성'이라는 말을 사용한다. 정치구조 속 통치government의 정통성 문제는, 일단 리더의 정통성 문제와는 별개로 다뤄져야 할 것이다. 위의 세 가지 유형으로는 통치의 정통성 문제를 온전하게 다룰 수 없기 때문이다).

앞에서 말한, 집단의 행동양식이 완전히 정형화된 전통사회를 상정한다면 리더십 문제는 등장하지 않는다. 전통적 리더십이란 리더와 추종자들 사이의 합의가 집단의 '전통'에 대한 공통의 승인에 기초해 전통이 구체화되는 상태에서의 역할 분화로부터 리더십이 발생할 때를 가리킨다. 이를 리더십 발생의 단서 지점이라고 할 수도 있을 것이다. 구체적으로 직면한 문제를 해결하기 위해 전통의 해석과 관련하여 구성원들의 행동이 완전히 정형화되지 않는 상황, 그렇기에 리더가 결단하지 않으면 안 되는 상황이 있으므로, 실질적으로 모든 전통적 사회에는 그런 리더십이 존재하기 마련이다. 전통·선례의 해석에 대해서는 흔히 연장자가 유리한 조건에 서게 되므로 장로長老 정치·노인 정치Gerontokratie, 명망가Honoratioren의 지도가 전통적 리더십의 일반적 형태를 이룬다.

합법적 리더십은 근대 관료제 내부에서의 리더십에서 전형적으로 드러난다. 이는 상급 역할의 리더십이 전적으로 명확히 규정된 법규 및 객관/물적인sachlich '권한'에서 유출되는 지점에 하급 역할이 행하는 협력의 근거가 있는 경우이다. 실제의 관료제 운용이란 권한의 입에 돈을 넣으면 아래에서 '집행'이 나오는 자동기계 같은 것이 결코 아닌바, 이를테면 제각각의 차원에서 자유로운 정책 결정 과정decision-making process[정책/의사결정 과정]이 있으므로 리더십의 모든 문제는 근대 관료제의 활동에도 해당되는 것이라고 하겠다. 단지, 권한이 흡사 기계적으로 적용되는 것처럼 보이는 표면/방침이 취해지며 그 지점이 구성원의 다양한 협업의 근거로 간주되는 것으로서, 이를 두고 합법적 리더십이라고 한다.

따라서 합법적 리더십의 특질은 모든 결정이 '법'에서 유출된다고 여기는 사고 양식에 있다(관료적 합리주의). 비인격적 → 정실情實[(사적인) 정에 끌리는 일]·편애·연고 등을 배제. 합리적rational. 이는 선정 과정selection process에서 가장 자주 시험된다.[73]

그런 리더십에서는 조직이 규칙(룰)의 체계와 동일시된다('법질서'라는 말). 나아가 법질서의 완전성Geschlossenheit der Rechtsordnung이라는 것이 상정되며, 그것이 지배한다. 그럴 때 리더의 결정decision의 독자적인 과제가 있다고 한다면, 그것은 기껏해야 법의 결여를 메우는 일이라고 여겨진다.

그런 리더십에서 통일과 질서는 복합적인 요구가 교착되는 동적인 과정 속에서 끊임없이 만들어지는 것으로 간주되지 않으며, 기대된 루틴을 벗어난 행동양식은 모두 외부로부터의 교란에서 유래하는 것으로 간주된다(이런 사정이 격심해지면, 자기의 자유의지Willkür는 법

73 편집자들의 문장: "채용·승진 등의 인선 과정에서의 시험, 그러니까 관료적 합리주의가 관철되는 정도가 시험받는다는 의미인가."

의 집행이며 타자의 기대에서 벗어난 행동은 법과 대립되는 자의·무질서·폭력으로 간주된다).

당연히 조직의 능률 향상이 조직의 효과를 측정하는 최대의 기준이 된다. 그런 사고양식을 두고 만하임은 어느 외과의사의 말을 빌려 비유한다. "수술은 전부 잘 되었는데, 불행히도 환자가 죽어 버렸다!"[Karl Mannheim, *Ideology and Utopia: An Introduction to the Sociology of Knowledge*, 1936, III. Bureaucratic Conservatism[관료적 보수주의]의 한 대목][74] 실용주의적인 사고방식이 여기서는 법적 합리주의로 완전히 대체되고 있다.

"논의는 지체됨 없이 잘 마무리되었는데, 의회정치가 죽어 버렸다!"[75]

74 이 비유는 만하임의 다음 한 단락 속에 들어 있다: "군국주의 형태를 띤 관료주의적 사상 경향의 좋은 본보기로는, 사회적 동력이 폭발적인 힘을 가지고 분출되어 나올 때 이를 마치 자신의 전술적 실책에서 빚어진 차질 정도로 받아들이고자 하는 각종 비수 전설匕首傳說을 들 수 있다. 왜냐하면 군부 내의 관료주의자들은 언제나 군사작전이라는 특수 국면만을 염두에 두고 있는 까닭에 이러한 면에서 모든 것이 평탄하게 진행되기만 한다면 마치 여타의 분야까지도 모두가 순조롭게 움직여 가는 듯이 여기기 때문이다. 이와 같이 협소한 사고력밖에 지니지 못한 그들의 태도는 마치 '수술은 성공했지만 환자는 사망했다'라는 식으로 말하는 의사, 웃음거리가 된 의사를 연상케 한다."(칼 만하임, 『이데올로기와 유토피아』[1929], 임석진 옮김, 김영사, 2012, 274쪽[3장 「학문으로서의 정치는 가능한가」])

75 웃음거리가 된 의사의 말을 변용하여 쓴 이 문장과 관련된 만하임의 한 대목: "의회주의를 발생하게 했던 원래의 취지 역시 (칼 슈미트가

베버의 세 가지 리더십 유형 가운데 가장 큰 정치학적 문제성을 품고 있는 것은 카리스마적 리더십이다. 카리스마란 어떤 인격이 지닌, 비일상적으로 여겨지는 자질인바, 이 자질을 향한 추종자들의 심취가 리더십의 발생 근거가 되고 있는 경우를 두고 카리스마적 리더십이라고 한다.

신이 내려 보낸 자(천부[적]), 초인적 능력의 소유자, 주술자, 예언자.[76]

분명히 지적한 바와 같이) 진리에 관한 이론적 탐구가 가능할 수 있는 토론의 광장을 마련하는 것이었다. 오늘날 우리는 사회학적으로 이해할 수 있는 그러한 사고방식의 자기기만이 어디에 도사리고 있는지를, 또 의회라는 것이 결코 그런 토론의 광장일 수 없다는 점을 분명히 알게 되었다."(같은 책, 282쪽)

76 베버의 한 대목: "카리스마란 한 개인의 비일상적인 것으로 (본래 예언자뿐만 아니라 치료사, 판관, 사냥 지휘자, 전쟁영웅 등의 경우에도 주술에 의해 생겨난 것으로) 간주되는 자질을 말한다. 이 비일상적인 자질 때문에 그는 초자연적이거나 초인간적인 또는 적어도 특히 비일상적인—아무나 지닐 수 없는—능력이나 특성을 갖추었다고 평가받거나 아니면 신이 보냈다고 평가받으며, 혹은 모범적이라는 이유에서 지도자로 평가받는다. 물론 이때 문제의 그 자질이 윤리적인 관점, 심미적인 관점 또는 그 밖의 관점에서 객관적으로 올바르게 평가되는 것인지는 개념상 전혀 중요하지 않다. 오로지 중요한 것은 그 개인이 카리스마에 복종하는 자들, 즉 지지자들로부터 실제로 어떻게 평가받는가이다."(막스 베버, 『카리스마적 지배』, 이상률 옮김, 문예출판사, 2020, 9~10쪽[이 문장들은 원래 베버의 1922년 유고집 『경제와 사회』에 수록된 것이다])

카리스마적 지도자는 카리스마의 영험함(신령한 은혜/이익)을 끊임없이 증명해 내보임으로써만 리더의 지위를 보전하고 그 기능을 수행할 수 있다(그것은 제도나 전통 같은 조직의 판에 박힌 틀에 가장 덜 기대는 리더십이다). 영험이 별달리 두드러지는 게 아니라는 점을 구성원들이 알게 되면, 즉각 리더십의 위기가 찾아온다(천자天子는 덕으로 지배한다. 인민의 반항이란 본디 자연적 재해마저도 천자의 덕의 결여에 따른 것으로 간주하며, 따라서 그 반항은 천자의 무자격성을 증명하는 게 된다!). 무엇보다도 카리스마적 리더십은 활력적인 성격을 갖는다(히틀러에 대한 나치 당원, 아니 나치당 외부 대중의 전면적 신뢰/복종에서 그런 카리스마적 리더십의 성격을 선명히 인지할 수 있다).

카리스마적 리더십에서는 지도자의 카리스마에 대한 수행자의 생생한 '직접적' 심취와 헌신이 리더십의 원천이 되고 있으므로, 제도에 기초한 리더십과는 반대로 개인 인격적 성격을 가장 강하게 띠게 된다. 따라서 수행자들 사이에서 계층적 조직이 형성되어 '권한'이 명확해지는 것은 오히려 카리스마적 리더십의 본래적인 경향과는 모순된다. 즉, 카리스마 앞에서 수행자들을 평등화하고([예컨대 근대 천황제에서의] '일군만민一君萬民'), 조직의 위계를 조직 저변으로까지 수준화하는[내려 맞추는 경향성이 카리스마적 리더십에는 내재해 있는 것이다(카리스마적 지도자가 조직을 갖게 될 때, 카리스마적 리더십은 비일상적인 것의 일상화라는 역설을 잉태하게 된다).

카리스마적 리더십은 전통·관습·터부 같은 것에 따라 판에 박힌 행동양식이 사회의 구성원들을 강하게 묶고 있는 곳에서는, 환원하자면 제도의 구속력이 강한 사회에서는 등장하기 어렵다. 카리스마적 지도자는 그런 행동양식을 지탱해 왔던 전통적 가치체계가 앙상히 뼈만 남겨지면서 정신적인 활력을 감퇴시킨 상황에서, 특히 사회적 위기가 엄습하는 아노미anomie 상황이 지배적으로 되었을 때 출현하는바, 그 출현은 기성의 위계를 통해 구성원들의 요구나 희망사항을 빨아올릴 수 있는 가능성을 잃어버린 사회 저변의 대중에게 직접 호소하는 형태를 취한다. 따라서 인민주권이나 정치사회의 기구적 파악 같은 합리적인 사고가 아직 등장하지 않은 전통적(전근대적) 사회에서 카리스마는 거의 예외적이거나 유일한 혁명적 힘이 된다. 예수나 마호메트 같은 새로운 종교의 교조들 모두는 카리스마적 지도자이다. 원시 기독교나 이슬람교의 혁명적 역할은, 직접적으로는 구제 조치를 승직[사제직] 관료제의 독점 상태로부터 해방시키는 데 있었지만, 그런 승직 관료제가 대체로 정치적 지배와 유착됨으로써 기성 종교가 다름 아닌 체제 종교로 기능하던 사정 속에서 원시 기독교나 이슬람교의 호소는 결국 사회적·정치적으로도 혁명적인 다이내믹스를 갖게 되었던바, 저변에서 가난으로 괴로워하는 대중을 흔들어 움직일 수 있었던 것이다(종교적 개혁자의 정치적인 역할). 중국 태평천국의 난[1850~1864]이나 일본 시마바라의 난[1637~1638] 역시 동일한 의미를 갖는다. 홍슈취안洪秀全이나 아마쿠사 시로天草四郎는 전형적인 카리스마적 지도자다.[77]

이른바 군권[왕권]신수설Gottesgnadentum, 이를 통해 이데올로기적으로 무장한 근세 초기의 절대군주가 봉건귀족·교회·길드 같은 중세 사회의 중간/매개 권력pouvoirs intermédiaires을 대표하는 세력들과의 항쟁에서 평민(초기 부르주아·농민 등)의 지지를 요청함으로써 계층제를 평균화하고 국가주권과 국가 공민이라는 기본적 도식에 입각해 근대 국가 구조의 기초를 지탱하는 역할을 연기할 수 있었던 것 역시, 절대군주가 갖는 카리스마적

77 홍슈취안(1814~1864)은 기독교에 뿌리박은 교단 '배상제회拜上帝会'의 '천왕天王'으로, 청나라에 반기를 든 태평천국운동의 혁명가/종교가이다. 아마쿠사 시로(1621~1638)는 에도 막부 초기의 이른바 '키리시탄', 로마 가톨릭교도(세례명 프란치스코)로, 신자들 사이에서는 구세주로 신격화되었고 막부의 종교 탄압에 대항하여 시마바라에서 내전을 이끌었다.

지도자로서의 측면을 무시해서는 이야기할 수 없다. 이 경우 절대군주가 목적의식적으로 조직한 관료제(와 군대)는 전통사회에서의 계층제에 대해 많든 적든 변혁적 기능을 맡았던 것이다.

(메이지 초기의 일본)

상속[물려받은] 카리스마Erbcharisma의 새로운 상징적 의의+부국강병이라는 목표의 제시 = 메이지 유신維新 변혁의 사상적 추진력.[78]

메이지의 국가 만들기를 행한 유신 지도층은 단순한 반동·반혁명 세력이 아니었다. 근대 천황제의 체제를 만드는 활력적인 과정과 그 결과로 나온 천황제하에서의 지배체제는 구별되지 않으면 안 된다. 일반적으로 근대화를 추진해 가는 사상·정신과 근대에서의[근대에 입각한(근대적인)] 정신을 구별하기.

카리스마적 리더십에서 그 상징은 개인적인데, 그런 사정이 과두지배Oligarchie의 집단지도에 의한 실제의 지도 기능을 방해하지는 않는다. 측근, 넘버 투No. 2 men, 직속 간부의 중요성. 히틀러와 그 주변. 루스벨트와 홉킨스. 독재라고 말할 때도 그것이 개인 독재를 뜻하는 것은 아니

78 "=" 표시 위에 마루야마가 작은 윗글자로 표기한 낱말은 다음과 같다: "메이지 천황의 카리스마"

다. 상징적으로만 개인적이고, 통합 기능 자체가 분담되어 있다.

리더십이 수행자와의 관련에서 어떤 가치를 상징하는지에 착목하면, 리하르트 슈미트가 말하는 대표적representative 리더십과 창조적creative 리더십을 구별할 수 있게 된다. 대표적 지도자는 그 집단 혹은 조직 속에 이미 존재하고 있는 요구나 이득손실을 대표함으로써 집단 구성원의 기대를 충족시키는 지도 유형이다. 단, 그런 요구나 이득손실이 이미 존재하고 있어도 그것이 구성원들에게 자신들의 명확한 '의견'으로서 자각되어 있고 리더십이 그 의견을 단지 외부에 전달하는 데 머문다면, 이는 앞서 서술한 "대리" 관계에 머무는 것mandat impératif[79]이며, 애초에 리더십의 독자적 기능이 보이지

79 명령적 위임. 이는 인민이 자신들의 '대리' 혹은 '대의원'의 권한을 제약(한정)하는 것으로, 다음과 같은 문장들에서 모종의 계보를 확인할 수 있다: "주권은 양도될 수 없는 것과 같은 이유로 대표될 수 없다. 주권은 본질적으로 일반의지에 있으며, 의지는 결코 대표되지 않는다. 의지는 그 자체거나, 아니면 다른 것이다. 중간은 없다. 그러므로 인민의 대의원은 인민의 대표자가 아니며, 그럴 수도 없다. 그는 인민의 간사commissaires일 뿐이다. 대의원은 어떤 것도 최종적으로 결정할 수 없다. 모든 법은 인민이 직접 재가하지 않으면 무효이며, 그런 것은 절대로 법이 아니다."(장-자크 루소, 『사회계약론』[1762], 김영욱 옮김, 후마니타스, 2018, 117쪽) "모든 지역의 농촌 코뮌들은 중

않으므로 리더십의 패턴에 들어가지도 않는다. 또 막연히 잠재해 있는 요구·이득손실·희망이 집단 내의 제도적 절차를 통해(예컨대 총회에서의 토의와 다수결 같은 절차를 통해) 명확하게 형태화되고 상급 역할이 그 결의의 단순한 집행자가 될 경우에도 사정은 동일한바, 여기서 말하는 대표적 지도에는 들어가지 못한다.

리더십의 통합 과정을 통해 그런 잠재적latent이며 막연한 감정이나 요구가 명확히 드러나게 되는 경우, 또는 공통의 가치체계 내부에서 일어나는 욕구의 모순이나 충돌을 조정하여 더 높은 집단 의사로 통합되는 경우, 그럼으로써 집단을 향한 구성원의 귀속감이 강해지고 지도자와의 동일화(저 사람은 '우리의 리더다'라고 하는 의식)가 촉진되는 경우 비로소 본래의 대표적 지도 기능이 인지되는

심 도시의 파견 대표 회의에 의해 각자의 공통 업무를 관장하게 되어 있었으며, 이러한 지역 회의는 다시 파리의 전국 대표 회의에 대변인들을 파송하게 되어 있었고, 각 파견 대표는 언제라도 소환될 수 있었으며 자기 선거구민들의 명령적 위임mandat impératif에 의해 제약받는 것이었습니다."(마르크스, 「프랑스 내전」[1871], 『프랑스 혁명사 3부작』, 345쪽) "프롤레타리아 평의회 시스템은 […] 위임받은 파견단이란 단지 심부름꾼이자 중개자라는 점, "명령적 위임"에 따라 생산과정의 관리를 행하는 하인이라는 점, 그렇기에 생산자에 의해 언제든지 소환 가능한 수탁자라는 점을 강조한다."(칼 슈미트, 『로마 가톨릭교와 정치적 형식』, 50쪽) 루소의 문장들은 이후 마루야마의 강조 표시와 더불어 이 강의록 「제4강 정당 및 대표제」에서 인용되며, '명령적 위임' 역시 제4강에서 거듭 제시된다.

것이다(그 기능은 분명치 않고 몽롱하던 것을 딱 맞게 표현해 준다).

따라서 리더의 유형에 대한 라스웰의 분류, 즉 군중의 이목을 끄는 자Crowd compeller, 군중을 주도하는 자Crowd exponent, 군중을 재현하는 자Crowd representative[Lasswell and Kaplan, *Power and Society*, p.154. 단, 이는 라스웰 자신의 용어는 아니다] 가운데, 여기서 말하는 대표적 지도자에 해당하는 것은 군중을 주도하는 자이며, 군중을 재현하는 자는 리더십의 카테고리에 들어가지 않는다고 하겠다.

역사적으로 말하자면 영국·프랑스 전쟁 때의 잔 다르크, 이탈리아 독립[통일]에서의 가리발디 이래로 이집트의 나세르[80]까지, 내셔널리즘의 대두를 배경으로 일어

80 잔 다르크: 백년 전쟁에서 무훈을 세운 프랑스 수호성인. 영국에 포로로 넘겨져 이단 및 반역 혐의로 화형되었다. 25년 뒤, 종교재판소의 재심을 거쳐 무죄 판결을 받고 순교자로 선언되었고, 1909년 시복, 1920년에 시성되었다. 주세페 가리발디(1807~1882): 혁명가, 군인, 정치가, 이탈리아 건국 3걸 중 한 명(다른 둘은 마치니, 카보우르). 통일 과정에서 가리발디를 추앙했던 자원군으로 1840년대부터 1910년대까지 활동했던 '붉은 셔츠단Camicie Rosse'이 유명하다. 가말 압델 나세르(1918~1970): 이집트의 군인, 정치가. 이집트 대통령 및 아랍연합공화국 대통령이었다. 범아랍주의/아랍사회주의를 내건 '나세르주의'의 이름 아래 외교·내정·경제·교육 등에서 큰 성과를 거둔 지도자이다.

난 국민적 지도자는 대체로 위와 같은 대표적 리더십 유형에 가깝다.

대표적 리더십 속에서 리더가 대표하는 요구나 원망願望은 잠재적일지라도 집단 내에 보급되어 있는 가치체계 혹은 신조 체계의 문맥 안에 있다. 그런 가치 또는 신조의 체계는 말하자면 지도자에게도 수행자에게도 공통으로 주어진 것이며 기본적인 전제라고 할 수 있다.

통상, 한정된 상황에서의 민주적 리더십이란 대표적 리더십이기도 하다. 월터 배젓이 19세기 후반 영국 의회정의 지도자에 대해 "평범한 의견을 가진 비범한 인간"uncommon man of common opinion이라고 말했던 것은 대표적 리더십의 이상형을 잘 표현하고 있다.[81] 비범하지 않으면 리더십의 적극적인 역할을 수행할 수 없다. 보통 사람들 속에 있는 미묘한 감정이나 욕구 및 그것의 변화를 날렵하게 인지한 다음 그 내용을 명확한 말로, 정돈

81 월터 배젓[1826~1877]. 영국의 최전성기 빅토리아 시대의 문필가이자 언론인. 그로부터의 인용 구문은 당시 연합왕국 총리 및 내무 장관을 역임하고 '보수당의 건립자'이자 '영국 경찰의 아버지'로 불렸던 로버트 필 경[1788~1850]에 대한 것이다. 원문은 다음과 같다: "일반적으로 입헌적 정치가constitutional statesman란 공통된 의견과 비상한 능력common opinions and uncommon abilities을 가진 사람이다."(Walter Bagehot, "Character of Sir Robert Peel," in *The Works and Life of Walter Bagehot*, vol. 2[Historical & Financial Essays], ed. Russell Barrington, London: Longmans, Green, and Co., 1915, p.179)

된 형식/방식formula으로, 나아가 일관된 정책으로 형상화하는 데는 비범한 능력이 필요하다. 그러나 그의 인격 그리고 사물에 대한 그의 사고방식은 어디까지나 구성원들과 공유되지 않으면 안 되는 것이다. 그가 제시하는 목표는 구성원들에게 이해 가능한 것이어야 하며 너무 장기적인 것이어서는 안 된다. 요컨대, 목표에 대해서도 사물에 대한 사고방식에 대해서도 그는 이른바 대중에 딱 한 걸음 혹은 반걸음 앞서 있지 않으면 안 되는바, 그 이상으로 너무 나아가면 혼자 들떠 고립됨으로써 대표의 기능을 상실하고 만다(고립되든가 "대리"가 되든가 둘 중 하나이다). 의회제의 리더가 문제 처리 방식에서 개별적이자 구체적이라는 것과 개혁 문제에서 점진적인 것은 반드시 그 정치가가 본질적으로(따라서 철학적으로) 개량주의자이기 때문에 그런 것이라기보다는 그렇게 하지 않을 경우 조직의 일반 구성원들rank and file—즉 하급 역할—로부터 자신이 유리되는 사태를 끊임없이 경계하고 있기 때문이다. 그렇게 하지 않을 경우 어째서 유리되는가 하면, 그 집단과 환경 사이의 조절 작용이 노멀하게 진행되고, 집단 및 환경에 대해 구성원이 갖는 이미지가 비교적 안정되어 있기 때문이다. 그렇게 집단의 공공적 이미지가 안정되어 있는 한, 권위적 리더도 자신이 대표적 리더의 기능을 맡아 행하는 일을 반드시 배제하지 않는다. 예로부터의 '명군名君'은 민의民意의 통찰자로서 대표적 리더의 기능을 맡아 행하고 있는 많은 사례들을 가리켜 보여준다. 거기서 '대표'는 선거 혹은 선출의 제도적 과정이나 공개 토의 같은 피드백의 제도적 과정의 유무와는 다른 차원에서, 즉 집단의 가치를 대표하고 있는가 여부에 따라 판정되기 때문이다(차원의 구별).

> 대표적 리더십은 전통적 리더십과 합법적 리더십 양쪽 모두에 존재하지만, 카리스마적 리더십은 이미 대표적 리더십의 틀을 삐져나와 창조적 리더십이나 그것의 타력 형태와 겹쳐지는 경우가 많다. 하지만 소명적 예언자와 구별되는 모범적 예언자는 대표적 리더십에 가깝다.

카리스마적 지도자 {
- Sendungsprophet [사명적(사명감을 가진) 예언자]
- Exemplarischeprophet [모범적 예언자]

한 발 더 나아가 지도자가 집단이나 조직에 미지의 새로운 가치를 제시하고 그것을 구성원들에게 불어넣는 일이 활력적인 통치 과정을 형성하게 되는 경우, 창조적 리더십이라는 것이 탄생한다.

창조적 리더십 역시 동시에 대표 기능을 수행하지만, 잠재적인 희망이나 요구를 빨아올려 그것을 대표하는 식의 과정은 동시에 새로운 세계관과 새로운 목표·사명감을 하급 역할에 불어넣고 침투시키는 과정이기도 하며, 그럴 때 구성원들은 지도자에게서 자신의 대변자를 볼 뿐만 아니라 자기 자신의 개조자改造者까지 본다. 리더십에서 발신되는 메시지의 순환 과정이 반복되는 데서 리더를 포함한 구성원들의 정신 혁명이 심화되며 조직의 체질 자체가 바뀌어 간다. 그것은 가장 다이내믹한 리더십 유형이라고 할 수 있겠다.

리더와 그를 따르는 자 사이의 동질성 혹은 그 둘 모두에 공통되는 공공적 이미지 그 자체가 만들어지며 그 과정에서 동시적으로 동질화가 진행된다고 하는 변증법적인dialektsich 성격.

라스웰은 거의 동일한 카테고리의 리더를 군중의 이목을 끄는 자라고 불렀던바, 그 리더는 어제까지의 가치체계나 사물에의 사고방식·감각방식을 전제로 한다면 분명 강렬한 관념의 강제를 행하는 것으로 여겨지겠지만, 창조적 지도 기능이 동시에 대표 기능까지도 포함하고 있는 한, 그런 변증법적 과정 안에서 구성원들은 자아의 실현을 의식하게 되며 고도의 자발성과 능동성을 환기하게 된다.

종교개혁운동에서, 혹은 그것이 세속화된 형태로서의 사회혁명 운동에서, 그러니까 명확하고도 참신한 이데올로기를 내걸고는 새로운 사회체제를 지향하는 혁명 집단에서 창조적 리더십은 가장 선명하게 드러난다. 마호메트, (칼뱅), 토마스 뮌처, 크롬웰, 나폴레옹, 간디, 레닌, 쑨원, 마오쩌둥.

거기서는 특정한 대중을 마땅히 그러해야 할 대중으로까지 변혁시키는 교육적 역할이 필연적으로 수반된다. an sich의[즉자적卽自的] 계급에서 für sich의[대자적對自的] 계급으로. "계급의식"이란 단지 노동자 계급에게서 경험적으로 인지되는 심리가 아니다. 그 지점에서 비로소 레닌이 말하는 목적의식성이라는 문제가 예리하게 등장한다.

(세상의 이미지, 그 이미지의 '핵'을 바꾼다는 것.)

새로운 가치라는 것은 문화에 따라 그렇게 새로운 것으로 인지되는 것이므로, 반드시 리더에 의해 발명된 가치나 프로그램이 아니어도 된다. 예컨대 메이지 초기의 지도 안에는 유럽 문명이라는 가치의 이입에 근거한 창조적 리더십의 요소가 있었다.

새로운 가치를 창조하는 리더십은 그 본래의 조직을 넘어서 가치를 전파하게 되며 조직의 영향력은 대표적 리더십의 경우보다 훨씬 더 확대되는바, 그렇게 창조적 리더십은 새로운 국가와 새로운 국제질서를 형성하고 더 나아가 문자 그대로 역사적 신기원을 획정하는 다이내믹스를 갖추게 되는 일도 드물지 않다. 물론 조직이 스스로 혁명을 부르짖고 리더가 신질서의 창조를 목표로 내걸지라도 그것이 즉각 창조적 리더십인 것은 아니다. 따라서 여기서 말하는 신체제를 지향한 혁명 집단이란 심리적 차원의 문제가 아니라 (앞의 제2강 '태도'에 대한 강의에서 말했듯) 어디까지나 역사적인 족적 안에서 검증되는 문제이다.

예컨대 나폴레옹은 프랑스 혁명의 과정에서 나고 자라면서 독재적 권력을 장악하고는 이윽고 황제가 됐던바, 그런 한에서 그가 혁명의 이상을 배반한 것이라고 해도 좋다. 황제가 되고 나서 각지에서 행한 전쟁은 명백히 침략전쟁이었다. 그는 피정복 민족들의 반격 앞에서 패배하고 실각했다. 그러나 나폴레옹은 실각했을지라도 나폴레옹 법전은 남아 근대 민법의 모범이 되었으며 그가 창설한 국민적 군대 제도는 귀족과 국적 불문의 용병으로 이뤄진 절대주의 군대에 비해 훨씬 더 진보적인 것으로서 이후의 모델이 되었다. 이와는 달리 히틀러의 국민주의 혁명과 그것이 유럽에 만든 신질서의 운명은 어떠했던가. 히틀러의 멸망과 동시에 붕괴되었다. 제국 일본의 동아신질서 역시 마찬가지. 여기에 나폴레옹과 히틀러 간의 역사적 의식의 차이가 있다. 나폴레옹 체제에는 창조적 리더십의 요소가 있었던 데 반해, 히틀러나 도조 히데키의 독재에는 그것이 없었다.

러시아 혁명에 대해서도 동일하게 말할 수 있다. 본래 레닌은 두말할 나위 없고 심지어 스탈린의 리더십조차도 창조적인 계기를 갖고 있었으며, 그렇기에 그들의 작업은 지도자의 개인적 운명을 훨씬 넘어 이데[이념]로서 남겨질 수 있었다(농업 집단화 → 기술 인텔리 및 공업 프롤레타리아트. 스탈린 헌법). [스탈린이 등장한 것도 혁명의 발전 단계에서의 건설 사업과 관계가 있으며, 그 사업은 개인적 운명을 넘어 남을 수 있었다.] 단지 급진적인 대중운동을 이끄는 리더의 심리적 공통성만으로 모든 것을 하나로 묶어 이해할 수는 없으며, 기성질서에 대한 반역이 즉각적으로 창조적인 것이라고 할 수도 없다.

전통적 리더십과 합법적 리더십은 대체로 대표적 리더십의 한계 안에 머문다. 카리스마적 리더 중에 모범적 예언자는 대표적 리더와 꽤나 오버랩되어 있다. 사명적 예언자는 창조적 리더와 합치한다[그런 경우가 많다].

창조적 리더십 또는 카리스마적 리더십에서 가치체

계가 신선함을 잃으면서 스테레오타입화[정형화/고정화] 되거나 지도자를 내면적으로 규제하는 원리 및 사명감이 단순히 통합 수단으로 변질되면 그 리더십은 선동가적(데마고그적) 리더십으로 이행한다. 혁명 집단 또는 새롭게 발흥한 대중조직의 리더십 패턴도 조직 규모가 방대해지거나 유동하는 상황이 진정됨과 더불어 제도화되는 방향을 취하는바, 그 경우, 집단 구성원의 요구를 전적으로 "머신[machine]"과 법적 절차에 따라서만 만족시키고자 하는 관료제 혹은 매니저형 지도자[82]와 보통 사람들로 된 대중에의 직접적이고도 생생한 인격적 상호작용에 의존하고자 하는 카리스마적 지도자(혹은 선동형) 사이에서 항쟁이 확장되는 일도 드물지 않게 일

82 큰따옴표 처리된 '머신'과 관료제의 연계는 베버의 맥락을 따른 것이다: "생명력이 없는 머신은 객관적인 정신이다. 이 머신은 인간을 자신에게 복종하도록 강요하고, 인간의 일상적 노동 생활을 압도적으로 결정하는 권력을 지닌다. 실제로 이런 예를 이미 공장에서 보지 않았는가? 객관적인 정신은 또한 살아 있는 정신으로서, 훈련받은 세부 작업의 전문화, 관할 영역의 분화, 규칙, 서열화된 복종 관계를 생명으로 하는 관료제적 조직을 의미한다. 관료제적 조직은 죽은 머신과 결합하여 고대 이집트의 농부들이 그랬던 것처럼 아마도 언젠가 인간을 무기력하게 강제적으로 복종시키게 될 미래의 예속적 굴레를 만들어 낼 것이다. 이것은 관료제적 조직이 순수하게 기술적으로 우수하다면, 즉 합리적인 관료제적 행정 및 서비스가 문제 관리의 방식을 결정하게 될 최후이자 유일한 가치가 될 경우, 예속의 굴레를 만들어 낼 것임을 뜻한다."(막스 베버, 「관료 지배와 정치적 리더십」, 『행정의 공개성과 정치 지도자 선출 외』, 이남석 옮김, 책세상, 2002, 31쪽)

어난다(조합운동이나 혁명운동의 역사).

카리스마의 일상화라는 문제

Webb.[83] 혁명 지도자 { A → 문학자형 / B → 관리자형 }

허니문[신혼/밀월(蜜月)]이 결혼 생활의 산문성[일상적 무미건조함]을 향해 운명적으로 이행해 감.

이미지네이션[상상(력)]의 불꽃에 의해 대중을 흥분시키고, 거대한 목표를 제시하며, 자발성과 창조력을 북돋음.	↔	일상적이며 계속적인 사업의 달성. 기술자의 양성. 복잡한 조직의 네트워크를 숙지함.

거꾸로, 상황이 유동화하고 위기화되면 판에 박힌 틀에 따라 '기구'의 자동기계적인 운전에 의거하던 종래의 지도자에 맞서 선도가형 지도자가 새로이 대두하게 되

83 시드니 웹(1859~1947), 영국의 정치가, 경제/사회사상가. 점진적-개량주의적 사회주의 그룹이자 영국 노동당의 기초가 된 페이비언 협회의 지도적 이론가였다. 노동당 내각의 상무 장관 및 식민 장관이었고 동료이자 아내였던 비어트리스, 조지 버나드 쇼 등과 함께 런던 정치경제대학을 설립했다.

는데, 그는 우선 '머신'을 깨뜨려야 할 필요에 내몰리는 바, 품고 있는 이데올로기가 권위주의적이든 민주적이든 관계없이 조직의 일반 구성원으로 된 대중에게 직접 호소하지 않으면 안 되며, 그런 한에서 그의 활동 방법은 민주적으로 되는 경향이 있다(대회 개최의 요청, 공개 토의의 요구, 집단 내부 비판의 확보, 리콜[소환·해직] 제도에 대한 주장 등등).

4. 결어

조직의 거대화와 사회적 분화의 발전은 체제 여하를 불문하고 리더십의 과제를 점점 더 절실하게 만든다.

요컨대 리더십의 본질은 누군가가 리더인 것[리더인 상태 그 자체]에 있는 게 아니라 리더십의 적극적 기능이 수행되는 데 있는 것이다. 그 지점에서 당면한 긴급사緊急事는, 리더십을 요청하는 것이 지도자주의(특정 지도자의 신화神化 및 만능화)로 전락할 위험성과 거꾸로 민주적 정치과정이 리더십 결여된 무책임이나 결정불능indecision[우유부단]에 빠질 위험성이라는 두 가지 위험성에 효과적으로 대처하는 일이다.

지도자주의의 발생은 단지 지도자 쪽의 문제가 아니

라 오히려 근본적으로 지도자를 따르는 자, 보통사람들 쪽의 문제다. 지도자의 책임을 묻는 것은, 동시에 불가피하게 보통 사람들 쪽의 책임 문제를 제기하지 않으면 안 되는 일이다. 물론 거기에는 기능 분화에 기초한 책임의 질적인 상이함이 있다. 그러나 나쁜 지도자에 대한 규탄은, 그를 경질하고 집단 속에서 그를 대신할 수 있는 좋은 지도자를 산출해낼 수 있는 능력과 책임에 의해 뒷받침되지 않는 한, 적극적 시민의 정치적인 비판이라고 할 수 없다. 그것은 피통치자 근성에 기초한, 지도자 의탁依託주의의 다른 일면에 불과하다. 리더십의 소질과 능력이 민주적 정치과정 그 자체 속에서 끊임없이 양성되어 간다는 점이야말로 권위적 정치과정에 대해 민주적 정치과정이 갖는 장점 중 하나이다.

'일본만큼 언론이 자유로운 나라는 없다'라고들 한다. 그 말은 권력자나 지도자에 대한 험담이 신문이나 잡지 등에 빈번히 실리는 점에 근거하는 듯하다. 그런 험담이 너무 천박하게 되는 것으로부터 '아무래도 민주주의가 과도한 게 아니냐'라거나 '비판이 너무 많은 것 아니냐' 같은 엉뚱한 사고방식들이 나온다(신문 칼럼란—도쿠가와 시대의 센류川柳·락슈落首[각각 풍자/익살의 시, 노래]의 전통!) 정확히 수요가 유효수효일 때만 수요라고 할 수 있는 것처럼, 언론과 비판의 자유는 유효 비판이 될 수 있을 때만이, 그러니까 그 비판이 지도자로 하여금 자신의 정책을 고치게 만들거나 그것이 불가능한 경우 지도자를 교체할 수 있는 힘을 가질 때만이 정치적 기능을 달성할 수 있다. 이런 사정은 내셔널한 지도자에게만 해당되는 것이 아니라 정당이나 노동조합 등의 지도자에게도 해당된다. 지도자 개인에 대한 험담이 아무리 번성할지라도 그것이 민주적인 언론의 자유가 행사되고 있음을 뜻하지는 않는바, 그런 험담에서는 리더십을 타인의 문제가 아니라 자기의 문제로서 타개해 나가려는 자세는 결코 생겨나지 않는 것이다.

정당에 관한 기초적 문헌(한우충동汗牛充棟! 역사 관련 문헌은 제외)

M. Y. Ostrogorski, *La Démocratie et l'organisation des partis politiques*[민주주의와 정당 조직], Tome 2, 2éd, 1901. (영역본 *Democracy and the Organization of Political Parties*, 1926)

R. Michels, *Zur Soziologie des Parteiwesens in der modernen Demokratie*, 1915. (영역본 *Political Parties*, reprinted, 1949. 부제 '근대 민주정의 과두지배적 경향에 관한 사회학적 연구')

M. Weber, *Politik als Beruf*, 1919.

이상, 고전.

S. Neumann (ed.), *Modern Political Parties*, 1956. (일부 번역됨)[와타나베 카즈 옮김, 『정당: 비교정치학적 연구』, 미스즈쇼보, 1958]

M. Duverger, *Les Partis politiques*[정당론], 1951. (영어

본) [*Political Parties*, 1954]

V. O. Key, *Politics, Parties and Pressure Groups*[정치, 정당과 압력단체], 1942.

E. E. Schattschneider, *Party Government*[정당정치], 1942.

C. Merriam & H. F. Gosnell, *The American Party System*, 1922.

A. Siegfried, *Tableau des partis en France*[프랑스 정당 소묘], 1931, 1949. [외무성 구미국欧米局 제2과 요약 번역, 『프랑스에서의 정당』, 1932]

일본정치학회, 『연보 정치학. 정당·선거·대중: 서유럽 데모크라시에서의 전후 단계』(이와나미쇼텐, 1956)

로야마 마사미치, 『정당』(유히가쿠有斐閣, 1954)

지그문트 노이만, 『대중국가와 독재: 항구적 혁명』(이에나가 켄키치로 옮김, 미스즈쇼보, 1960)

1. 정치적인 것: 정치체 혹은 정치적 시스템

이제까지의 서술은 세상에 대해 자아가 갖는 이미지에서 출발하여 태도 형성의 문제, 집단화의 프로세스를 거쳐 리더십으로, 관점을 아래에서 위로 순차 상향시켜 논한 것이다. 이 지점에서 우리는 간신히 본래적인 또는 좁은 뜻에서의 '정치적인 것'에 가닿게 된다. 이제까지의 서술은 의식적으로 특수하게 '정치적'인 것과 비정치적인 것의 경계를 애매하게 한 채로 이뤄졌고 통치 구조나 정치권력의 존재를 서술의 전제로 삼았다. 전통적인 방식에 따라 정부나 의회제, 정당이나 선거, 상식적인 정치활동의 주체 혹은 제도로부터 출발하는 것은 이른바 '정계政界'라는 특수지대 속에 정치의 고찰을 봉쇄하는 결과에 빠지기 쉬우며, 그렇게 되어서는 현대와 같이 통치government[정부]의 기능이 양적·질적으로 확장됨과 동시에 다른 한편으로 경제·교육·교통·보도 등 우리들 일상생활의 모든 영역에 정치적인 문제들이 끊임없이 발생하는 시대, 그런 문제들이 통치적인 문제와 복잡하게 얽힌 시대의 정치라는 문제를 전체적이면서도 상호작용적으로 이해하기 어렵다. 상대적으로 정치의 세계에 속하지 않는 것처럼 보이는 영역에서의 정치적 현상을 예리하게 식별하는 일—예컨대 정치적 무관심의 정치적 효과라거나 비정치적 집단의 정치적 기능 같은 것에 대한 착목—이나 한쪽이 다른 한쪽으로 옮아 가는 미묘한 이행 관계—예컨대 무-정치적a-political에서 정치적인political 상태로의 이행이나 무리들이 리더십 집단으로 이행하는 일—에 대한 끊임없는 착목이 현대 정치를 이해하는 데서 특히 중요하다는 사고에 입각하여, 정치권력이나 대항 권력 같은 '위로부터의' 관점이나 전망이 아니라 그런 관점에서 가장 멀리 떨어진 곳에 있는 '나'라는 행위 주체에서 출발해 아래로부터 그 상호작용을 살펴봤던 것이다. 그러나 바로 그런 경험적 관찰 위에서, 통치의 활동 범위가 확대되어 모든 일상적인(사적인!) 일/사건까지도 정치적 의미나 색채를 띨 가능성을 품게 될 그때야말로, 분석적으로는 정치적인 것과 비정치적인 것을 구별하는 지표를 밝힐 필요, 그러니까 정치적인 것이 비정치적인 것으로 어떻게 전화되는지를, 비정치적인 것이 정치적인 것으로 언제 어떤 조건 아래 어느 지점에서 전화되는지를 밝힐 필요가 한층 더 커지게 된다.

일반적으로 정치학에서 카테고리나 분류가 갖는 의미는 지극히 변증법적이므로 정태적으로 이해해서는 안 되는 것이다. 예컨대 리더십의 유형이나 정치적 태도의 분류에 대해 흔히들 '실제로는 그렇게 깔끔하게 분류

될 수 없는 게 아닌가, 그러니까 학자의 논의는 추상적일 뿐 현실적이지 않다'라는 식으로 비평한다. 농담이 아니다. 실제로는 연속되면서도 복합적이기 때문에 분석적 도구로서의 카테고리를 설정하는 의미가 있는 것이다. 따라서 거꾸로 그런 분석 도구로서의 개념을 그대로 실체화하거나 대상에 내재화시켜 버리면 그 개념은 도구로서의 기능을 다할 수 없게 되며, 위와 같은 비평을 초래해도 어쩔 수 없게 된다. 속류 마르크스주의의 논문에는 개념의 그런 실체화가 적지 않다. 이를 두고 유물관념론자라고 부른다(스콜라철학의 개념실재론의 계보).

우리의 강의는 여기 제4강 이후부터 정당, 국회, 정부 같은, 대상의 차원에서도 상식의 차원에서도 정치학에 속한다고 여겨지는 문제 속으로 들어갈 것이므로, 방법적으로도 '정치적인 것'의 표식/표지에 대해 개괄적인 고찰을 해 두는 것이 적당할 듯하다. 그 표식은 이제까지의 서술에서는 숨어 있던 것으로 봐도 좋으므로, 그것을 제3강으로까지 거슬러 올라가 적용시킬 수도 있을 것이다. 앞서 기회가 있을 때마다 제시했던 것, 예컨대 정치적 상황을 일/사건의 차원에서, 그러니까 액터의 이미지 반응의 과정 및 액터-상호작용으로서 설명했는

데, 이는 원래 정치적 상황이 아니라 사회적 상황 일반에 대해서도 해당될 수 있는 것이었다. 그렇다고 한다면 비정치적 상황에서 액터의 이미지 반응 과정의 어느 지점에서 '정치적' 의미를 갖게 되는가. 그렇게 묻는 한에서, 예컨대 세상에 대한 보수적 태도가 반드시 정치적 태도라고 할 수는 없게 된다. 그것은 어떠한 조건이 만족될 때 정치적으로 되는가. 리더십은 모든 사회집단에 있는 것이다(경영의 리더십). 어느 지점에서 그것은 정치적 리더십이 되는가—등등.

즉, 여기 제4강의 테마가 되는 정당이란, 무엇보다도 본래적인 정치집단 혹은 정치조직이다. 이제까지의 서술 속에 제시된 사회집단이 정치적 기능을 할 수 있는 것일지도 모르지만, 그리고 일차적으로 정치를 지향하는 것이라고 할 수는 없는 것들을 널리 대상으로 삼아 논했지만, 이제부터는 기능만이 아니라 의도로서[의지적으로] 정치적인 것에 관여하는 집단이 논의 대상으로 등장하게 된다. 정당을 다른 사회집단과 구별하는 것, 예컨대 정당을 압력단체나 서클과 구별하는 것은 무엇인가라는 물음을 문제 삼기 위해서는 어떠하든 바로 이 '정치적인 것'의 분석 개념을 우선 제시해 놓지 않으면 안 된다. 그것을 X라고 부른다면, 정당이란 X를 지향하며 주로 X의 기능을 하는 집단이 되는 셈이다.

정치라고 하면 흔히 무엇이 연상되는가. 예컨대 '그는 정치적 수완이 있다'라고 할 때 그 '정치적'이란 무엇인가. '더 이상 각 정부 부처들省 간의 사무적 충돌 단계가 아니라 장관들大臣 간의 충돌로 옮겨 갔다'라는 말, 혹은 '너의 논의는 너무 정치적이다'라는 말. 이런 용법을 묶어 살피면, 아래와 같은 인간관계—상호작용 관계—가 깊게 관련된 것으로서 부상한다.

i) 분쟁·대립·투쟁(다투는 것) → 극한, 살해('생살여탈의 권[력]')

전쟁 { 사적인 심정 → '나라를 위해 죽는 것'
상호작용 → '나라를 위해 죽이는 것' }

전쟁에서 "애국"이 갖는 정치적 의미를 생각해 보자. 전쟁은 무수한 사망자를 낳는데 이를 두고 '나라를 위해 죽인다'라고 말하면 정말이지 건조하게 들리는 데 반해 '나라를 위해 죽는다'라고 말하면 낭만적으로 미화되기 쉽다. 그러나 그 둘은 전쟁에서 행해지는 동일한 행위의 다른 표현에 불과하다 (전체성의 이미지에 의한 물리적 강제의 정당화).

ii) 통합·조정·타협(묶어 합치는 것) → 극한, 우애·단란団欒

iii) 운동·조직화(움직이게 하는 것)

iv) 결정·재정裁定(정하는 것)

이 모두가 '정치적인 것'의 구성 계기이다. 그러나 사정이 그럴지라도 뭔가가 부족하다. 위의 항목들 중 하나 혹은 전부로 정치적인 것을 한계 짓는다고 한다면 그것은 무한히 확대될 뿐이다. 결정타가 결여되어 있는 것이다. '가정家庭 속에 정치가 있다'라고 말하는 것은 파생적·유추적 언명이 아닌가.

[아래의[A·B·C·D]] 여러 특징이 모종의 조합을 이룸으로써 시스템을 구성하고 그 시스템에 관련될 때, 일/사건은 정치적인 일/사건이 되며 반응은 정치적인 반응이 된다. 즉, 사회적 상호작용이 '정치화'된다는 것은 그런 상호작용이 일련의 시스템에 관계될 때 비로소 확정될 수 있는 것이다. 정치의 시스템이라는 것 역시 분석 개념이며, 현실의 의회제도나 현실의 통치 구조 역시 완전히 정치적인 시스템이라고 할 수는 없다.

비정치적인 일/사건이 정치적 시스템에 들어가면 정치적인 일/사건이 된다.

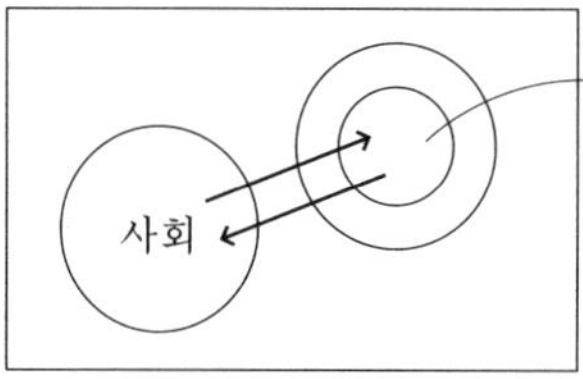

액터의 상호작용.

A. 그런 상호작용이 사회 및 '세상'의 전체성에 대해 갖게 되는 이미지와 관련하여. (그런 상호작용이 세계정치에 도달하게 되는.)

〈전망〉 [또는] "공공성".

공적인 역할과 사적인 역할을 구별할 수 없는 행정조직polity이란 존재하지 않는다.

정치적 이데올로기와 상징 ⟵ ⟶ 특수적인 이득손실의 주장.

자기 및 자기가 동일화하는 집단을 넘어선 전망, 그것을 갖지 못한 정치적 행위주체는 존재하지 않는다?

B. [액터의 상호작용이] 사회적 가치의 생산과 배급에 관한 우선순위priority를 결정하는 일과 관련하여.

〈목적〉 "정책".

policy[정책], public policy.

화폐·존경·위신·명성celebrity·지식(정보)·세력·권력.

가치의 할당이, 어딘가에서, 누군가에 의해 최종적으로 결정되지 않는 행정조직은 존재하지 않는다.

C. [액터의 상호작용이] 물리적 강제의 행사 또는 그런 행사의 위협을 최후 수단ultima ratio으로 삼는 일에 대한 정당성·합법성legitimacy의 이미지와 관련하여.

〈수단〉.

갱[강도단]의 폭력과 국가권력의 행사로서의 폭력, 이 둘을 구별할 수 없는 행정조직은 존재하지 않는다.

D. [액터의 상호작용이] 복수적으로 여럿인 그러나 한정되어 있는 인간 또는 집단의 아웃풋을 (전체적인[/] public한) 목표 달성을 향해 조합하여(조직화·통합·조정·타협 등등) 구조화하는 일과 관련하여.

〈방법〉 "통제" "질서".

통합 대상을 한정할 수 없는 행정조직은 존재하지 않는다(종교와 정치의 차이).

A, B, C, D가 상호의존적인 관계를 맺고 경계를 가진

시스템을 이룰 때, 바로 그 시점에서 정치적 시스템이라는 것을 이야기할 수 있게 된다. 정치 목적, 정치 기능.

'국가' '영토'를 갖지 못한 정치단체도 있으며, 미개 사회처럼 조직화의 정도가 낮은 것도 있다.

정치적 시스템은 서브 시스템[이하 '하위 시스템']으로 이뤄진다. 동일한 액터의 상호작용이 어느 지점에서 정치적 하위 시스템의 입력이 되는가(혹은, 어느 지점에서 하위 시스템으로부터의 출력이 되는가).

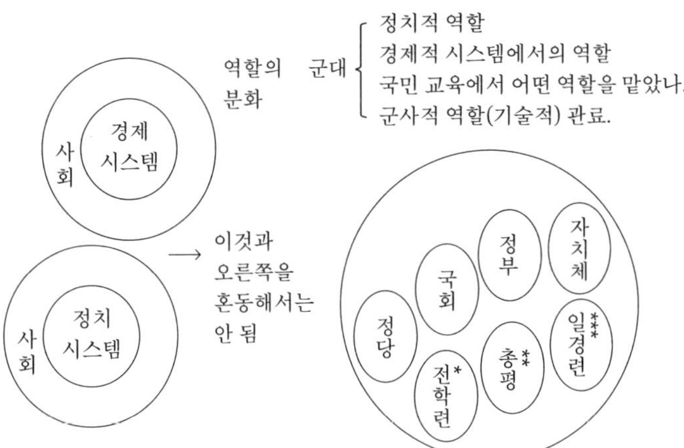

* 전학련(전일본학생자치회총연합)
** 총평(일본노동조합총평의회)
*** 일경련(일본경제단체연합회)

후카자와 시치로 씨가 황실을 모델로 소설『풍류몽담(風流夢譚)』을 썼다[이것만으로는 그 사태가 정치적 시스템 위에서의 일이라고 할 수는 없다]. 그 소설은 잡지에 실렸고, 평판이 높아졌다(다양한 사람들이 다양한 이미지를 품었고, 그것을 서로 교환했다). [이것만으로는 그 사태가 정치적 시스템 위에서의 일이라고 할 수는 없다.] '그런 소설을 쓰다니 괘씸하다'라거나 '그 정도는 괜찮지 않나' 같은 논쟁이 일어났고, 관련하여 궁내청 내부에서 문제로 삼으면서 명예훼손(이는 사인私人의 경우라면 정치적 시스템에 들어가지 않음)으로 고소할 가능성이 검토되었다(법적 강제의 가능성이 등장했다). [이때 비로소 정치적 시스템 위에서의 일이 된다.]

관련하여 우익 단체가 소동을 일으켰다. "운동"(위의 D)

소설을 낸 출판사에 호통을 치며 들어갔다. 위의 A, B(존경, 위신prestige의 분배에 관련됨), 가치의 우선순위priority에 대한 배려(언론의 자유라는 가치와 질서·통제라는 가치).

근대국가는 정치적 시스템의 모델이다. A, B, C, D의 특징들 모두 국가의 정치 행동 속에서 전형적으로 나타난다. 그런 뜻에서 정치 현상은 대부분 국가를 둘러싸고 나타나며, 꼭 국가의 활동만이 아니라 국가에 대한 [압력] 작용의 형태로도 전개된다. 그러나 국가는 정치적인 것의 독점체가 아니다. 근대국가는 역사적 현상이다. 미개 사회나 후진 지역에서의 정치 현상이 반드시 근대국가의 카테고리로만 이해되는 것은 아니다. 또 국가를 매개로 하지 않고 사회집단 간의 인터내셔널한 □□[관계/작용]이 정치적 시스템 속에 들어가는 사태도 증대되어 왔다.

A는 정치적인 것의 '전망'이 공공성에 있음을 가리킨다.

예컨대 의사협회나 농협 같은 것이 압력단체로서 행동할 경우에도, 자기 집단의 특수적인 이득손실을 넘어선 '전체'의 전망을 갖지 않는 한, 그것을 두고 정치집단이라고 할 수 없다. 개인이 어떤 정치집단에 가입하는 행위 역시 그 단체와의 동일화가 단지 자신의 고독감을 벗어던지기 위해서라거나 여러 친구들이 가입해 있어서 참가한다는 등등 그 단체를 넘어선 사회 전체의 이미지를 갖지 않는 경우, 그 가입 행위는 단체로서는 정치적일지라도 개인 차원에서는 정치적 행위라고 할 수 없다.

(공적인 역할과 사적인 역할을 구분할 수 없는 행정조직은 존재하지 않는다. "공권력" / 설령 특정 계급의 경제

적 착취를 위해(부의 박탈) 특정 정치체제가 기능한다고 할지라도 정치적 지도자에게는 개인적·파벌적 이득손실을 넘어선 역할이 부과되며, 그런 역할에 기초하지 않은 자의적 권력 행사는 제지된다. 그렇게 제지되지 않으면 계급적 착취의 기능조차도 잘 이뤄지지 않는다. 동시에 B와 관련하여, 지배자 계급에 대한 최소한의 가치 배분 정책이 수반되지 않으면 복종이라는 것을 확보할 수 없다. "권력의 경제"라는 원리라는 관점에서 볼 때도 그러하다. 그 점에서도 사적인 역할과의 구별이 필연적이게 된다.)

B는 정치적인 것의 '객관적 목적objective'이라는 것이 정책에 있음을 가리킨다.

(가치의 할당을 제도화하지 않는 행정조직은 존재하지 않는다. 지배를 위한 지배나 조직을 위한 조직 같은 것은 없다.)

따라서 정치가 발생하는 전제는 사회적 가치의 딜레마('양쪽 모두를 동시에 취할 수는 없다는 것')이다. 만인 모두가 욕구의 대상을 취하면서 전부 만족할 수 있을 만큼 가치의 생산이 무한하지는 않다는 점에서 어떤 가치를 얼마만큼 생산하고 어떻게 할당할 것이냐는 문제가 생겨난다. 이와 관한 결정(정책)을 둘러싼 투쟁과 그 일시적 해결의 과정이 정치과정을 구성하는 것이다.

가치라는 것은 재화·존경·위신·안전·명성·지식(정보)·세력·권력 등등 다양하며, 가치의 높낮이의 크기는 시대와 개인에 따라 반드시 동일한 것은 아니다(가치 체계의 문제). 예컨대 공업화의 단계에 있는 사회 및 그것에 이어진 경제적 개척자를 지향하는 획득 사회acquisitive society—이와 관련해서는 이른바 사적인 자본주의의 발흥기가 전형적이겠지만, 꼭 그렇게 한정되는 것은 아닌바, 아시아의 후진 지역이나 낮은 생산력 위에서 사회주의의 건설을 행하는 나라에서도 사정은 기본적으로 동일하며, 그렇기에 자본주의라고 하지 않고 공업화 사회 및 획득 사회라고 했다—에서 가치란 가장 우선적으로 재화이며, 그것이 증식되는 시기가 공공적 이미지를 구성하고 있기 때문에 당연히 그 지점에 정책의 문제가 집중되는 경향이 있다. 따라서 그 지점에서의 정책적 딜레마는 주로 가치 상호 간에 있다기보다는 경제적 가치의 생산 및 분배를 둘러싸고 존재한다(예컨대 공업과 농업, 중공업과 경공업의 우선순위. 또는 생산과 분배, 즉 경제성장과 소득 배분의 딜레마). 유물사관이 산업자본주의 단계에서 비로소 정식화됐던 일은 우연이 아니다. 우선 먹는 것이 선결 사항이라는 것은 자명한 듯 보이지만, 그것을 선결 사항으로 보는 그 의식, 경제적 가치에 대한 관심이 압도적으로 우위를 점하게 됐던 것은 인류의 오랜 역사에서 보면 비교적 최근의 일이다. 특히 경제활동이 정치·종교·교육 같은 인간 활동의 여러 영역들로부터 명확하게 분화되고, 이른바 경제법칙이 비교적 자율적인 것이 됐던 일은 19세기 중엽의 유럽, 특히 영국에서 일어난 일이었다. 예컨대 원시사회를 보면, 경제적 생산은 주술이라는 종교적 행위와 분리될 수 없이 결속되어 있었다. 그 경우 경제적 생산은 토대이며 종교는 그런 토대에서 파생된 혹은 그런 토대를 반영하는 상부구조라는 식으로 반드시 확정될 수는 없다. 주술 없이는 애초부터 경제적 재생산이 행해질 수 없었다(제사 단체. 제정일치. "마츠리고토[政事]"[84]). 자본주의 사회의 이미지를 투영하면 이해할 수 없게 되어 버리는 지점들이 적지 않다. 또 봉건제 사회에서도, "경제 외[적인] 강제"라는 말이 보여주듯이 경제라는 것이 자립적인 게 아니라 다

84 '마츠리고토'는 '제사祭事'와 '정사政事'라는 다른 두 낱말의 동일한 훈독이며, 그 두 낱말의 근친성을 표시한다. 이에 대한 본격적인 분석은 마루야마의 강연록「마츠리고토의 구조: 정치의식의 집요저음」(1985)에서 행해진다. 앞서 거듭 나온 '(정책) 결정'과 관련하여 인용해 놓을 수 있는 한 대목은 다음과 같다: "정통성의 레벨과 결정의 레벨이 칼로 자른 듯 이원적으로 분리되고 있다는 점, 그것이 일본 '정사마츠리고토'의 첫 번째 통주저음basso ostinato을 이룹니다."(丸山眞男,「政事まつりごとの構造: 政治意識の執拗低音」,『丸山眞男集』第12卷, 岩波書店, 1996, 217頁)

름 아닌 경제 외적인 강제, 즉 정치적인 강제가 농노를 토지에 긴박되게 함으로써 비로소 경제적 재생산이 가능해지는 것이다. 좀바르트의 정식, "Du bist mächtig, also bist du reich[너는 강력하다, 따라서 너는 부유하다]."(Werner Sombart, *Der moderne Kapitalismus*, I, 1902[『근세 자본주의』, 오카자키 지로 옮김, 1942년])

그렇기에 자본주의 사회에서도 고도화와 더불어 사람들의 가치 관심은 다양화되며 분열되어 간다. 일정한 수준의 물질적 조건이 만족되면, 분명 더 많은 부를 추구하는 욕구가 있을지라도 그 욕구의 정도는 사람들 각자의 가치 관심에 따라 상당히 달라진다. 부보다 명성을, 부보다 위신을 추구하는 것처럼 말이다. 또한 그것들의 가치가 반드시 부에 비례하지도 않게 된다. 이는 국제관계에서도 마찬가지인데, 최대의 부를 가진 나라가 반드시 최대의 위신을 갖는다고 할 수는 없다. 사회주의 사회에서도 생산력이 어느 정도 이상으로 발전하게 되면 비슷한 문제가 생겨난다. 계획경제는 사회의 가치 관심에 관한 공공적 이미지가 일치하고 있을 때는 비교적 간단하다. "공업화되지 않으면 아무것도 없다."(중국) 그런데 소비수준이 높아지면 사람들이 지닌 욕구의 우선순위도 일치하지 않게 된다. 예컨대 텔레비전은 필요 없지만 책은 갖고 싶다는 사람과, 그와는 정반대의 사람 사이에서 특정 경우에 계획의 딜레마가 생겨난다. 자유와 계획을 어느 지점에서 조화시킬 것인가라는 문제에 당면하지 않을 수 없게 되는 것이다. 생산력이 자본주의 국가를 따라잡았을 때 소련 사회주의는 진정으로 곤란한 문제에 직면하게 될 것이다. 이 지점에서 사회적 가치를 다층적으로 나열하면서 어느 것이 더 '궁극적'인 가치인가를 묻는 질문과 관련된 불확정성의 전제 쪽에 입각하는 것은 그렇게 하는 것이 정치적 문제의 등장을 구체적인 상황에 밀착하여 더 잘 포착할 수 있는 쪽이라고 생각했기 때문이다.

그런데 사회적 가치가 희소함으로 인하여 그 가치 할당의 결정을 둘러싼 분쟁이 일어난다. 그런 분쟁은 여러 방법을 통해 (일시적으로) 해결된다. 이른바 상호 논의, 외교적 기술부터 순수한 폭력의 행사(국제적으로는 분쟁)에 이르기까지 말이다. 그럴 때 물리적 강제를 최후 수단으로 예상하지 않는 분쟁인 한에서, 즉 분쟁이 그렇게까지 강렬도를 높이지 않는 한에서 그것은 정치적 분쟁이 되지 않는다. 최후 수단ultima ratio으로서의 물리적 강제는 아무리 우회로를 거쳐도 좋다. 예컨대 공공단체가 특정 장소에 휴양시설을 만들지 말지에 관한 정책 결정은 물리적 강제의 문제와는 지극히 멀리 떨어진 것처럼 보이지만, 그것이 결국은 주민의 세금으로 꾸려지는 일인 한에서 물리적 강제를 최후 수단으로 삼고 있는 셈이다. 신이 존재하는가 아닌가에 대한 토의는 신학적 논쟁이지만, 무신론은 괘씸한 것이므로 단속해야 된다는 상황이 되면, 이는 정치적 시스템 속에 들어가게 된다. 대기업에 대처하여 중소기업이 연합함으로써 서비스 경쟁을 하고 있는 동안이라면 그것은 순수하게 경제 시스템의 문제이지만, 중소기업 보호 입법을 만들라는 운동을 국회에서 행하게 되면, 그것은 정치적 시스템에 들어가게 된다. 이는 가치의 전체적 할당의 결정에 관계될 뿐만 아니라 위법행위에 대한 제재와 관계되기 때문이다. 그런 뜻에서 일반적으로 국가권력의 개입을 통해 분쟁을 해결하는 단계에 이르면, 그 분쟁은 정치적 분쟁으로 이행했다고 할 수 있는 것이다.

즉, C는 정치의 최후 수단이 물리적 강제에 있음을 가리킨다.

그러나 여기서 주의하지 않으면 안 되는 것은, 첫째로, 그것이 어디까지나 최후 수단이라는 점이며, 오히려 이른바 정치적 테크닉은 그 최후 수단의 행사를 회피하는 데서 발휘된다는 점이다. 거기에 정치와 군사軍事 간의 차이가 있다. '전쟁은 다른 수단을 갖고 하는 정치의 계속'[85]이지 그 반대는 아니다. 비장의 카드를 도도하게 제시하는 일이 벌어질 때 정치는 끝장이다. 그런 뜻에서 형무소를 가득 채우는 일, 국제적 분쟁의 해결을 외교적 절충이 아니라 전쟁에 호소하는 일은 정치가의 무능력에 대한 증명이다. 옛사람들은 정치권력을 생살여탈의 권[한]이라는 지당한 말로 표명했었다. 즉, 가치(명예·위신·권력)를 부여하고 분배하는 일에서 가치의 박탈에 이르기까지 지극히 넓은 처리/운용이 정치의 테크닉의 실질을 형성하는바, 단지 그 극한 상황으로서 물리적 강제를 통한 가치 박탈이 있는 것이다(육체적 생명을 빼앗는 것은 무엇보다 중대한 가치 박탈이다). 최후 수단이라는 것과 유효성이라는 것을 혼동해서는 안 된다. 유효성은 상대방의 가치 체계와 상관적이다. '금을 원하는가 목숨을 원하는가'라고 강요받을 경우, 목숨을 뺏길지라도 금이 중요하다고 생각하는 자에게 그런 식의 위협이란 유효할 수 없다. '우리에게 자유를 달라, 그렇지 않으면 죽음을 달라'라고 결의한 자에게는 그 어떤 폭력도

85 칼 폰 클라우제비츠의 『전쟁론』 제3권 제8편 제6장 B의 제목 「전쟁은 정치의 수단이다」: "정치는 전쟁을 수단으로 쓴다. 그래서 정치는 전쟁의 성질에서 나오는 모든 엄밀한 결론에서 벗어나서, 전쟁이 끝난 먼 장래에 일어날 수 있는 일들에 대해 별로 묻지 않으며 단지 바로 다음에 일어나는 일의 개연성을 충실히 따르는 것이다. 그러므로 모든 행동에 심한 불확실성이 생겨난다. 그렇기에 전쟁이 일종의 도박이 되면, 모든 정부의 정치는 이 도박에서 노련함과 날카로운 통찰력으로 자신이 적보다 더 나을 것이라는 믿음을 갖게 된다."(김만수 옮김, 갈무리, 2016, 995쪽)

어쩔 수가 없을 것이다. 그 지점에서 B와 마찬가지로 정치의 테크닉 역시 시대와 상황에 따라 가치체계와 상관적인 것임을 알 수 있다.

둘째로, 최후 수단으로서의 물리적 강제는 A에서 말한 전체성의 이미지와 관련하여 그 사회에서의 정당성을 획득하지 않으면 안 된다. 물리적 강제, 예컨대 깡패집단의 폭력, 노동조합의 '실력' 행사, 관리官吏에 의한 법의 강제집행, 정치가의 추방, 로마 교황의 파문 같은 것들 모두는 물리적 강제의 행사이다. 그런 뜻에서, 폭력을 구별할 수 없는 곳에서는 정치적 시스템이 존재하지 못한다. 무차별적으로 폭력을 배격하는 것은 정치적 사유가 아니다. 그것은 실질적으로는 모든 폭력에 대한 무차별적 긍정과 같은 뜻이 된다. 여기서의 정당성이란 반드시 "객관적인" 정당성은 아니지만 사회 구성원들이 지닌 이미지의 정당성인 것은 분명하다. 따라서 예컨대 국가의 물리적 강제 장치를 순수한 폭력 체계라고 보는 이미지가 구성원에게 일반화된다면 그 국가는 해체 직전에 있는 것이라고 할 수 있다. 행정조직에서의 폭력의 합리화 과정을 살피기 위해서는, 분쟁의 정당한 해결 수단으로서 폭력이 광범위하게 사회 구성원에게 분산되어 있던 시대로부터 출발하여 생각하면 된다.

각각의 사람들이 무기를 휴대하고 자신의 몸을 지키

며 가치의 획득·옹호에 나서는 상태(홉스의 자연상태). 국가권력이 전적으로 해체된 상태. 그때 사람들은 각각은 정의正義의 최고 판정자이다.

결투가 합법적이던 시대.

키리스테고멘切り捨て御免[86]이 허락됐던 시대. 간통한 아내를 남편이 즉시 살해할 권리를 가졌던 시대.

그런 식의 단계를 지나 근대국가가 생겨났다. 근대국가에서 폭력의 조직화와 제도화가 획기적으로 진전되며, 합법적 폭력을 국가가 독점하게 된다. 모든 정치적 투쟁이 궁극적으로는 국가권력의 장악을 지향하게 되는 것은 국가가 최후 수단으로서의 물리적 강제의 정당성을 독점하고 분쟁의 최종적 해결권을 갖기 때문이다. 그러나 국제적으로는 아직 자연상태가 광범위하게 남아 있다. 전쟁은 국제적 분쟁의 폭력적인 해결이며, 정·부정에 대한 최종적 판정권은 당사국에 있다. 따라서 전시 국제법이라는 것이 있게 된다. 나아가 국제연합의 발전은 폭력의 합리화를 국가 이상의 조직에까지 집중시키려는 시도이다.

86 에도 시대 사무라이가 무례한 양민을 즉결하여 죽여도 면죄됐던 일.

(전체성의 이미지가 국가에서 세계로 확대된다. '외교'를 대신하는 국제정치, 세계정치. 정치 내內 시스템)

D는 정치의 방법(method. 이는 수단means과는 구별됨)이 일정 범위에서 이뤄지는 인간 행동의 통제와 조직화에 관계된 것임을 가리킨다.

통제의 대상이 특정 집단에 한정되고 있다는 점이 중요한바, 그런 뜻에서 통제 대상을 한정할 수 없는 행정조직은 존재하지 않는다. 한정한다는 것은 다른 집단과 구별한다는 것이다. 예컨대 종교와 정치 간에는 중대한 상이함이 있다. 보편주의universalism와 특수주의particularism. 사회 기능은 인간 행동의 통제에 한정될지라도 종교에는 범위의 한정이 없다. 전 세계 인류를 통제 대상으로 삼는 정치는 없다. 이를 전체성의 이미지와 혼동해서는 안 된다. 인류를 위한, 인류에 의한 행동이 아니라, 인류를 위하는 것이라고 할지라도 특수한 집단에 의해, 다른 것과 구별되는 집단의 조직화에 의해 목표의 달성이 의도되는 것이다. 대립 집단의 존재가 정치의 전제이다.

영토라고 하는 가장 명확히 구분된 지역을 기반으로 하는 통제 조직이 국가이며, 그런 뜻에서도 국가는 대표적인 정치집단이다. 그러나 거꾸로 정치집단이 반드시 영역 단체Gebietsverband인 것은 아니다. 정당은 다름 아닌 비영역적 단체의 정치집단을 가리키는 전형이다. 영토라는 요소를 제거하면 정당은 소문자로 쓴 국가라고도 할 수 있다. 그러나 그것은 역시 당원이라는 한정된 인간을 대상으로 하는 조직이며 대립 집단을 전제하고 있다.

정치적인 것에 대한 예로부터의 정의는, 대체로 위의 A, B, C, D 가운데 한쪽 측면만을 강조하는 것이 많다. 예컨대 동양의 정치사상은 대개 A에 강조점을 둔다. 도道. (민民의 교육.)

정치에 대한 이념적idealistic 정의—예컨대 플라톤이 내린 정의—는 대체로 그런 카테고리에 속한다. '다스림은 올바르게 하는 것이다政は正なり'[87], '정의正義'(배분적 정의는 B도 포함한다), '공공의 복지' 등등. 이에 대립하는 것은 정치의 수단성에 강조점을 찍는 리얼리스트의 정의定義이다. 마키아벨리, 홉스, 베버, 슈미트, 슈펭글러, 라스웰.

칼 슈미트는 말한다. "친구와 적을 구별하는 것이 정

87 이는 계강자季康子의 질문(정치란 무엇인가)에 대해 공자가 응답한 문장의 일본어 번역이다: "정치는 옳게 바로잡는 것이니, 자네가 올바로 이끈다면 누가 감히 올바르지 않겠는가政者正也 子帥以正 孰敢不正."(『논어』 제12편 「안연顔淵」)

치이다. 친구·적 관계를 결정하는 것은 국가의 자주성에 맡겨진다. 정치는 주로 국제관계에 있다. 외교가 내정에 우선한다."[88] 이렇게 되면 정치는 국제적 장으로 옮겨지고 만다. 또 정치적 통일이 갖는, 대립하는 것들 간의 통합이라는 측면이 사라진다. 거기서 국내적인 대립은 과소평가되며, 국제적으로는 대립하는 것의 통합을 과소평가하게 된다. 친구와 적을 결정하고서는, 이를 통합하는 과정이 없다면, 그것은 영구히 전쟁을 행한다는 사고방식이 된다. 전체성, 통합성, 목적성이 작용하고 있지 못한 것이다.

어떤 사람이 칼 슈미트의 말을 두고 육식 짐승肉食獸적인 정치관이라고 평했다. 슈미트에게는 대립하는 것을 통합하는 과정이 없다. 대립자에게는 '절멸'만이 있을

88 1932년판 『정치적인 것의 개념』 제2장 '정치적인 것의 규준으로서의 동지와 적의 구별' 중 한 대목: "정치적인 행동이나 동기의 원인으로 여겨지는 특정한 정치적 구별이란 적과 동지의 구별이다. [...] 적과 동지의 구별은 결합 내지 분리, 연합 내지 분열의 가장 강도 높은 경우를 나타낸다는 의미를 가지며, 도덕적·미학적·경제적 또는 다른 모든 구별을 그것과 동시에 적용하지 않아도 이론적으로나 실천적으로 존립할 수 있다. 정치상의 적이 도덕적으로 악할 필요는 없으며, 미학적으로 추할 필요도 없다. 경제적인 경쟁자로서 등장해야 하는 것도 아니며, 어쩌면 적과 거래하는 것이 오히려 유리하게 보일 수도 있다. 적이란 바로 타인, 이방인이며, 그 본질은 특히 강한 의미에서 낯설고 이질적인 존재라는 것으로 족하다."(정태호 외 옮김, 살림, 2012, 39쪽)

뿐이다.

사회적 가치의 할당을 목표로 물리적 강제가 행해지고 있는 것이 실제[상황]이다. 정치를 의사결정decision making이라고 파악하는 것이 위의 C이다.

코뮤니즘에서 정치의 개념은 대립의 이미지와 통합의 이미지를 갖고 있다. 부르주아 국가에 관계된 대립의 개념, 사회주의 국가에 관계된 전체성의 개념, 그런 두 가지 정치 개념을 갖고 있는 것인데, 대립하는 이 두 관계가 하나의 정치 개념으로까지 통일되어 있지는 않다.

국가라는 것은, 역사적으로는 A, B, C, D 가운데 하나에 강조점을 찍으면서 발전하고 있다.

2. 정당의 본질과 발전

정당은 오늘날의 의회민주제도 아래서도, 또 이른바 프롤레타리아트 독재 정치체제 아래서도 가장 노멸한 정치집단이며, 국민의 의견이나 이득손실을 통합적으로 표현하는 가장 정통적인 유형으로 간주되고 있다. 그러나 다른 한편 여전히 "정당"이라고 하면 나쁜 연상 작용이 항상 따라다니며 정치가statesman와 구별되는 정치꾼政治屋[정치 브로커]이 둥지를 틀고 있는 동굴로 여겨지고 있다. 정당은, 베버가 말하는, 정치를 위해 사는 것이 아니라 정치에 의해 사는—즉 정치를 직업으로 삼은 사람들의 집단으로 간주되는 것은 그래도 괜찮지만, 정치를 먹잇감으로 삼고 정치를 통해 이권을 추구하며 개인적 권세욕을 만족시키고자 하는 사람들의 집단으로 여겨지기 십상이다('당리당략에 속박되지 않고 국가 사회를 위해 힘을 다하는 사람', 당파).

그런 사정은 결코 일본만의 현상이 아니다. 예컨대 미국에서도 사정이 같다는 것은 S. 노이만의 다음과 같은 말을 통해서도 알 수 있다.

"이제까지 정당은 공공의 사안에 관해서는 악당(villain[빌런])으로 취급되면서 진지한 고찰에는 적당하지 않은 것으로 조소의 대상이 되거나 완전히 무시되어 왔다. 특히 미합중국에서는 지금까지 '미국 정치의 정신'이란 직접민주정의 풀뿌리grass roots에서만 발견되어야 한다는 기저에서의 확신이 지배해 왔다. 그렇게 조직적 정당은 마치 정치의 병리학에서 보이는 발열發熱 곡선에 불과한 것으로, 정치체body politic에서의 보스[Boss(두목)] 지배라거나 '직업적' 정치라거나 '당의 머신[machine]'의 질병 상태가 악화되고 있음을 기록하는 의미밖에는 갖지 않는 것으로, 자유로운 시민의 개성을 억압하는 것이라는 식으로 간주되어 왔던 것이다."(S. Neumann (ed.), *Modern Political Parties*, 1956, p.1) (미국에서의 "정치의 가치 체계")

단, 노이만의 말을 통해서도 엿볼 수 있듯, 마찬가지로 정당이 정치적으로 의심을 받고 공정하지 않은 존재처럼 간주되어 왔을지라도 그 역사적 근거는 일본과 미국의 경우가 전혀 반대 방향성을 띠어 왔다는 점에 주의하지 않으면 안 된다. 미국의 경우는 이를테면 정당에 대한 '아래로부터'의 혐의이다. 직접민주정의 전통, 풀뿌리의 데모크라시라는 입장에서 정당의 대표 기능이 심문되고 있는 것이다(루소, 『민약론[『사회계약론』(나카에 쵸민의 한역본 제목은 『민약역해(民約譯解)』]』. "인민은 대표되지 않는다." → 정당의 부정).

이에 반해 일본의 경우는 어떤가. 일본에서 공공성을 상징하는 것은 전통적으로 인민이 아니라 공동체와 동일화된 국가였다. 국가는 전체를 표현하고 정당은 그 이름처럼 부분만을 대표했다. 이것이 번벌藩閥 정부 시대부터의 천황제 국가의 견고한 전통적 사고양식이었다. 따라서 천황제 국가에 직결된 관료제는 정당에 비해 더 전체적인 것, 따라서 더 공공적인 것을 대표한다고 여겨졌으며(관리당吏黨 ↔ 민당民黨, 이는 자주적인 결정 주체이고자 하는 한에서 단순 기술적 사무 집행기관이 아니었다), 이것이 거국 내각의 정당성 근거가 되었다. 야마가타 아리토모[89]가 지방자치제를 설정했던 것도 지방 농촌을 다름 아닌 정쟁으로부터 초연한 것으로 삼음으로써 지방을 '춘풍화기春風和氣, 아이들을 키우고 자손들이 번성하는 땅으로 만들기 위해서'라는 구실 아래, 정당의 침윤을 배척하고 관료 세력의 농촌 장악을 가능하게 하려는 근본 의도가 있었던 것이다. 그런 사상적 전통은 쇼와 신체제 운동으로까지 이어지며 거기서도 코노에 후미마로[90]의 [거국]익찬 운동의 이념이 됐던 것은 정당이 부분의 대표에 불과하다는 사고방식, 국민 전체를 대표하는 조직·정치 세력은 정당이 아닌 다른 데서 찾아야 한다는 사고방식이었다.

독일처럼 융커[19세기 중엽의 지방 대지주 귀족 계층]와 관료제가 강했던 곳에서도 국가=전체, 정당=부분이라는 동일한 이미지가 생성되어 있었으며, 이것이 대중 민주정의

89 1838~1922. 최종 계급 및 칭호는 원수 육군 대장. 제3대/9대 내각 총리대신, 추밀원 의장, 육군 제1사령관, 육군참모총장, 귀족원 의원 등을 역임한 메이지 유신 공훈자.

90 1891~1945. 1937년 6월부터 1941년 10월까지 제3차에 걸친 내각의 총리대신. 정당 체제를 비판하면서 동아협동체론의 이념을 논구한 '쇼와연구회'를 사적인 싱크 탱크로서 주재했다. A급 전범으로 확정되어 자살했다.

세례를 받아 나치의 민족공동체 사상 및 그것에 입각한 정당정치 배격론으로까지 발전해 갔던 것이다. 따라서 동일하게 정당이 의혹의 대상이 되었을지라도 그 유래와 방향성은 역사적 배경에 따라 달랐다는 점에 주의하지 않으면 안 된다.

그러나 어찌 됐듯 정당은 오랜 역사적 발전을 거치면서 점점 더 오늘날 대중 데모크라시 시대 모든 국가와 체제에서 정치적 성좌의 중핵을 이루고 정치적 통신 체계에서의 발신·송신·수신 등 어느 측면에서도 중추적인 역할을 맡게 됐지만, 현대 정당의 그런 명확한 지위는 19세기 중반 무렵까지만 해도 서구 여러 나라들에서조차 결코 자명한 것이 아니었다.

다양한 국민의 정치적 개성은 정당의 존재 방식에서 가장 집중적이고도 선명하게 드러난다. 예컨대 동일한 의회제—의원내각제—하일지라도 실질적인 정치과정 혹은 정치적 사이클의 형태는 다양하고도 상이하며, 또 문화 전체 속에서 정치가 점하는 지위나 정치에 대한 공공적 이미지가 현저한 차이를 보이는데, 그런 차이는 다름 아닌 정당의 존재 방식, 조직, 기능의 방식을 살펴보면, 다른 그 어떤 지표를 살필 때보다도 더 명확하게 드러난다.

사회주의 나라에서도 마찬가지로, 동일한 마르크스주의를 받들고 동일하게 프롤레타리아트 독재 체제에 입각한 여러 나라에서 보이는 정치과정의 상이함은 "공산당"이라는 정치적 중추에 대한 분석에 의해서 비로소 인식될 수 있는 것이다. 각국 정당의 역사적 배경 및 구조를 밝히는 일은 정치적 인식에서 모든 공식주의에 대한 가장 확실한 예방약이자 치료약이다.

사회주의의 공식, 양대 정당의 공식 등등.

그러나 여기 이 강의에서는 너무도 다양하며 풍부한 각국 정당의 발전 방식에 대해, 오늘날의 그것이 갖는 구조·기능에 대해 도저히 개별적으로 파고들 수가 없다. 게다가 정당에 관한 성급한 일반화는 위와 같은 정당 연구가 갖는 중대한 의미를 매장시켜 버리게 될 것이다. 그러한 딜레마가 있음을 전제로 놓고, 개괄을 시도해 보겠다.

정당의 발전사에 대한 시각 자체가 그 나라 정당의 실태에 따라 규정되어 있으므로, 일반적인 발전단계론으로 규정하는 것은 곤란하다.

영국

원내院內의 간사whips로부터 정당 간부caucus로. 대중

조직과 당 규율의 발전. 명망가정당 → 대중정당

미국

i. 합중국의 관직서임권patronage이나 이득손실의 배분을 둘러싼 서술이 중심.

ii. 부문section들 간의 대립(지방 보스), 조직과 규율이 없음.

압력단체, 어떻게 전국적 정당이 되는가.

프랑스

i. 좌익·중앙·우파라는 경향tendance. 지지 계급 등[,] 사회적 기반.

ii. 의회 내에서의 정당 연합의 형성과 법칙이 중심.

독일

i. 정부·관료제와 정당의 관계.

ii. 세계관 정당의 발전. 정당 조직화와 비국민화의 패러독스. 비관주의.

일본

분열·합동, 신당新黨·분열. 파벌 형성의 역사, 이합집산의 역사.

정치학적 관점에서 이뤄진 정당사政黨史 연구의 업적이 결여되어 있기 때문에, 관련 연구 전통이라 할 만한 게 없음. 정치사 일반 속에서 해소되어 버림.

나치 이후, 아시아·아프리카 정당

독재 정당, 반체제 정당의 문제.

정당의 기원은 정당을 어떻게 정의하느냐에 따라 거의 무한히 거슬러 올라갈 수 있다.

에드먼드 버크가 시도한, 정당에 대한 저명한 정의.

"정당A party이란 어느 한 나라의 사람들이 완전히 합의한 모종의 특수한 원리에 입각하여, 공동의 노력을 통해 국민적 이익을 증진시키려는 목적을 갖고 단결한 것을 말한다."(Speech to the Electors of Bristol[브리스톨 선거인단을 향한 연설, 1774년 11월 3일])

정당을 다른 이익(요구)단체와 구별하는 점은 정당이 '권력'을 지향하고 집단 결정 주체에 대한 통제를 행사한다는 점에 있다. 프리드리히C. Friedrich는 다음과 같이 정의한다. "정당이란 모종의 법인체corporate body의 통제를 획득·유지하려는 목적을 가지고 지속적stably으로 조직된 사람들의 집단을 말한다."(Carl J. Friedrich, *Constitutional Government and Democracy*[입헌 정부와 민주주의], 1937, p.297)

겐페이의 싸움[헤이안 시대에 대결했던 두 씨족(源平); 동지와 적 사이의 대결]은 정당 간의 싸움인가?

정치적 투쟁 속에서 이뤄지는 당파Faction의 형성이라는 점에만 착목한다면, 유럽에서도 13~14세기 이탈리아 황제당Ghibellini과 교황당Guelfo의 대립 혹은 영국(장미전쟁[1455~1485])에서의 흰 장미당[요크 왕가]과 붉은 장미당[랭커스터 왕가]의 대립[왕위쟁탈전] 등이 거론될 수 있을 것이다. 그러나 오늘날 정당의 계보라는 관점에서 본다면, 일반적으로 인정되고 있듯 정당의 가장 오래된 기원은 영국 토리당Tories[1678~1830. 보수당의 전신]과 휘그당Whigs[1678~1859. 자유당의 전신]에 있다. 그렇지만 17세기 영국 혁명의 주역이 됐던 퓨리턴[이하 '청교도']은 스튜어트 왕조의 체제 전체에 대해 반항했던 것으로, 왕조의 입장에서 보면 단순한 반도反徒에 불과하며 아무런 합법적인legitim 지위를 인정받지 못하고 있었다. 크롬웰 혁명이 청교도 독재가 됐던 것은 시계의 진자가 정확히 정반대의 극단으로 움직였던 것과 비슷한바, 뒤이어 명예혁명을 거치고 종교개혁의 투쟁이 일단락되며 국교회파의 토리당이 휘그당에 의해 옹립된 오렌지 공 윌리엄 3세를 인정하면서 이른바 헌정/입헌적 토리당Constitutional Tory이 된 이후, 비로소 휘그당과 토리당은 무력에 호소하지 않고 의회를 무대로 삼은 헌정상의 정당으로서 대치하게 되었다. 그러나 그때는 아직 내각제도가 형성되어 있지 않았으며, 오히려 내각제, 그러니까 의회에 대해 책임을 지는 내각제는 그 두 당의 대립 속에서, 구체적으로 말하면 월폴[91]에게 끌려 들어간 휘그당이 의회에서 안정된 다수를 확보하고자 했던 노력의 성과로서 생겨난 것이었다. 물론 그들은 반대 당에 대한 와해·매수 등등의 모든 수단을 취했다. '나와 타운젠트 경은 왕에 의해 나라의 통치를 위임받은 〈상회商會〉Firm다'라는 말은 월폴의 공공연한 큰소리였다.

그러나 어찌 됐든 영국의 이른바 양대 정당과 책임내각제도는, 종교개혁의 일단락 이후 가톨릭과 비-국교도non-conformist를 정치적으로 배제되어 종교 중심적인 정당 형성의 가능성이 사실상 소멸됐다는 배경하에서 확립되었다는 점, 나아가 그러한 헌법 정치의 규칙이 오랜 관행으로 확립된 이후에 산업혁명을 맞았다는 점, 그 두 가지 조건을 빼고서는 이해할 수 없는 것이며, 영국

91 로버트 월폴(Robert Walpole, 1676~1745). 영국 정치가. 조지 1세 시기에 내각 정치를 구성했으며, 영국 의원내각제의 첫 수상이다.

이 이른바 정당정치의 모국이 됨으로써 의회정의 모델이 될 수 있었던 까닭 역시 그 두 가지 조건을 빼고서는 이해할 수 없다. 유럽 대륙의 여러 나라들은 그런 두 가지 조건을 모두 결여하고 있었기 때문에 한편으로 종교정당 특히 가톨릭 정당을 둘러싼 교권과 속권의 관계가 오래도록 정치 투쟁의 쟁점이 되었으며, 다른 한편으로 의회정치의 확립 과정이 산업혁명 이후의 사회적 대격동과 시기적으로 겹친다는 오해 속에서 계급 대립의 문제가 처음부터 의회정치의 심각한 쟁점이 되었고, 그런 이유로 영국처럼 시대에 비교적 부드럽게 적응해 갈 수 없었다. 진짜 보수주의는 영국에서만 볼 수 있다는 말과 진정으로 의원내각제가 성공한 것은 오늘날까지 영국 말고는 없다는 말은 우연한 게 아니라 역사적인 관계가 있는 것이다(19세기 프랑스에서는 왕정복고 이후 루이 18세와 루이 필립이 연이어 국회의 우월함을 제지하기 위해 여러 정당 사이에서 '분단시켜 지배한다divide et impera'라는 정책을 취하여 거대 정당의 발전을 방해했던바, 제3공화정이 이뤄졌을 때는 이미 사회주의 세력이 현저하게 대두해 있었다. 독일에서는 한편으로 비스마르크가 인솔했던 융커 관료층이 확실하게 국가권력을 장악하고 있을 그때 국회에는 공화제에 대한 눈부신 주장을 펼치는 사회민주당이 진출하고 있었고, 제1차 대전의 패배로 인해 점차

의원내각제가 확립됐을 때는 동시에 프롤레타리아 혁명이 일정에 올라가 있었다. 그 와중에 사회민주당 내부로부터 스파르타쿠스[92]가 탄생하고 있었다).

단, 영국적 의미에서의 의원내각제 혹은 정당정치의 불안정성이나 열악한 조건bad working이라는 것이 반드시 그 나라 정치적 시스템의 불안정성을 가리키는 것은 아니며, 하물며 그 즉시 사회적 불안정성으로 직결되는 것도 아니다.

예컨대 프랑스. F. Goguel, *Les partis politiques en France*[프랑스 정당][Encyclopédie politique de la France et du Monde, tome 1[프랑스와 세계 정치 백과사전, 1권]], 1948에 따르면, 제3공화정 아래의 다수당은 그 경향에 따라 말하자면 체제정당le parti de l'ordre établi과 운동정당le parti du mouvement으로 크게 나눠진다. 관련하여 각 정당의 득표율을 1876~1936년의 선거를 추적하여 살피자면, 투표율의 변화는 0.5% 이내 (우 55%, 좌 45%), 즉 정당 의석의 현저

92 스파르타쿠스 동맹Spartakusbund. 기원전 73년 무렵 로마공화정에 항거했던 노예 검투사 스파르타쿠스의 이름을 딴 급진 좌파 그룹. 1차 대전 시기인 1916년 1월부터 활약, 러시아 혁명에 촉발되어 1919년 1월 스파르타쿠스 봉기를 일으켰으나 예전의 동료 집단이자 집권 사민당의 국방 장관 구스타프 노스케(일명 '피의 노스케')가 지휘하는 '자유군단Freikorps'에 의해 진압당했다. 로자 룩셈부르크와 칼 리프크네히트, 클라라 체트킨이 맹원이었다.

한 변화와 빈번한 정권 교체가 있었음에도 선거민의 기질temperament은 좌·우의 고정적 균형을 맞춰 줄곧 유지되고 있었다(사회적으로는 뜻밖으로 격동이 없었다). 물론 그 사이에 정당 자신의 경향들은 역사적으로 크게 변동하고 있었다. 즉, 정당 이데올로기의 핵심을 이루는 부분이 실현되는 과정에서 "만족"을 얻게 됨에 따라 과거의 운동 정당이 체제 정당으로 변했고, 뒤이어 새로운 운동 정당이 분출하게 됐던 것이다.

1870년대. 공화파는 의회제에 만족했다. 또 교권주의를 둘러싼 싸움이 바티칸과의 타협으로 해소됐다. 이와 동시에 사회주의자가 진출하게 된다. 1897년이 전기轉機.

républicain[공화주의자] ← radicaux[급진주의자] ← socialistes-radicaux[급진-사회주의당] ← socialiste communiste

규칙(형식)과 내용은 아무 관계가 없는 게 아니다. 하지만 특정 사회체제 아래서 규칙이 이뤄져 그것이 관행화되면, 룰은 사회체제의 변동을 견디면서 다른 상황에 적용될 수 있게 된다. 정치적 변동이 격렬하여 모든 것이 힘 관계로 좌우되면 룰 자체가 불가능해진다.

그러나 저 영국에서도 19세기의 사회적 변동이 정치적 시스템에 끼친 영향은 극히 심각했으며 보수당과 자유당은 모두 그 거센 파도 속에서 근본적으로 본질을 바꿈으로써 오늘날과 같은 형태의 정당이 되었다(자유당의 지위는 노동당으로 대체됐지만 말이다). 오히려 의회정으로부터 의회정 데모크라시로의 발전, 이에 대응하여 명망가정당에서 대중정당으로의 발전(명망가정당 Honoratiorenpartei, 인물정당Persönlichkeitspartei, 대중정당과 기구정당Massenpartei und Apparatspartei)이라는 정당 발전의 일반적 도식화가 시도됐던 것은 대체로 영국을 모델로 삼아 이뤄진 것이었으며, 이는 거꾸로 말하자면, 그런 도식화의 시도 속에서 정치적 시스템과 사회 시스템 간의 운동 관계가 비교적 투명하게 인식될 수 있었기 때문이라고 할 수 있겠다(모든 인자들이 변동될 때는 너무도 복잡해지므로 그런 도식화 자체가 불가능하다).

명망가정당의 단계. 원내 정당, 휘그당도 토리당도. 의원議員 정당, (향신鄕紳[귀족에 준하는 지주/치안판사/기업가/정치인 등의 상류계층, 이하 '젠트리(Gentry)']) 오야붕·코붕[두목/부하]의 패거리 의식적 결합.

국회의 국민화 과정과 정당에 연결된 의회 바깥[원외] 조직의 발전은 병행되고 있었다. 그 과정은 지극히 착종되어 있었고, 원내 간사를 중심으로 하는 위로부터 아래로의 유권자 장악을 목표로 하는 흐름과 원외의 지방 조직을 거점으로 하는 아래로부터 위로의 정당 민주화의 흐름이라는 두 측면에 의해 원내·원외를 통한 정당의 조직화가 발전했다.

중류 계급의 대두, 젠트리에 대한 도전. 1832년의 선거법 개정안Reform Bill.

i. 토리당, 1882. 칼턴 클럽Carlton Club[영국 보수당 본부]. 휘그당, 1836, 개혁 클럽Reform Club. 이는 당내 중앙 조직의 형성과 그 조직을 장악한 원내 간사에 의한 유권자 등록 협회의 발달을 가리킨다! (등록 권유.)

이 단계에서 중류 계급의 급진적 이데올로기는 아직 기성 정당 자체를(휘그당도 포함하여) 완전히 부정하고 있었다.

콥덴과 브라이트[93]의 운동(곡물 조례의 개정). "휘그당을 자유무역주의자라고 선전하려는 것은 뻔뻔한 짓거리다."

93 리처드 콥덴Richard Cobden, 1804~1865. 맨체스터의 기업가, 자유무역주의자. 1841년 서민원House of Commons[하원] 의원에 당선, 존 브라이트John Bright(1811~1889)와 더불어 반곡물법 동맹의 중심인물로 활동했다. 둘 다 자유주의자 중에서도 급진파에 속한다.

ii. 위로부터의 원내 간사 조직에 맞서 아래로부터 행해진 정당간부(회의)caucus의 도전.

1870년대 이후 조셉 체임벌린Joseph Chamberlain[자유당 출신의 제국주의 정치인]의 지도와 프랜시스 슈나드호스트Francis Schnadhorst[자유당 정치인]의 조직력으로 자유당의 지방 조직(자유당 협회)과 그 전국자유연맹National Liberal Federation이 발전했다. 이것이 영국 자유주의의 신기원. 원내 자유당과 완전히 다른, 지방을 근거로 삼아 발달한 자발적 결사voluntary association! 버밍엄의 자유당 협회가 모델이었기 때문에 버밍엄 연맹이라고 한다. 이렇게 정당간부(회의)는 원내 간사의 정당 지배를 배제하고 당무에 관여하게 된다. 1868~1870년 자유당의 내분.

이윽고 체임벌린의 자유당 탈당(아일랜드 문제)을 계기로 전국자유연맹 본부가 런던으로 옮겨 가고, 연맹의 서기 슈나드호스트가 당 중앙의 명예 서기를 겸하게 된다. 원내·원외 조직이 그의 인격 속에서 연결됐던 것이다! 영국에서 직업 정치가professional politician라는 것은 그런 정당간부(회의)를 근거로 한 당서기를 말한다.

정당간부(회의) 속 급진주의자들의 대두가 당의 원외 조직을 발전시켰지만, 당 조직의 정비는 대의사代議士[이하 '국회의원']에 대한 법률의 강화를 가져왔고 국회의원의 이른바 독립성(E. 버크)이라는 이념Ideal은 망실되었다.

일반법칙, 대중조직화 → 당원으로서의 국회의원에 대한 규율 강화.

보수당 역시 1867년 보수당 및 헌법협회 전국연합National Union of the Conservative and Constitutional Association을 형성. 이 단체에서 조셉 체임벌린의 역할을 맡았던 이는 랜돌프 처칠Randolph Churchill[보수당 정치인(윈스턴 처칠의 아버지)]이었으며, 보수당 내에 비밀 프랙션[첩자(프락치/끄나풀)]을 만들고는 이윽고 공공연하게 새 토리당New Tories으로서 당내 민주화의 거사를 치른다.

정당간부(회의)라는 말은 영국에서 1870년대부터 채택되었지만 원래는 미국에서 사용되던 말로 오용된 것이다. 정당간부(회의)란 미국에서 정당-관리자party-manager의 사적인 회합을 가리켰던 말이다. 영국에서 정당간부(회의)는 개인적/사적인 것이 아니었으며 정당-관리자의 회합도 아니었다. 공[공]의 대표적 성격을 갖는 조직을 가리켰다.

현대 정당의 역사적 변화란 결국 테크놀로지와 커뮤니케이션의 발전을 배경에 두면서 정치적 시스템과 사회 간의 인풋·아웃풋 관계의 양적·질적 증대에 대응하는 것이었던바, 그런 역사적 변화는 정당에 있어서 '정치적인 것'의 여러 요소가 집약적으로 표면화했던 데서 시작된다. 예컨대 정당 중앙 조직에 의한 지방 정당 및 이익단체의 계열화, 패트로네쥬[Patronage(후원)](관직 및 이익 획득 기회)의 조직화, 당 규율에 의한 국회의원의 종속성 강화, 이른바 당 기구의 관료화, 중간적 사회층(지방 명망가나 보스)을 매개로 하지 않는 말단으로의 침투 경향 등등. 지방적인 이득손실의 대립 관계에 의한 정당 구분의 상대적 감소(미국 "솔리드 사우스Solid South[전통적 경향을 따라 민주당을 지지하는 남부의 여러 주들]").

루스벨트의 뉴딜. 그는 남부 민주당 솔리드 사우스의 지지 없이도 당선됐다. 공화당 일당 지역에서 민주당 조직이 급격하게 확대됐다. 공화당 역시 남부에 침투했다.

{ 공화당 → 기업 단체
  민주당 → 노동조합

두 당 모두 전국 조직을 가지고 있다.

전후戰後 영국 보수당

1945년의 패배란, 린제이A. D. Lindsay가 평가했듯이 다름 아닌 하나의 혁명이었는데, 왜냐하면 그 패배가 영국을 통치하는 것은 전통적 지배계급 본래의 임무이자 고유한 임무라고 하는, 깊이 침윤되어 있던 표면적 방침을

뒤흔들었기 때문이다. 그렇지만 그 패배의 타격으로부터 보수당은 눈부시게 재기했던바, 거기에는 놀랄 만한 것이 있었다: 당 조직 만들기.

당시까지 당비 납입 당원이 100만 명 이하였는데, 1952년에는 275만 명이라는 미증유의 숫자로까지 상승한다(최저 연액年額 당비 2s. 6d.[2실링 6펜스]).

다른 한편에서, 젊은 당원들로부터의 밀어 올림이 새로운 정황에 대한 보수당의 적응을 재촉했다. 1946년의 보수당 대회에서 보수당 청년부가 집결하여 "반란"을 일으켰고, 이에 당 간부의 진보파가 가담했으며, 그 결과 다음 해에 유명한 산업헌장Industrial Charter이 공포됨으로써, 1945년 이래 노동당의 주도권으로 추진됐던 국유화 계획과 사회보장 등의 성과를 광범위하게 승인하게 된다.

1950년 대회에서의 광범위한 주택 건설 계획의 승인 역시 "대회의 일반 참가자floor"의 격렬한 요구에 기초해 있던 것이다. 그렇게 매년 주택 30만 호를 건설한다는 목표는 1951년 보수당의 선거공약으로 내걸렸고, 정권을 잡은 처칠 내각은 경제 정세의 상당한 곤란함을 무릅쓰면서도 일반재정의 엄격한 긴축 방침과 디플레이션 정책 기조로부터 그 주택 계획만은 별도로 취급했고, 재정[경제부] 장관의 반대까지도 억누르면서 노동당의 목표치를 웃도는 계획을 실행했다.

이 산업헌장은 40쪽 분량의 팸플릿으로 당 본부에 의해 발행되었으며(가격은 한 부에 6펜스), 상당히 고도의 내용이 담긴 재미없는 산업 계획의 설명이었음에도 발행 이후 겨우 3개월 만에 250만 부가 팔려 나갔다. 매회 선거 때에는 몇 십 몇 백만의 리플릿, 포스터, 주간·월간 간행물이 뿌려졌다. 이는 지방의 강고한 당 조직 없이는 이해될 수 없는 일이었다. 게다가 전후 보수당은 선전 방법에서도 현저하게 뉴룩[new look(최신형)]이 되며, 예컨대 『인기 화보Popular Pictorial』라는 타블로이드판 마케팅 잡지 같은 것은 만화·뮤직홀적인 유머나 현상 공고까지 실렸고, 어떤 호에는 흰옷 입은 미녀의 샤워 그림까지 실렸던바, 아닌 게 아니라 그런 사정은 당의 일부에 의해 문제시되었다고 한다. 보수당이 대중사회에서의 대중정당이 갖는 실질을 어떻게 준비해 왔는지 그런 사례 하나를 통해서도 알 수가 있다.(cf. Samuel H. Beer, in "Modern Political Parties" ed. by S. Neumann, p.28)

당의 교육 계몽 기관과 그 활동도 두드러진 현상이다.

그런 교육 계몽을 위해 1945년 11월에 보수정치센터The Conservative Political Centre(C. P. C)가 설립됐다. 선거구에서 집중적으로 당원 가입 및 연구 그룹을 이뤄냈고, 여러 강의를 했으며, 관련하여 특별한 간행물들을 출판했다. 1950년 선거까지 4년 동안 그런 정기적 토론 및 연구 강습회에 참가했던 사람들의 숫자가 총 10만 명 이상에 달했다.

나아가 영국 보수당이 특히 힘주었던 것은 조사부Research Department(정무조사회에 해당)이다. 1929년 네빌 체임벌린[보수당 하원의원, 보건 장관 및 수상 역임]에 의해 설립된 그 조직에는 "밀실의 아이들back-room boys"이 있었는데, 그들은 정치가는 아니었지만 정책 입안을 맡았다. 그 부장은 수상이 직접 임명했다. 1946년 이래 버틀러(진보파)가 부장직을 맡았다. 60명의 스태프를 거느렸고 그 중 24명이 전문조사원이었다. 국방·경제·내정·Political Reference·Editorial Reference의 5국局으로 나눠져 있었다. 주로 시국이나 정책에 대한 출판물을 비롯해 장기적 정책에 관한 당 간부 및 의원의 자문을 맡았다. 특정 구성원은 동시에 장래의 의원 후보이기도 했다.

당 재정財政

자금원과 관련해서는, 초超누진과세 및 100%에 가까운 상속세 때문에, 예전과 달리 중앙이 선거구 조직에 재원을 의존하게 됐다. 1948년 규정으로 할당제가 정해지고 선거구 조직은 중앙 거출액으로서 연액 20만 파운드를 내지 않으면 안 되었다. 가장 빈궁한 협회에 대해서는 거꾸로 중앙에서 원조가 이뤄졌다.

전후의 영국 노동당

당원 조직. 1951년, 610만. 개인 가입(지방 노동당원을 통해) 100만. 단체 가입, 노동조합·사회주의 단체·협동조합·지방 노동당 510만. (노조원 전체는 약 900만.)

1950년 총선거에서의 총투표수 1330만, 즉 절반은 당원 표! (보수는 1250만.) 각 branch[지부]에서 누구보다 활동적인 활동가는 15~20%로 알려져 있었다.

(제명되면 다음 선거에서는 거의 확실히 낙선되었다.)

근대 정당의 개념

정당은 정치적 시스템 속의 하위 시스템으로서 사회와 특정 정치적 시스템 사이에서 행해지는 산출 투입 관계의 가장 기본적인 매[개]체를 이루는 자발적 조직이다(이는 정치과정 분석을 위한 유효성을 고려한 정의임). 이하, 그것에 대해 나누어 설명하기로 한다.

a) 정당은 우선 정치적 시스템 속의 하위 시스템이다. 그것은 말이 가리키는 그대로 부분part이지 정치적 시스템 전체가 아니다. 이른바 일당一黨국가Einparteistaat에서 정당과 전체적인 정치적 시스템 간의 유착은 최고도

에 이르지만(정치적 통일체), 그 경우 당과 국가의 관계 혹은 당과 관료제의 관계가 다양한 형태로 논해지는 데서도 분명하듯, 정당은 전체로서의 정치적 시스템으로부터 구별된 독자적 기능과 영역을 갖고 있다. 뿐만 아니라 통상적으로 정당은 대립하며 경쟁하는 다른 당파의 존재를 전제하고 있다는 뜻에서도 부분part이다. 이른바 서구형 민주주의에서는 그런 대립 정당의 존재가 합법적인 것으로서 공인되고 있지만, 파시스트당과 공산당 독재의 경우에도 역시 잠재적으로 대립 당파(체제 정당 쪽에서 바라본 반혁명파)가 전제되어 있다. 단, 거기에는 당파의 자유로운 형성이 서구형 민주주의처럼 형식적 규준만으로 규율되지 않는바, 완전히 법적으로 금지되거나 당파의 합법성이 체제 정당의 판정에 맡겨진다. 정치과정의 관점에서 살펴보자면, 일당국가 역시 대립하는 여러 당파들과의 투쟁을 거쳐 헤게모니를 확립했던 것이다. 그런 뜻에서는, 과도적인 것을 자각하지 않는 일당 제도란 형용모순이라고 해도 좋다(끝내 반대 당의 존재를 합법화하거나, 아니면 자기 스스로 정당이기를 그만두는 식의 대안밖에는 없다).

b) 정당은 정치적 시스템에 정당 자신의 행동이 객관적으로 관계할 뿐만 아니라 그 시스템에 참가함으로써 그것을 움직이는 주체이고자 하는 지향을 갖거나 아니면 적어도 정치활동을 일차적 목적으로 갖는 조직이라고 할 수 있다(즉, 정당은 정치단체이다). 압력단체를 포함해 사회의 모든 이익집단 및 사교 단체와 정당이 구별되는 기본적 차이점이 거기 있다. 이익집단이나 사교 단체도 이른바 정치활동이라는 것을 행하지만, 그것은 어디까지나 정치 시스템에 대해, 정치 시스템 바깥에서 자기의 요구를 인풋하거나, 정치적 시스템으로부터의 아웃풋에 저항하는 데 머문다. 실질적으로 국가의 정책 결정에 대해 아무리 큰 영향력을 가진 거대한 조직이라고 할지라도—예컨대 자본주의 국가의 거대 독점기업체—스스로가 직접적으로 "정치적인 것"을 자기 행동의 항상적이고도 주요한 목적으로 삼지 않는 한, 정당과는 다른 것이다. 거꾸로, 예컨대 정당의 이름을 쓰지 않은 채 모든 정당의 배격을 슬로건으로 삼은 조직일지라도(마츠오카 요스케松岡洋右, '정당해소연맹'[94]) 위의 조건을 만족시키는 한, 그것은 다름 아닌 정당이라고 할 수 있다. 모든 기성 정당에 대립하는 정당일 따름인 것이다.

c) 따라서 정당은 그 집단 고유의 이득손실 관계를 넘어 사회에 관한 공공적인 전망을 갖고 전체로서의 가치 배분에 관한 결정에 참가하려는 의도를 갖는바, 그런 전망과 목표에 기초하여 복수의 한정된 인간 집단에 통제를 가하고 그 행동을 조직화하는 집단이라고 할 수 있다. 특정 정치적 이데올로기에 의해 결집된 그룹일지라도 그러한 결정 과정에 참가하려는 지향과 객관적 능력을 전혀 갖고 있지 않은 경우라면 정당이라고 하기 어렵다. 예컨대 차리즘[제정 러시아 전제정치] 치하에서의 인텔리겐치아 집단 대다수는 그런 뜻에서 정당이라기보다는 사상 집단이었다. 물론 일정한 상황하에서 그런 사상 집단이 정당으로 이행하는 일은 충분히 가능하다.

d) 정당은 제도화된 결정 과정에 참가하거나 또는 참가하려는 뜻을 갖지만 그 자체로 공적인 결정의 조직

94 1880~1946. 남만주철도(만철) 총재, 외교관, 정치가. 만주사변 이후 '만주국'과 관련하여 국제연맹 총회에서 이뤄진 일본의 외교 행보, 즉 '만주 특수 권익' 주장과 연맹 탈퇴를 관철한 일로 일본 국민에게 '제네바의 영웅'으로 알려졌다. 귀국 후 '국민정신 진흥'과 '쇼와 유신'을 주장했고, 1933년 '정당해소연맹' 결성과 동시에 의원직을 사퇴(연맹 회원은 200만 명), 그 당시 마츠오카가 무솔리니의 파시즘 곁에서 내걸었던 슬로건은 다음과 같다: '로마 진군이 아닌 도쿄 진군을!'

(통치기구)에 완전히 흡수되지 않는 측면을 갖는다. 즉, 사회 속에 뿌리박은 자발적 결사가 정당이다. 정당이 동시에—정당법 같은 형태로—법적 제도인 경우도 있으며 그렇지 않은 경우도 있다. 정당이 동시에 법적 제도인 경우에도 정당이 법적 제도로 끝나지는 않는다. 의회 제도 아래의 의원이나 대신[장관]을 맡고 있는 정당인은 국가기구의 구성원인 동시에 자발적 결사의 일원이기도 하다. 그 두 역할을 구체적 행동과 관련해 기능적으로 변별하는 것은 구체적으로는 곤란한 때가 적지 않지만, 그런 변별은 어디까지나 이론적으로도 실제적으로도 필요하다고 하겠다. 그 까닭은 이른바 국가기관으로서의 측면이 공공 이익을 표현하고 정당 당원으로서의 기능이 사적 이득손실을 대표하고 있다는 이유 때문이 아니다. 정당의 독자적인 공공적 기능이 망실되지 않기 위해서도 그 두 측면의 변별이 중요한 것이다. 일당제의 폐해 중 하나는 그런 변별이 사실상 다당제에 비해 훨씬 곤란하다는 점에 있다.

e) 정당의 본질적인 기능은 정치적 시스템과 사회 간의 매개 장치라는 점에 있다. 어떻게 그런 매개 기능을 수행하는지는 정치 시스템의 구조에 따라, 또 사회구조에 따라, 나아가서 문화에 따라 다르지만, 가

장 일반적으로 말하면 다음과 같이 총괄할 수 있다.

ㄱ. 사회의 구성원(개별적 액터)의 욕구·의사·정열·이익·견해를 정치적 시스템에 전달하고, 정치체의 동향이나 정책을 사회에 전달하는 기능—발화와 커뮤니케이션 채널—, 좀 더 쉽게 말하자면 여론 전달과 비공식적인 홍보 기능. 데모크라시하에서도, 비非데모크라시하에서도 여론에 관한 정보 없이는 정책 결정이 불가능하다. '모든 정부는 의견 위에 서 있다.'(흄) 정치체와 사회 사이를 연결하는 커뮤니케이션의 홈溝[수로]이 데모크라틱한 정치과정의 경우에는 그만큼 더 열려 있으며 더 다양하다. 그러나 예컨대 일당독재 아래서도 대중조직이 광범위하게 뿌리를 펼치고 있다면—불만·불평 같은 부정적인 욕구나 견해의 경우에도 당원이 위로부터 그것을 감지하는 형태를 취할지라도—그런 커뮤니케이션 기능은 완수될 수 있으며 거꾸로, 서구형 민주주의 아래서도 당 조직이 약하다면 커뮤니케이션 기능은 정당 바깥의 루트—예컨대 매스컴—에 주로 맡겨지지 않을 수 없는바, 모처럼 당 조직이 존재할지라도 당내 민주제의 부족 때문에 애써 수집한 정보가 위로 전달되지 못하는 일도 일어날 수 있다. 어찌 됐든 대중사회가 되었을지라도 정당이 광범위한 대중에게 유효하게 작용을 가하고

당의 정책을 선전하기 위해서도, 그 전제로서 예민한 귀와 눈을 가질 필요가 커진다. 당의 정보 부문이 갖는 역할의 증대는 단지 대중에 대한 위로부터의 운용/처리라는 일방통행의 관점만으로는 설명할 수 없는 것이다. 단, 일반적으로 말하자면, 권위적 정치체일수록 정당이 행하는 메시지 전달 기능은 정치체로부터 사회로 흘러나가는 아웃풋의 흐름 쪽이 그 반대 방향인 사회로부터의 인풋 쪽보다 더 많다(정당 기관지).

ㄴ. 정당은 단지 커뮤니케이션 채널이라는 점에서 정치체와 사회의 매개자일 뿐만 아니라, 사회 속에서 무한히 분화되는 의사·견해·이득손실을 가능한 한 공통항으로 묶어 집중시킴으로써 쟁점을 단순화한다. 그럼으로써 '여론'은 무한한 착종 상태를 면하면서 정책 결정에 대해 좀 더 유효한 압력이 될 수 있으며, 또 정책에 대한 인민의 선택도 쉬워진다. 이런 측면을 가리키는 정당의 기능으로서 **'투표자의 무리들**multitudes[떼]**로 인한 혼돈 속에서 질서를 가져오는 일'**[James Bryce, *Modern Democracies*, 1921. 마츠야마 타케시 옮김, 『근대 민주정치』, 1929, 제11장]을 거론했던 이는 브라이스이다(발성發聲 장치, 아래로부터의, 발화/표출articulation, 목소리의 상승 장치, 집약 장치, 위로부터의, 종합/편성aggregation, 도태와 집중).

민주제에서의 국회는 사회의 다양한 이득손실 관계 및 그것에 기초한 정책 형성과 관련한 어음교환소이지만, 정당은 다양한 정치적 이득손실 관계의 분화를 소수의 주요한 홈[수로] 안으로 좋든 싫든 흘려 넣는다. 그런 이득손실과 의견을 두드러지게 하고 그것을 집약하는 것이 정당의 가장 중요한 기능이다. 그러한 선별과 도태의 필요는 현대와 같이 사회 기능이 복잡화되고 있는 곳에서는 불가결하며, 그 어떤 등질적 데모크라시도 단지 문자 그대로 충실한 인민 의사人民意思의 거울일 수 없다. 그런 기능을 정당이 어느 정도로까지 수행할 수 있는지는 적지 않게 대중조직에 대한 정당의 의존에 달려 있다. 일반적으로는 정당의 숫자가 많을수록 도태 과정에서 중대한 이득손실이나 의견이 탈락할 가능성이 적어지지만, 다른 한편 결정 과정에 대한 유효한 충격은 그만큼 곤란해진다. 양대 정당제가 잘 기능하고 있는 데서는 다당제 의회 속에서 비로소 행해지는 조정이나 타협이 의회 이전 단계에서, 그러니까 국회 바깥의 정당 대중조직의 차원에서 행해진다(개괄적으로 한데 묶어내는 일은 어디서 이뤄지는가).

미국에서는 i) 연방의회보다도 각각의 주 차원에서, 보스의 활동을 통해 그런 조정bargain과 도태가 이뤄진다. ii) 정당의 규율이 국회 차원에서도 느슨한바 교차투표cross-voting[당의 소속을 넘어 상호 간에 찬반 투표를 행하는 일]도 적지 않게 이뤄진다. 따라서 그런 측면에서는 양대 정당이라고 할 수 없다. 실질적으로 다당제적인 카테고리에 좀 더 가깝다고 하겠다.

정당은 일반적으로 그렇게 이득손실에의 관심이 발화/표출될 수 있게 하는 것interest articulator과 이득손실에의 관심을 종합/편성하는 것interest aggregator, 이 두 측면을 갖지만, 예컨대 특수한 종교나 인종을 기반으로 하는 정당은 조합[편성] 기능aggregative function보다는 목소리의 상승 기능 쪽으로 기울어져 있는데, 그럴 때 그 정당은 이른바 세계관 정당과 동일하다고 하겠다. 그런 뜻에서 극단적으로 압력단체화된 정당(특수 이익의 절대화)과 극단적인 세계관 정당(폐쇄적 가치체계의 절대화)은 언뜻 정반대로 보이지만 정치과정에서 조합[편성] 기능을 수행하는 정도가 적다는 점에서 공통되는바, 복수 정당하의 의회제에서 거대 정당이 그러한 성격을 띠는 것은 의회제의 원활한 워킹을 곤란하게 만드는 중요 원인이 된다.

단, 일반적으로 현대사회에서는 이득손실과 관심이 다양화되는 경향이 있으므로, 광범위한 대중의 지지를 얻으려는 정당은 어찌하든 종합/편성적인 기능을 고도화시키지 않을 수 없다.

[흔히들 정당 형태의 동력을 오로지 계급 분화에 의한

대립에서만 찾는데, 그것은 단순한 생각이다. 물론 계급 분화가 정당의 대립을 초래하는 중요한 원인이지만, 정당 형성의 원인은 좀 더 복잡하다. 현대사회에서 이득손실의 교착이 반드시 고전적 의미에서의 계급 분화의 일방적 진행이라는 형태를 발현시키지는 않기 때문이다. 이는 정당의 문제를 넘어서는 더 큰 문제이다.]

중간층이 양극 분해되지 않는 것. 농민·중소기업·도시 신新중간층·교사·의사·변호사·free profession[자유직], 서비스업의 증대.

생산관계에서의 위치에 의한 계급 분화와 소득 수입(생활수준)의 관점에서 본 계급 분화가 반드시 서로 조응하지는 않는다는 것.

세대 간 대립(제2차 대전 후의 세계적 현상. 일본의 급속한 변화).

성별 간 이득손실 관계. 부인층婦人層.

소비자의 입장과 생산자의 입장. 의사와 보험자. 병원과 개업의.

종교적 분화.

급진사회주의당socialistes-radicaux과 인민공화파Mouvement Republicain Populaire 중에서 무엇이 좌[파]인가!

조합의 경제 투쟁을 별도로 치고, 다소간이나마 성공한 정치적 대중운동(원수금原水禁[원폭/수폭 금지]·안보[안전보장]·모친대회母親大會[95])은 모두 계급적 상징이 아니라 국민적 상징에 의한 조직화에 기초해 있다.

1949년 패배 이후 사회당의 세력 증대.

한국전쟁·샌프란시스코 강화講和 → 재군비 반대('청년들이여, 총을 들지 마라')·기지 투쟁·원수폭 실험 금지 운동. "평화" "독립"

i. 안보조약 개정. "중립" "헌법 옹호"

ii. 노동조합(총평[일본노동조합총평의회])이 실질적으로 당 조직을 대행하고, 역逆피라미드형을 보정했던 일. 반反권력, 반독점.

전형적인 조직 노동자 → 대기업, 공기업 → 중류 계급화(영국, 서독).

기업 격차가 고스란히 노동자의 생활조건·노동조건에서의 극심한 격차가 되고 있다. 정확히 자본주의 나라의 노동계급과 그렇지 않은 나라의 노동자 사이에서 국

95 1955년 6월 제1회 대회를 개최한 이 집회는 일본 반핵 평화 여성운동에 기반에 둔 사회운동이자 교육문제 개선 운동으로, '원폭 및 수폭 금지'와 '아이들의 생명을 지키자'라는 호소를 원점으로 삼았다.

제적 연대가 곤란한 것처럼.

계급 대립만이 정당 형성의 동력인 것은 아니다. 계급적 이득손실 관계에서 나눠지는 게 아니다.

무계급 사회에서는 반대 정당이란 필요 없다는 논리! → 금지! 이득손실의 대립도, 정책의 대립도 있을 수 있다! 반대 측opposition의 제도화가 없으므로 숙청이라는 형태를 취하게 되는 것.

ㄷ. 정치적 교육 기능

정치적 시스템으로부터 사회로의 아웃풋(정책의 수행) 역시, 정당 활동을 매개로 하여 그 의미나 영향이 국민에게 밝혀지는 것이다.

일당제에서는 특히 정책에 관한 이해와 납득을 얻기 위한 교육 기능이 조직적으로 행해지지만, 서구형 복수 정당제에서도 그런 기능은 자발적 협력의 조달을 위해 중요시되어 왔다. 이런 사정 역시 압력단체와 정당을 구별하는 중요한 표식이 된다. 사회의 전체상을 제공하고 장기적 계획을 제시하는 것은 압력단체의 본래적 한계를 넘어서는 일이다. 그런 제시에 의해, 그리고 위와 같은 국민적 이득손실 관계의 집중화 과정 그 자체를 통해, 사적 인간은 이른바 정치적 시민으로까지 훈련되는 것이다.

(동조성同調性의 획득 및 행사 → 선택을 통한 새로운 가

치체계로의 전환, 혁명, 체제의 선택.)

정당이 행하는 발화/표출(목소리로 드러나게 하는 기능)과 종합/편성(집약하는 기능)은 사실적 과정이라기보다는 상징적 과정이다. 쟁점은 이익이나 태도의 "해석"을 통하지 않으면 단순화될 수 없는 것이다. 정당의 통합 능력은 적지 않게 그러한 상징화의 능력에 의존하고 있다.

따라서 주의해야만 하는 것은, 쟁점의 단순화가 반드시 명확화는 아니라는 점이다. 상징화를 통해 가치판단은 쉬워지지만 사실 인식은 도리어 혼란에 빠지거나 애매해지는 경향이 있다. "민주주의의 옹호" "계급정당인가 국민정당인가" "자본주의인가 사회주의인가" "용공容共[공산주의 관용] 정책" "친미 정책" "국제 신용" "폭력" "평화" "독립"—이런 것들 모두는 선동도 아니며 그 배후에 사회적 실체가 없는 단순한 환영도 아니다. 모종의 대응 관계나 일/사건의 연쇄가 있는 것이다. 단, 그것은 그 자체로 실체에 관한 서술 개념도 아니며 분석 개념도 아니다. 감정을 품고 있는 조직 상징이라는 것이다. 리얼리스틱한 인식이란 그런 상징화를 낱낱으로 찢겨진 "사실"로 환원하는 게 아니라 그 상징화를 그 자체로 서술 개념이나 분석 개념으로 잘못 파악하지 않으면서 요구나 태도가 상징화되어 가는 과정을 궁구하는 것이다.

교통량의 점증(사실) → 도쿄의 거대화 및 도시 계획의 결여 → 역대 도지사의 실정失政.
어디에 '해석'이라는 것이 들어갈 것인가. 상징 과정.

건널목 사고 → 무면허 운전(사실) → 일자리를 찾지 못한 청년의 사회적 훈련 결여 → 전후의 교육 → 일본교직원조합

↙ ↘

교육기본법 → 헌법　진보적 문화인

→ 운전수의 피로 → 주어진 노동할당량의 과중 → 경영자의 혹사 → 최저임금법.

→ 무인 건널목 → 사철私鉄/국철 경영의 문제.

{ "사실"(물리적 현상)

〈일/사건 → 이미지 → 반응〉.

"사실"(사고) 사회적 현상.

어떤 종류의 인간이 길거리를 집단 행진했다. → 물리적 사실 이외의 모든 것은 "상징."

→ 폭력

→ 실력 행사

→ 혁명적 봉기

→ 항의 시위

프롤레타리아트는 이러저러하다(descriptive[서술적/묘사적]?)

어디서 어떻게 사실이 상징화되고 있는가.

→ 프롤레타리아트의 전위前衛는

↗ 공산당은

↘ 그것 이외의 조직은

→ 노동조합의 지도부는

→ 조직 노동자는 → 지평[지구(地區)평의회], ……

→ 노동 인민은 (화이트칼라, 제3차 산업의 종업원, 농민, 일용직 노동자는)

→ 정치적 교육 기능. 상징의 제시.

ㄹ. 정당은 프로그램을 통해, 정책을 통해 사회와 정치적 시스템 사이의 매개자가 되는 것만이 아니다. 정당은 사회 속의 정치적 지도자 양성소이며, 그런 뜻에서는 개인적/인격적으로도 정치적 시스템과의 매개 역할을 맡는다. 즉, 정당 활동 속에서는 쟁점의 도태만이 아니

라 지도자의 도태가 이뤄지는바, 그것은 국민이 전국적 리더national leader를 더 쉽게 선택할 수 있게 한다.

경쟁적 정당제(복수정당제) 아래서의 정당이 행하는 선택은 정책의 선택인 동시에 리더의 선택이다. 민주제는 모든 시민의 참여를 표면에 내걸지만, 각각의 그 어떤 데모크라시에서도 참여와 책임 차원에서는 격심한 차이가 있다(과두지배의 철칙은 그런 경향을 과대하게 표현한 것에 불과하다).

리더십의 자질 일반을 추상적으로 논할 수 없음은 앞에서도 서술했는데, 그 점은 모든 인간이 모든 상황에서 리더십의 소질과 능력을 동등하게 갖는다는 것을 뜻하지 않는다. 정당의 대중조직이 활발할수록 조직의 일반 구성원들로부터, 그러니까 아래로부터의 각 단계를 자연스레 거침으로써, 또는 각각의 차원에 상응하는 정치적 리더가 더 많은 논의를 거침으로써 출현할 가능성이 커진다. 그 반대일수록, 지도자는 고정되거나 다른 집단 및 조직으로부터 낙하산이 내려오는 식으로 조달된다(이는 조직의 침체, 따라서 정치적 시스템의 정체와 관련하여 적지 않은 원인이 된다).

일당제하에서라면, 당내에서는 경쟁이 행해질지라도 국민과의 관계에서 이뤄지는 선택이라는 것은 없는바, 선거는 통상적으로 국민에 의한 지도자의 인증이라는 뜻만을 갖게 될 뿐이다.

3. 정당과 데모크라시: 정당론의 결말

┌ 아마추어의 정치적 관심과 참가
└ 직업으로서의 정치

┌ 부분성과 개별성
└ 일체성과 보편성

↓

복수 정당의 공공연한 지지, 경쟁

↓

i. 일체성은 끊임없이 만들어지는 것이며,

ii. 그 일체성이란 구체적으로는 부분·특수가 떠맡게 되는 것이다.

iii. [그런 일체성이란] 자주적 통합 과정으로서만 존재한다.

"전체성"의 신화

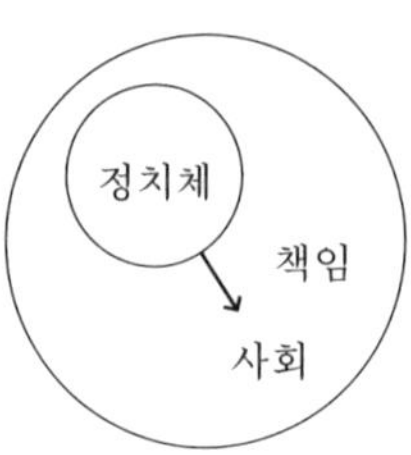

정당은 사회와 정치적 시스템 사이의 매개이므로, 그 구체적 활동 형태는, 한편으로 사회의 역사적·문화적 특질에, 다른 한편으로 정치적 시스템의 구조에 깊이 제약받는다.

전쟁 이전 일본의 정당은 자유 민권 시대를 빼고는, 번벌藩閥 이후 관료 군부 세력과의 타협 및 거래로 시종일관했으며, 그 까닭은 대중정당으로의 발전이 저지됐던 여러 사정들 탓도 있지만, 기본적으로는 천황에 직결된 관료제라는 것이 공적인 결정자로서의 정통성을 독점할 수 있었던 데 기초해 있다. 오른쪽에서 왼쪽까지 정당의 분파적 분열 경향이 극심했던 까닭은, 일반적으로 사회집단의 결합 양식이 이를테면 촌락공동체적 결합의 전위傳位라는 형태를 취했던 것, 저변의 정치적 측면이 반영됐다는 이유가 적지 않다(전全인격적인 결합). 전후 일본의 사례를 들자면, 의원내각제가 확립되었음에도 정당 내부에서의 고급 관료 출신 정치가가 특히 보수당에서 점점 더 우위를 점하는 경향이 있었던 것은 일면 당연한 일로서, 이는 사회적 영예의 순위에서 관료가 점하는 상대적 높이가 드러난 것이기도 하며(차관이나 퇴임 장관이 옆으로 미끄러져 당선되는 일!), 지방 재정에서의 보조금·교부금의 압도적 할당과도 관련되어 있다. 게다가 그런 사정과 더불어 정당이 여전히 조직적 기반을 결여하고 있었고 지역적인 종합/편성이나 발화/표출의 기능이 약했다는 사정은 압력단체의 성격까지도 규정하게 된다. 압력단체는 중앙 진정陳情 단체이며(진정이란 국가의 자비로운 은혜에 대한 기대이다 / 횡적이기보다는 종적으로 작용을 가한다), 나아가 그 진정은 사실상 납세자가 부담하고 있는 대표단의 소비 기회가 되어 있기도 하다. 즉, 전후 멸사봉공의 신화가 무너지고 에고(사적인 이득손실)가 그늘에서 사는 자의 지위를 벗어나면서도 여전히 자발적 결사의 발상이 정착되지 않았기 때문에relative or societal individualism 거기로부터 공공성에의 자생적 통로가 생겨나지는 않았다. 따라서 여전히 관헌官憲 국가가 공공성을 대표하고 관헌 국가의 자비로운 은혜에 의한 국고 지출과 사회보장이라는 성격이 강하게 남아 있는 것이다.

정당과 압력단체의 행동양식은 그렇게 정치적 시스템과 사회 전체의 활력 운동 속에서 파악하지 않으면 안 된다.

아래에는 정당이 빈수정이라는 정치 시스템 속에서 점하는 위치에 대해, 그 활력 운동에 대해 일반적으로만 서술해 놓겠다.

정당은 민주정의 핵이다. (넓은 뜻에서의) 의회정 민주주의의 발전은 고스란히 정당의 발전사였으며, 의회정 이외의 그 어떤 다른 형태의 정치적 민주주의도 정당의 존재 및 활동 없이는 생각할 수 없는 것이다. 그러나 정당이 민주정의 핵이기 때문에야말로 민주정의 문제성과 곤란성을 정당은 집중적으로 표현하고 있다.

애초에 민주정, 즉 인민 통치government of the people[96]란 본질적으로 모순 개념이다. 통치govern한다고 여겨지는 것의 기능 분화, 나아가 통치기구 내부의 계층적 기능 분화는 모든 사회적 가치(욕구 대상)를 모든 인간이 무한하게 획득·향유할 수 없는 한에서는 피할 수 없기 때문이다. 물론 통치(정치적 시스템으로부터의 아웃풋)를 구체적 기능으로 본다면 그것은 지배에서 지도까지, 가치 박탈에서 가치 공여(서비스)까지 광대한 범위를 포함하며, 이에 대한 피치자(인민) 쪽에서의 가치 요구의 구체적 표현 형태 역시 참가에서 저항까지에 걸쳐 모든 뉘앙스를 포함한다. 정치사는 그 양방향의 다양한 조합 방식이 보이는 변화의 역사이며, 정치적 민주주의의 발전은 결국 통치 과정(정책 결정 과정)에 대한 참가의 확

96 이에 편집자들은 다음과 같이 덧붙여 놓았다: "government by the people[인민에 의한 통치]인가."

대 및 그 과정에 대한 저항의 보장이 제도화되어 가는 다양한 방식과 곡절의 프로세스이다. 즉, 민주정이 본질적으로 모순 개념이기 때문에야말로 그것은 끊임없이 무한한 과정 또는 운동으로서만 있을 수 있는 것이다. 그 어떤 민주정도 결정의 집중성과 참가·저항의 분열성 사이의 딜레마, (공적인) 정책 형성과 (사적인) 이득손실의 표현 사이에서의 딜레마에 끊임없이 직면하는바, 그런 딜레마를 타개해 나가야만 하는 것이다.

그 딜레마가 민주정하의 정당에서는 어떻게 드러나는가. 널리 알려져 있듯이 통치 과정에 대한 저항이든 그 과정에 대한 참가든, 역사적으로는 대표체(이에 대해서는 뒤에서 서술함)와 입법체로서의 이중적 성격을 갖는 의회를 거점으로 행해진다. 그리하여 정당은 무엇보다 의회의 정치 세력으로서 전개됐던 것으로, 통치 구조에서 의회의 비중 증대는 고스란히 정당이 통치 구조 속에 정식으로 자리를 잡게 되는 과정이며, 그 과정은 이른바 정당내각제의 확립에서 하나의 신기원을 획정했던 것이다.

그런데 정당이 통치 구조 속으로 그렇게 침투했다는 것은, 동시에 자발적 결사로서 정당의 사회학적 성격을 변모시켰다. 즉, 본래 사적인 클럽에서 출발한 정당이 점점 더 공적인 조직으로 전화됐던 것이다. 그 점은 정당이 헌법·선거법 및 기타 정당에 관한 여러 법규들에 규정된 내용에 따라 형식적으로 실정법상의 제도가 됐음을 뜻하는 것만이 아니다. 정당이 대중조직으로 발전하는 것, 그 조직화의 진전, 나아가 정당의 투쟁 단체(전투 단체)로서의 본래적 성격에서 연원하는 내부적 통제의 강화는 실질적으로 정당을 점점 더 소문자로 쓴 국가, 말하자면 제국 안의 제국imperium in imperio이 되게 한다. 대외적인 "국가"적 행위, 대내적으로 이뤄지는 인간 전인격의 흡수. 스포츠, 교육 등.

이런 경향만이 일방적으로 격화되는 데서는 각각의 정당이 당원들에게 제복을 입히면서 군대적 규율과 훈련을 부과하며, 끝내 공공연하게 무장시키는 데까지 이른다. 바이마르 말기의 정치 투쟁이란 그 자체로 그러한 조직 형태상에서도 폐쇄적인 국가로 변해 버린 정당 간의 전쟁에 가까운 것이었다. 거기서 정치적 통일체는 이미 해체되어 있었던 것이다. 나치의 헤게모니 획득에 의한 파시즘 독재에 의해 정치적 통일체는 회복되었지만, 그것은 이미 제국 안에 있는 하나의 제국이던 나치당이 그 자체로 제국이 됐음을 의미한다(부분이 전체가 되었다). 즉, 20세기에 대중정당적 성격을 가진 일당독재의 출현은 19세기부터 시작하는 정당의 국가 침투 현상의 극한적 형태라고 할 수 있다. 구체적 발전 형태로 보자면, 그런 경로는 물론 숙명적이며 보편적인 길은 아니다. 사적인 클럽에서부터 국가 자체와 일체화된 정당에 이르기까지는 심대한 거리가 있다. [그러한 경로는] 오히려 극단적인 사례이다. 그러나 그런 극한적 형태에서 현대 정당이 통치 과정에서 갖는 문제성이 예리하게 드러나고 있다. 즉, 시민의 자발적 결사라고 하는 정당의 측면은 정당이 통치 구조 속에 자리를 잡고 결정 과정에 항상적으로 참가하게 될수록 그 만큼 희박하게 되며, 그럴 경우 정당의 자발적 결사의 측면을 대신하여 아파라트[Apparat/기구/장치]적인 성격이 짙어지는 경향이 생겨난다.

물론 그때 정당의 대중적 기반이 넓다면, 그런 한에서 참가의 확대는 정도의 차이는 있어도 당원 및 당의 지도 아래 대중단체의 주위로 결집한 대중에게 영향을 끼치게 될 것이다. 그러나 통치 구조와 결정 과정에 대한 저항의 계기가 소실되는 것은 명확하다. 저항의 계기를 결여한 대중 참여의 확대를 두고 전체주의적 민주주의라고 부를 수도 있겠다. 그것은 사회와 인간의 전체적인 정치화를 동반한 민주주의이다.

그러나 위와 같은 사정과 나란히 현대 정치에서의 정당에는 언뜻 반대로 보이는 또 하나의 경향성이 있다. 앞서 시술했듯, 현대사회의 거대화와 그 속에서의 복잡한 기능 분화 및 이득손실의 다양화에 따라 경제 영역은 물론이고 교육·종교·오락·보도 등 모든 면에서 다양한 이익집단과 지역 집단이 끊임없이 배출되고 있다. 이런 상황에 상응하여 발화/표출과 종합/편성의 역할을 좀 더 유효하게 수행하기 위해서도 현대 정치는 이를테면 조직의 확대와 활동의 다양화를 강요받고 있는 것이지만, 그런 만큼, 복잡하고 다양한 이득손실 관련 요구들을 통합하여 공적인 정책으로까지 승화시키는 일의 곤란함 역시 평상시와는 달리 증대했다. 발화/표출의 전통적인 경로(예컨대 정기적인 중앙·지방 의회 선거)에만 의지할 수 없는 지방적인 또는 집단적인 이득손실 관련 요구들은 압력단체로서의 정당에, 개개의 국회의원들에게, 또는 좀 더 직접적으로 중앙의 집행기관에 작용을 가하게 된다. 정당 조직은 상하 모든 차원에서 가해지는 그러한 압력에 직면하여 까딱하면 주체적 통합력과 지도성을 상실하게 된다. 사방팔방의 집단적인 혹은 지방적인 이득손실에 발목이 걸려 버린 결과, 통일적인 목표와 행동을 완전히 결여한 압력단체의 복합체가 되거나, 완전한 힘 관계에 의해 그 속에서의 특수하게 거대한 이득손실 관계—특히 고도 자본주의 국가의 경우에는 독점 기업체 및 그 연합—에 대한 봉사 쪽으로만 치우치게 된다. 그리되면 정당은 실질적으로 사당화私黨化되며, 그 자체로 하나의 또는 여러 개의 압력단체로 전화된다(부르주아 정당이라고 해도 자본주의의 이득손실 관계라는 견지에 입각하는 한, 그 나름으로 전체성의 전망을 갖고 있는바, 이는 아무리 거대할지라도 개별 자본 또는 그 연합체의 이득손실 관계에 압도적으로 봉사는 경우와는 구별되어야 한다). 앞서 말한 전체주의 정당으로의 경향이 정당의 국가화 혹은 군대화라고 말할 수 있는 것이라면, 여기서의 경향성은 정당의 기업체화·상사화商社化라고 부를 수 있을 것이다. 전체주의 정당으로의 경향이 민주주의의 전체적인 정치화로의 경향성이라고 한다면, 여기서의 경향성은 전체적인 비非정치화로의 길이다. 게다가 그 두 종류의 경향성은 반드시 순수하게 한쪽만 따로 관철되는 것이 아닌바, 현실에서는 다양한 형태로 복잡하게 연루되어 있다. 예컨대 나치당은 체제 정당이 된 이후, 특히 점령 지역을 확대한 이후부터는 그 자체로 거대한 독점 기업체였으며, 준엄한 규율과 물샐틈없는 통제의 이면에서는 놀랄 정도의 부패가 진행되고 있었다(정치적 부패는 결코 의회정·정당정치의 특산물이 아니다. 단, 정당정치에는 더러워진 세탁물이 공공연하게 세탁될 수 있는 기회가 있는 데 반해, 관료 정치나 일당독재정하에서는 무대 뒤에서 세탁되거나 아예 세탁되지 않거나 둘 중 하나이다). 전체적인 정치화는 역설적으로 전체적인 비정치화와 일치한다.

위의 사정을 정치적 시스템과 사회라는 분석 개념으로 옮겨 생각해 보면 다음과 같이 된다. 즉, 정당은 어디까지나 정치적 시스템과 사회 사이의 매[개]체이며, 매체인 한에서 그 본래 기능을 수행할 수 있다. 정당이 완전하게 통치의 대리자agent가 되어 버리는 것은 정치적 시스템에 흡수/합병되는 것이며, 정당이 압력단체화하는 것은 정치적 시스템 바깥에 있는 사회에 흡수/합병되는 것이다. 나치적 전체주의에서 사회와 인간은 전체적으로 정치화됨으로써 정치적 시스템이 사회를 모조리 뒤덮는다. 거기서는 수단이어야 할 정치가 자기 목적이 되며 나아가 정치적 책임의 대상이 사라지므로, 일당에 의한 전체적인 정치화라는 것은 실제로는 무책임과 자의恣意가 난무하는 세계가 되며, 나아가 그것에 대한 저항의 거점도 없게 된다. 정당의 압력단체화가 극한에 이른 곳에서 사회의 사적인 이득손실 관계는 정치적 시스템으로 무제한적으로 유입될 "자유"를 갖지만, 정치적 통합과 지도는 망실되며 결국 제각각이 자기를 절대화한 특수적 이득손실의 무질서한 우글거림이 된다. 정당의 진로에 가로놓여 있는 그런 딜레마는 다름 아닌 민주정 그 자체의 딜레마이다.

자기-통치Self-government에 본래 내재하는 방법적 계기—한편으로 개별적인 이득손실 관계와 그 요구들에 자유로우면서도 자주적인 발화/표출을 부여하고 다른 한편으로 강제력을 배경에 두고 공적인 결정을 수행하는 과제, 즉 권력과 자유, 일체성과 다양성이 한쪽만의 비대함이나 서로 간의 분열이 아니라 어디까지나 모순의 통일이 될 수 있게 하기 위해서는, 혹은 통일과 모순이라는 변증법이 이뤄질 수 있게 하기 위해서는 (i) 통일적인 결정 또는 공적인 결정 시스템으로서의 정치체가 모든 이득손실 관계 및 의견의 다양하고도 자발적인 교착의 장으로서의 사회로부터 명확히 구별되어야 하고, (ii) 정치체 바깥에서 발[현]하는 참가와 저항의 요구가 사회의 기본적인 추진력으로서 승인되어야 하며, (iii) 그러한 참가와 저항의 요구가 끊임없이 공적인 결정에 통합되어야 한다.

민주정의 유효한 작동은 다름 아닌 정당이 위와 같은 두 극한 상황의 긴장을 견디면서 주체적으로 활동할 수 있는 의사意思와 능력에 달려 있다. 민주적 정당의 과제가 갖는 곤란함은 민주정 자신의 과제가 갖는 곤란함의 집중적 표현이다. 민주정은 정당이 정치적 시스템에 모조리 흡수되지 않는 자발적 결사의 측면을 어디까지나 보장한다.

물론 정당이 그런 과제를 끊임없이 타개해 나가기 위해서는 민주정의 전제조건이 어느 정도 갖춰져 있지 않으면 안 된다. 즉, 무엇보다 으뜸이 되는 것은 정치적 시스템과 사회 사이의 명확한 기능적 분리가 이뤄져 있지 않으면 안 된다는 점이다. 그렇지 않으면 자발적 결사 그 자체가 존재하는 장이 존재할 수 없기 때문이다. 그러나 정당은 스스로의 활동을 통하여 그런 기능적 분리를 사회의식 속에서 더 명확히 해 나간다. 그 분리는 정당이 갖는 딜레마의 발생 원인이기도 하지만, 동시에 정당의 존재이유raison d'être이기도 한 것이다(전체주의화와 사교·경제 단체화).

그런 사정 속에는 정치에서의 프로페셔널리즘과 아마추어리즘 사이의 딜레마가 숨어 있다. 민주주의와 정당의 변증법은 동시에 그 딜레마의 끊임없는 조정의 문제이기도 하다. 프로페셔널리즘은 정치적 시스템에 전속적으로 소속된 인간(직업 정치가)에 의해 대표된다. 아마추어리즘은 정치적 시스템 바깥, 즉 사회를 주된 활동의 장으로 삼는 일반 시민에 의해 대표된다. 민주정에 대한 신뢰란, 모종의 뜻에서는 아마추어가 통치의 전문가를 통제하는 능력에 대한 신뢰이다(페리클레스의 말: '우리 모두가 반드시 정책 전부의 입안자는 아니지만 우리 모두는 정책에 대한 판단의 힘을 지니고 있다.' 정책의 영향을 받게 되는 자가 정책의 시시비비에 관한 최종적 판정권을 갖는다는 사고방식). 이런 측면에서 볼 수 있게 되는 민주정의 곤란은, 널리 알려져 있듯이 현대사회에서 고도화된 기능 분화, 조직의 비대화 경향, 국가 혹은 정치적 시스템이 행하는 아웃풋의 질과 양의 확대(집행권의 강화 및 행정 기능의 확대)와 관련하여 과연 아마추어 선거민[유권자]이나 아마추어 의원이 적응할 수 있겠는가의 문제이다.

그런데 그 지점에서도 문제는 동시에, 정당의 발전에 따라 정당 내부에서 발생하는 딜레마이다.

정당 발전의 양면성 ↗ 서기국의 형성
유급有給화 →
직업으로서의 정치의 확립

대중정당화 국회의원의 세비歲費 제도가
성립된 것은 20세기 들어서부터이다

조직화의 진전 (명망가정당에서 대중정당으로)
↘ 저변으로 조직이 확대됨

혁명 정당에서의 직업 혁명가가 프롤레타리아트로부터 분화되는 것(레닌).

프로페셔널리즘의 발전은, 의사는 물론이고 스포츠에까지 파급된다. 그러나 정치의 프로페셔널리즘에는 사회적 위신/명망이나 보수報酬의 요구만이 아니라 특유한 위험이 뒤따른다. 당과 혁명의 일체화에 의한 신화神化.

혁명가를 포함한 모든 직업 정치가의 위험 → 보통

사람의 감각에서 벗어나는 것의 위험, 보통의 누군가([예컨대] 학생)가 느끼는 생활 실감으로부터 멀어지게 되는 위험.

두 가지 [유]형, i) 우리들만이 공공성=전체성을 독점하고 있다는 광신성.

ii) 조종/조작manipulation 기능에만 숙달되거나 그것에만 열중함 → 정치 게임의 자기목적화. 네와자寢技[97]의 명인.

당내 민주제가 결여된 정당이 당 바깥의 정치적 시스템이나 사회에서 민주주의의 담당자나 추진력이 될 수 있을 턱이 없다. 당 규율과 자발성의 딜레마는 데모크라시 일반의 딜레마인 것이다.

대중정당에서의 일반 당원, 더 넓게는 데모크라시하에서의 일반 시민은 말하자면 파트타임으로 자신의 전체적인 활동 속의 부분적인 역할로서 정치에 참가한다. 이것이 끊임없는 자발성의 원천이다.

전체적인 정치화 ↔ 전체적인 비정치화

그러한 프로페셔널리즘과 아마추어성의 착종이라는

97 유도나 레슬링 같은 경기에서 상대방을 향해 드러누운 자세로 시도하는 기술들의 총칭.

두 가지 과제 역시 끊임없는 조정의 문제인바, 그것은 정치적 시스템과 사회가 각기 지닌 기능의 구별 문제와 대응한다.

최종적으로, 위의 내용을 관통하는 문제는 결국 부분과 전체, 특수와 보편의 관계라는 근본 문제에 가닿는다. 이는 말하자면 철학적인 문제이지만 또한 전체성과 공공성을 불가결한 계기로 삼는 정치의 근본 문제이기도 하다. 정당은 어디까지나 부분이다. 그렇다고 한다면 정당을 통한 정치적 통합이라는 사고법은 부분성과 특수성을 통하지 않고서는 전체성도 일체성도 보편성도 현실에서는 있을 수 없다는 인식론 위에 서게 된다. 그것 이외의 사고방식, 예컨대 부분과는 별도로 전체성이나 보편성을 대표하는 실체가 있다는 사고방식은 정당에 대한 부정일 뿐만 아니라 민주정에 대한 부정이다. 그것은 정치적 시스템에 따른 사회의 병탄, 인간의 전면적 정치화에 대한 요청 또는 전면적으로 정치화된 인간(본질적인 통치자)에 의한 지배 통치의 숙명적인 필연성의 요청과 대응하고 있다. 역사적으로 군주절대제, 귀족과두제, 관료 지배, 일당독재제는 각기 최고결정권을 장악한 부분 세력이 자기를 실체로 확정하면서 전체적(국민적) 이익의 대표자임을 참칭한 체제이다(이는 실제로 다른 부분, 다른 특수 이익의 부정에 따른, 자기의 특수 이익을 절대화하는 것으로 끝난다). 구스타프 라드부르흐[98]는 다음과 같이 말한다. '독일인은 당파적 광신성과 당파적 내숭[양의 탈을 씀(본성을 숨김)]이라는 일견 모순된 행동양식을 갖고 있지만, 그 두 행동 양식은 동일한 착각, 그러니까 초당파적인überparteiisch 정치가 있을 수 있다는 뿌리 깊은 착각에 입각해 있다.'[Gustav Radbruch, *Kulturlehre des Sozialismus*[사회주의 문화이론], 1931] 이는 지극히 함축적이다. 당파적 광신이란, 다른 당파들과의 공존이나 그것들 사이의 경쟁 및 투쟁이 본래부터 있을 수 없는 것이라는 점, 그런 투쟁은 극복되어야만 한다는 상정을 전제로 삼고 있는 것이다('가능하다면 만장일치unanimous가 좋다!'). 경쟁과 투쟁은 상실과 손해를 낳지만, 상실과 손해는 사회의 활력(바이털리티)의 유지를 위해 치르지 않으면 안 될 대가이다(영원한 충돌. 동물화와 기계화).

물론 전체는 부분의 산술적인 합계가 아니다. 그러나 개個(개인 또는 개개의 집단)를 벗어난 전체적인 것은 어디에도 없다(원자적 개인주의). 개별적 이득손실의, 개별적 인간 활동의(또는 부분인部分人의) 이른바 적분으로서, 그

98 1878~1949. 형법학자, 법철학자. 바이마르공화국 법무장관, 사민당 의원.

런 자주적 통합 과정 속에서 전체적인 것이 끊임없이 드러난다고 보는 것이 권위적 통합에 대한 민주적 통합의 입장이다. 그런 뜻에서 정당에 관한 사고, 나아가 정당의 현실적 행동양식은 해당 문화에 지배적인 인간관이나 사회관을 집중적으로 표현하는 것이라고 하겠다.

[정당의 딜레마는 동시에 데모크라시의 딜레마라는 점을 인식하고, 그것을 적극적으로 타개해 나가는 일이 중대하다.]

4. 대표의 이론과 그 형태들

앞서 서술했듯이 정당은 역사적으로 (넓은 뜻에서의) 의회제와 밀접한 연관을 맺으면서 발달해 왔던 것인데, 그 의회제란 두말할 나위 없이 국민 대표라는 이데올로기와 분리될 수 없이 결속되어 있다. 오늘날의 의회민주정에서 의회가 갖는 지위는 한쪽 측면에서 정책의 심의체 및 결정체이며, 다른 한쪽 측면에서 사회의 여러 요구들과 기대의 반영체라는 이중적 성격을 띠는바, 반드시 정치체에서 사회를 대표하는 측면이 소진되는 것은 아니지만 정치적 시스템에서 심의체나 결정체로서는 의회 말고도 내각·재판소·행정위원회 같은 여러 제도들이 있고, 그것들의 선임 방법이 반드시 공선公選[공평한/공공의/공개적인 선거]에 기초한 게 아니라는 점에 반해서 근대 의회, 특히 하원은 본질상 공선된 의원들로 이뤄진다는 점에 최대의 특색이 있다. 이데올로기적으로 볼 때 의회제란 대표적 측면을 떠나서는 사고할 수 없는 것이다. 의회민주주의parliamentary democracy와 대의제적 민주주의 representative democracy, 혹은 의회주의Parliamentalism과 대의제 시스템Representative System이 동의어가 되어 있는데— 오늘날에는 그런 동일시에 대한 이의 제기의 여지가 있음에도, 그리고 사실, 뒤에서 서술하게 될 것처럼 의회제를 벗어나 다양한 대표제가 이론적으로 주장될 뿐만 아니라 실제로 시도되고 있음에도—, 그런 낱말들에는 적어도 오랜 역사적 배경이 있기에 그것들을 단순한 우연이나 자의에 근거한 호칭이라고 할 수는 없다.

오히려 그런 의회제를 대신하거나 보완하는 대표 이론의 등장의 근거를 알기 위해서도, 의회를 중핵으로 발전한 대표 관념을 검토할 필요가 있다.

여기서 대표 관념의 정치사상사적 발전을 이야기할 수는 없다.

cf. Gerhard Leibholz, *Das Wesen der Repräsentation unter besonderer Berücksichtigung des Repräsenta-*

tionsystems[대표(재현) 시스템에 대한 특별한 고려 속에서의 대표(재현)의 본질], 1929.
Rudolf Smend, *Verfassung und Verfassungsrecht*[(헌정) 체제와 헌법], 1928.
Francis W. Coker and Carlton C. Rodee, *Represntation in Encycloepaedia of the Social Sciences*[Edwin R. A. Seligman (ed.), Vol.13, 1934].
John T. Salter, *The Pattern of Politics*, 1940.
Alfred de Grazia, *Public and Republic: Political Representation in America*, 1951.
일본정치학회, 『연보 정치학. 국민 대표의 신화와 현실: 그 역사적 전개』(이와나미, 1958년)

그러나 적어도 논의해야 할 것은, "대표"라는 관념에 두 가지 기본적 계기가 포함되어 있다는 점이다(repraesentare란 어원적으로 보면, 현존하지 않는 것을 현존시킨다는 뜻이다. 칼 슈미트가 말하듯이—그의 대표 이론 일반을 반드시 수긍하기는 어렵지만—대표의 변증법은 a) 대표되는 것이 보이지 않는다는 점, 즉 거기에 없다는 점, b) 그것이 대표에 의해 거시 나타나게 된다는 점에 이어져 있다)[Carl Schmitt, *Verfassungslehre*, 1928].[99]

제1의 계기는 통일성/단일성Einheit이다. 다수성/다양성Vielheit으로서만 있는 것이 대표를 통해 통일성/단일성으로 나타나게 되는 것이다(정치적 일체성의 표현). 제2의 계기는 직접적으로 전달하거나 사용할 수 없는 요구 및 가치가 대표에 의해 전달되거나 사용된다는 것이다(간접성의 표현). 이 두 가지 계기는 현실에서는 결속되어 드러날 때가 많지만, 꼭 그렇지만은 않다. 오히려 국민 대표라는 관념의 이데올로기적 기능은 그 두 계기를 나누기 어렵도록 결속시킴으로써 의회나 국회의원의 성격을 규정했다는 데 있다.

원수가 국가를 대표하여 외교 문서에 서명하거나, 당수가 정당을 대표하여 연설하는 등의 일은 주로 제1계기의 의미에서이다(정치적 단위, 통일성/단일성으로서의 국가를 대표한다). 신분의회(Etats généraux등족(等族) 회의)에서의 대표 혹은 직능 대표라는 것은 주로 제2계기

99 칼 슈미트, 『헌법론』의 관련 문장들: "대표는 규범적 과정도 아니고, 절차도 수속도 아닌바, 대표는 실존적인 것이다. 대표한다는 것은 보이지 않는 존재를 공적으로 현존하는 존재를 통해서 보일 수 있게 하고 눈앞에 방불하게 만드는 것이다. 대표 개념의 변증법이란, 보이지 않는 것은 현존하지 않는 것으로 전제하지만 동시에 현존하는 것으로 만들어지는 데 있다. 이것은 그 어떤 종류의 존재에 관해서도 임의로 만들어지는 것이 아니며, 특수한 종류의 존재를 전제한다. 생명이 없는 것, 가치가 적은 것과 무가치한 것, 저급한 것은 대표될 수 없는 것이다. 거기에 공공적 존재로의 비약, 실존의 능력이 있는 고양된 종류의 존재는 없다."(김기범 옮김, 교문사, 1976, 230쪽)

의 의미에서이다. 예컨대 전근대 의회에서의 귀족이나 평민은 제각각의 신분만을 대표할 뿐 정치적 통일체로서의 국가/국민nation을 대표하지는 않는다. 그것에는 애초부터 국가/국민의 관념이라는 게 없었다. 뿐만 아니라 평민 대표 역시 별달리 평민의 다수성/다양성을 통일성/단일성으로서 대표하는 것이 아니라 어디까지나 구체적이며 개별적인 평민의 여러 지역적·직능적 집단의 요구에 상응하는 의회에서의 대변자로 여겨졌다. 오히려 사법私法상의 대리나 위임, 관리의 관념에 가까웠다(달리 말해 평민 대표는 개별적 평민, 또는 평민 집단의 이득손실 관계의 대변인이며 의견의 중개인이었다).

따라서 그런 사정 속에서는 유권자의 명령적 위임mandat impératif이 당연한 것으로 여겨졌으며, 개별적인 지령이나 위임을 거스른 의원은 즉시 소환되었다. 이런 관점에서 보자면 근대 의회제의 발전이란, 한편으로 절대주의 아래 제1계기의 의미로서 국가/국민의 가상적/잠재적 대표(재현)virtual representation를 독점하고 있던 군주(자기의 상징화. 모종의 정치적 통일체로서 행동해야 할 때에는 가상적/잠재적으로 그리했던 군주)로부터 그 기능을 부분적으로 또는 전면적으로 박탈하여, 스스로를 "국권의 최고 기관"으로까지 높여 가는 과정이었으며, 다른 한편으로 선거구 유권자의 개별적 명령적 위임에 의한 구속을 제도적으로 부정하면서 이른바 국회의원의 독립이라는 사상—국회의원은 국민적 이익을 대표하는 까닭에 개별적 위탁이나 지령에 구속되지 않으며, 다만 자신의 양심에만 따른다고 하는 표면적 방침—을 관철해 갔던 과정이었다.

19세기 중엽 이후의 영국에서는 그런 명령적 위임에 기초한 대표 관념에 맞선 명백한 대립 속에서 국민 대표로서의 의회제가 정초되었다. 1774년의 버크의 유명한 브리스톨 연설을 보라. — 고전적 대의정代議政의 이념.

> "의회Parliament는 서로 다양하며 서로 적대 중인 여러 이득손실을 대변하는 대사大使, Ambassador들의 회의가 아니다. 의회란 단 하나의 이득손실, 즉 전체의 이득손실을 갖는, 단일한 국가/국민nation의 심의를 위한 모임이다(분명 여러분은 어느 한 사람의 의원을 택했다. 그러나 일단 여러분이 그를 택한 이상, 그 의원은 브리스톨의 일원이 아니라 의회의 구성원이다).
> 거기서 의원은 지방적인 여러 의도나 지방적인 편견들에 의해서가 아니라 국가 전체의 보편적 이성에서 생겨나는 일반적 복지에 의해 인도되지 않으면 안 된다.
> 선거구의 의견은 중요하며 충분히 존중해야 할 것이다. 그 의견에 국회의원은 항시 기쁘게 귀 기울여야 한다.

그렇지만 혹시라도 권위적인 지시나 위임이 내려짐으로써, 의원이 자신의 판단과 양심에 기초한 최상의 명확한 확신을 거슬러 그런 지시나 위임에 맹목이 되거나, 묵시적으로 복종하여 투표를 하거나, 그런 지시를 대변해야만 한다면 어찌 될 것인가. 그런 일은 우리나라 법률이 완전히 관여할 수 없는 문제라고 말하는 데서 끝나는 게 아니라, 우리나라 헌법 전체의 질서와 취지에 대한 근본적 오해로부터 발생하는 것이다."

여기서 제시된 버크의 견해는 동일한 연설에서 다뤄지고 있다. 그 대목 역시 정당에 관한 저명한 정의와 정확히 조응하고 있다.

"정당이란 완전히 합의된 어떤 특수한 원리 위에 선 사람들의 집단이며, 그 목적은 공동의 노력을 통해 국민적 이익을 증진시키는 데 있다."

지방의 젠트리가 중앙에서 클럽을 형성한 다음, 거기서 이성과 교양 전부를 기울여 국사를 논한다! 노블레스 오블리주[고귀하기 때문에 특별한 의무를 짊어짐]. 귀족·명망가는 다름 아닌 영국의 정치적 전위였던 것이며, 선거구 및 선거민으로부터 독립을 요청했던 것(개별적 이익에 영합하지 않는 것)은 레닌의 목적의식=전위, 프롤레타리아트=자연성장성(조합운동)에 알맞게 대응한다.

그러나 버크에 의해 정초된 대표제는 당시 의회의 실태 및 선거제도를 일별하면 알 수 있듯이 여전히 가상적/잠재적 대표(재현)의 전통 위에 서 있으며, 근대의 정형화된 형식적 대표제와는 현저하게 달랐다(현행적인 혹은 축자적인 대표actual or literal representation. 선거에 의해 근거 부여된 대표). 직접민주정의 이념에 입각한 루소가 대표제를 본질적으로 부정했던 것은 바로 그런 단계에 서였다.

루소『사회계약론』제3편 제15장(치자와 피치자의 동일성Identität).

> "주권은 양도할 수 없다. 동일한 이유로 주권은 대표될 수 없다. 주권은 본질상 일반의사 속에 있다. 그러나 일반의사는 결코 대표되는 게 아니다. 일반의사는 그 자체이거나 아니면 다른 것이거나 둘 중 하나이므로 결코 그 중간이란 없다. 따라서 인민의 대의사代議仕란 일반의사의 대표자가 아니며, 그런 대표자가 될 수도 없다. 그들은 인민의 수명자受命者, commissaire 이외에 다른 게 아니다. 그들은 그 어떤 결정적인 약정도 행할 수 없다."

여기서 다음과 같은 유명한 말이 뒤따른다. "영국 인민은 스스로가 자유롭다고 여기지만 그것은 착각이다."

그러나 루소는 동시에 다음과 같은 사안을 인정하고 있다. "도시국가가 지극히 작은 규모가 아닌 이상, 주권자가 그 권리의 행사를 유지하는 것은 우리나라에서는 불가능한 일이다."

버크가 말하는 국회의원의 독립과 국민 대표의 이념이 그가 제시한 정당의 정의定義와 조응하고 있듯이, 중간 세력에 대한 루소의 부정은 당연히 정당에 대한 그의 부정과 논리적으로 연결되어 있다.

그렇지만 프랑스 혁명에서는 직접민주정적인 입장에 기초하여 국회의원에 대한 지령instruction이나 소환recall 제도를 인정하자는 로베스피에르 등의 주장이 패배하는바, 1791년 9월 3일 헌법에서는 다음과 같이 명백히 명령적 위임을 금지한다.

Les représentants nommés dans les départements, ne seront pas représentants d'un département particulier, mais de la nation entière, et il ne pourra leur être donné aucun mandat(Tit. III, chap. I, sec. 3, art. 7) [지역에서 선출된 국회의원은 특정 지역의 대표가 아니

라 국민 전체의 대표이므로 그 어떤 위임도 받을 수 없다.]

명령적 위임의 이런 금지가 근대 의회제의 원칙이 됐던 것이다.

바이마르 헌법 21조.[100]
본[Bonn] 기본법 38조. "……그들(연방의회 의원)은 국민 전체의 대표자이므로 위임 및 지시에는 속박되지 않으며 다만 자기의 양심에만 복종한다."
일본국헌법 전문前文 및 43조. "중의원과 참의원은 국민 전체를 대표하는 선출된 의원들로 구성된다."

상원에 대한 하원의 우위. 하원이 갖는 대표적 기반의 확대 → 직접·보통·비밀·평등 선거권.

[위와 같은 국민 대표의 관념 및 그것에 기초한 근대 의회제의 발전 과정을 편의상 몇몇 단계로 나눠 보면, 그 속에 포함되어 있는 이론이 명확히 부각될 수 있다.]

100 '의원의 자율적 행동권' 규정. "의원은 국민 전체의 대표자로서 그 양심에만 따라 행동하는바, 그 어떤 위임에도 구속되지 않는다."

i. 통일된 정치공동체로서의 네이션nation as a unified political community의 성립(절대주의).

여기서는 아직 인민주권과 인민의 참정권은 인정되지 않고 있으므로, 앞에 제시한 제1계기의 의미에서 대표는 군주·왕으로 여겨지며, 등족[동등한 신분/계층] 회의는 적극적인 참가라는 이념보다는 재정적 필요에 따라 기초되어 있던 것으로, 왕 쪽에서 등족의 협력을 구하는 형식이었다. [뒤이어] "no taxation without representation"[대표 없이 과세 없음[101]]이라는 원칙의 확립으로 전개됨. 등족의회가 명령적 위임을 전제하고 있었던 것은 과세의 이득손실과 결속되어 있던 것이므로, 그런 맥락에서는 당연한 일이었다.

ii. 정치적 통일체(공동체)를 누가 대표하는가.

주권(최고결정권)을 둘러싼 군주와 등족 대표 간의 투쟁.

101 1215년 6월 15일 영국 존 왕의 실정에 대한 귀족 계층의 압력에 따라 왕이 서명했던 '대헌장Magna Carta'에 나오는 구절. 국민이 뽑은 의원의 승인을 왕/행정부 측이 행하는 과세의 정당성 근거로 설정한 문구이다. 1689년 '권리장전權利章典(Bill of Rights)' 및 1776년 '미국 독립선언'에서도 반향을 찾을 수 있다.

영국, 1688년 혁명을 거쳐 18세기에 '의회 속의 왕 King in Parliament'[102] 원칙을 확립.

의회는 전체성과 통일성의 대표라는 의미를 가지면서도 실질적으로는 등족 대표의 전통을 남기고 있었다(집단 대표+개별적 이득손실 대표).

iii. 근대사회의 발전에 동반되는 자생적 중간 세력(등족·길드·자치도시 등).

국가기구의 중앙집권화centralization와 조직화organization, 다른 한편 공동체의 붕괴에서 기인하는 사회 원자화atomization의 진행. 그 과정에서 그룹 아닌 개인이 정치적 공동체의 구성단위로 인정되어 간다.

→ 개별적 이득손실 차원에서의 개인화.

부르주아지(제3 등족[제3계급])가 국민적 전위前衛로서 등장.

등족에서 시민/공민citoyen으로

→ a. 인권, 개인, "시민사회의 구성원."

b. 전체성의 운반자Träger "공민公民"(국민과는 다름. 오늘까지도 그러함).

102 영연방 헌법의 용어. 더 정확하게는 '신 아래 의회 속의 왕King in Parliament under God.' 하원/상원의 조언 및 승인에 의해 행위할 수 있게 되는 국왕, 입법부 견지에서의 국왕을 뜻한다.

[부르주아지-시민/공민의 등장은] 제1계기에서의 대표(전체성의 표현)와 제2계기에서의 대표(개별적 이득손실의 대표)의 상징이 인민주권의 이념 속에서 결합됨을 표시함 → 프랑스 혁명.
(버크의 특수한 지위).
삼부회에서 국민집회Assemblée nationale로. 여기서부터 점차로 국민 대표와 선거권의 문제가 분리될 수 없이 결합된다. 가상적/잠재적 대표의 부정. 부패선거구rotten borough에 대한 제러미 벤담Jeremy Bentham의 공격. 200명의 선거인이 한 사람의 국회의원도 배출하지 못함. 1832년의 선거법 개정.

iv. 참여participation의 확대 요구, 시민/공민의 확대.
원자화가 사실상의 논리로서 강제됨 → 선거권 확대.
민주정 이념의 운동화.
원자적 개인으로 이뤄지는 등질적 사회라는 상정 → 전체성·통일성의 대표와 개별적 이득손실의 대표가 일치됨.

이런 사정을 저변에 깔고, 등질적인 원자적 개인으로서의 투표자를 기초로 지역별로 선출된 국회의원으로 이뤄진 의회(하원)가 국민 대표의 이념을 대표하면서 집행권을 종속시키는 과정이 일단락된 것이 19세기 후반이다. 그 시기는 다름 아닌 의회의 대표 기능에 대한 의혹과 더 나아가서는 부정의 동향이 다양한 형태로 출현했던 때였다. 그것이 바야흐로 정당 조직의 결정적인 전환기에 해당하는 것은 우연이 아니다. 대표제가 품고 있는 현대적 문제는 그러한 의혹 및 부정을 포함한 의회에의 도전의 여러 형태들과 이에 대응하는 서구 민주정의 변화 경향을 살펴보면 좀 더 명확해진다.

i. 의회의 대표적 기초인 선거제도의 문제로서(순수 내재적).
ii. 전통적 의회대표제에 대한 보완 혹은 수정으로서.
iii. 전체적인 부정으로서.

[근대 의회의 기초가 등질적인 개인으로서의 투표자에 있다는 문제, 다른 한편 의회가 내각을 통제하여 국정의 결정 과정에서 중핵적인 기능을 수행한다는 문제, 그 두 문제 사이의 긴장이 최초로 사상적인 문제가 됐던 것은 선거제도를 통해서였다. 이를 집약하는 것이 19세기 후반 비례대표제proportional representation. Verhaltniswahl의 문제이다.]

[월터] 배젓 [비례대표제에 반대함.]

의회의 의사결정자decision-maker(Cabinet[캐비닛/내각] 을 다수 지배 위에 세울 때만이 개별적 이득손실의 집합체가 아니라 전체로서의 국민을 대표할 수 있다는 것.)

[존 스튜어트] 밀 [비례대표제를 옹호함.]

소수자의 권리.

[비례대표제는] 1856년 덴마크에서 처음 행해졌다. 벨기에, 스위스 등.

제1차 대전 이후 급격히 보급되었다.

다수 대표법 { 연기제連記制[103] / 단기제單記制 }

{ 비교 다수법 / 과반수(절대다수)법 → 재투표제 }

→ 우선 투표제preferential ballot. 순위를 매긴다.

i. 제1순위. 과반수 당선.

ii. 제2순위+제1순위 투표=과반수.

iii. 제3순위+제2순위+제1순위=과반수.

103 한 번의 투표를 통해 여러 번의 투표 효과를 얻는 투표 방식.

다수대표법. 이는 필요 없을 것인가. 타성, 기술적인 번거로움이 있다.

누적투표법 → 정원 연기定員連記(동일한 사람이어도 좋다!) 1853년 영국령 케이프 식민지에서 행해졌다. 소수파 보호.

제한연기법

감쇠遞減연기법 → 연기의 순위에 따라 가치를 줄인다.

....

비례대표법

낙선자를 찍은 투표는 사표가 된다.

i. 다른 후보자로의 이양이 가능해지는 것.

ii. 당선 투표수(quota[쿼터/할당])가 정해져 있는 것. 단기 이양식single transferable vote. 정원까지 순위를 매긴다.

명부식名簿式. 투표용지에 각 당파가 제출한 이름들의 명부가 인쇄되어 있다. 스위스식, 독일식, 벨기에식. 당 간부가 당선된다.

이는 불안정의 원인이 아니다. 대립의 결과다! 단, 당 규율의 강화, 조직의 강고함이 전제.

고전적 의회정의 대표 기능에 대한 비판이나 부정의 방향들

i. 지역별 대표여야 한다는 것.

ii. 질적인 상이함이 없는 원자적 개인을 단위로 삼는다는 것(counting heads).

iii. 포괄적 대표여야 한다는 것.

iv. 선출된 의원의 행동에 대해 유권자가 유효한 통제를 가할 수 없다는 것.

v. 집행권의 확대 및 강화에 의해 결정 과정에서 의회의 비중이 내각이나 행정부에 비해 상대적으로 저하된다는 것.

다른 대표제의 제창과 운동—어느 것이나 넓은 뜻에서의 직능대표제.

i. 혁명적 생디칼리즘[급진적 노동조합주의]

프랑스·이탈리아·스페인 등 라틴계 여러 나라에서 일어났다.

직접적으로는 프랑스 사회당이 의회에서 부르주아 정당과 타협하면서 사회당 당원(알렉상드르 밀랑)이 내각에 들어간 일에 대해 사회주의자나 노동조합원이 분노함으로써 시작되었다. 그런 분격이 정치적 수단을 통

한 노동자 계급의 해방은 환상이라는 사상이 되고, 뒤이어 종래의 정치제도 및 정치적 조직(정당)만이 아니라 데모크라시 및 국가권력 일반에 대한 부정이 되었으며, 나아가 노동자 계급의 보이콧·사보타주, 이른바 총파업grève générale을 정점으로 하는 경제적 투쟁(정치 투쟁=정당을 통한 투쟁, 국가권력 획득을 위한 투쟁, 의회 투쟁 등과 대조되는 의미에서의 경제 투쟁)을 통해 자본제를 타도하고자 했다.

조르주 소렐G. Sorel[1847~1922]이 그 이론적 지도자.

혁명 이후, 수립되어야 할 체제에서도 볼셰비즘과 전적으로 대립했다. 중앙정부의 권력과 기구를 인정하지 않았다.

노동자와 농민의 조합(생디카Syndicat)이 기초 단위로 설정된다. 사회는 그렇게 작고 자유로운 코뮌의 느슨한 연합으로 설정된다. 조합이 일체의 생산·분배·소비를 통제한다. 국가나 지방정부만이 아니라 모든 정당, 기타 지역별로 선출된 기관의 대표적 성격이 전체적으로 부정된다.

거대 경영으로의 경향과 함께 이미 제1차 대전을 앞뒤로 하여 노동운동은 영국·독일형 산업별 조직에 의해 단체협약의 방법으로 이행해 있었다. 단, 비교적 자본주의가 고도화되지 않은 이탈리아·스페인에서는 그 뒤로도 생디칼리즘이 영향력을 가졌었다. 하지만 생디칼리즘의 직능 대표 사상은 이탈리아에서는 이윽고 파시즘 조합국가라는 반민주주의적 정치체제 안으로 섭취된다. 파쇼적 혹은 권위적 체제와 직능대표제의 결합은 이탈리아가 모델이 되어 프랑코의 스페인[1939~1975], 살라자르의 포르투갈,[104] 비시 치하[1940~1944]의 프랑스에서 제각기 시도되었다.

소렐 자신이 반의회주의의 입장에서 악시옹 프랑세즈의 샤를 모라스[105]와 공동 전선을 펴기도 했다.

생명의 비약élan vital[베르그송의 용어]의 정동적情動的(이모셔널한) 행동주의 ↔ 합리주의.

대표 이론으로서, 조합을 단위로 삼아 정당과 의회의

104 안토니우 드올리베이라 살라자르(António de Oliveira Salazar, (1889~1970). 법학 박사, 경제학 교수. 1926년 쿠데타로 집권한 카르모나 장군, 2년 뒤에 대통령이 되는 그로부터 재정 전권을 얻어 재무 장관으로 입각, 국가 재정 흑자 및 통화 안정 등의 거대한 업적을 이루었다. 1932년 포르투갈 제2공화국의 총리가 되었고 '국민연합'을 조직하여 일당독재로 나아갔다. 그의 독재 슬로건은 '신, 조국과 가족Deus, Pátria e Familia'이었으며, '새로운 국가Estado Novo' 운동으로 선전되었다.

105 1868~1952, 문학평론가, 시인, 왕당파 우익, 반의회/반혁명주의자. 1894년 드레퓌스 사건을 계기로 결성된 왕당파 조직 '악시옹 프랑세즈'를 주요 활동 무대로 삼았다.

대표 기능을 부정했던 점에서 길드 사회주의 및 이후 파시즘 조합국가의 대표 이론에 영향을 주었다(직능 대표 혹은 직업 대표functional or occupational representation라는 사고 방식).

ii. 길드 사회주의

생디칼리즘의 영향을 받아 민주주의적 대표의 측면을 강하게 밀쳐냈다.

로버트 오언의 협동조합, 중세 단체 이론, 생디칼리즘, 마르크스주의, 콜G. D. H. Cole.[106]

다원적 국가론.

1915년, 내셔널 길드 동맹.

노동조합과 더불어 소비조합까지도 기본적 구성 단위로 삼았다(이것이 생디칼리즘과의 차이이다). 또 국가나 정치 행동을 부정하지 않으면서 경제력이 정치력에 선행한다고 주장했다.

산업별 조합, 전국 길드nation guild가 생산·경영의 주체가 된다. 산업적 민주주의Industrial democracy.

106 조지 더글러스 하워드 콜(1889~1959). 영국 정치이론가, 경제학자, 역사가. 생산수단의 공동 소유 및 협동조합 운동을 옹호했고 페이비언 협회에 속해 있었다. 사회개혁자 로버트 오언(1771~1858)의 전기를 쓰기도 했다.

조합을 통해 산업을 통제하지 않으면 국가를 통제할 수 없다는 주장을 펼쳤다.

지역별 대표제 및 개인 대표제에 대한 콜의 비판.

"그 누구도 단수 또는 복수의 타인을 대표할 수 없으며, 그 누구의 의사도 타인의 의사 대용이 될 수 없다. 참된 대표는 언제나 특수적=직능적이지 결코 일반적·포괄적이지 않다."

인간 자체가 아니라 특정 집단에 공통된 일정한 목적만이 대표될 수 있다. 의회제는 개인권個人權과 사회복지에 손상을 입힌다. 대표가 택한 목적이 선명하지 않으면 않을수록 대표는 사이비 대표가 된다. '만능'의 대표 의회 따위란 있을 수 없다. 단일한 만능 의회가 아니라 상호 간에 조정/조화된coordinate된 갖가지 직능대표체의 체계만이 참된 데모크라시를 실현할 수 있다.

문제는 소비자의 이득손실 관계를 무시한다는 것. 일반 대중general public.

atomistic { individualism / groupism }

relational individualism[관계적 개인주의]

iii. 파시스트 조합국가

조합국가stato corporativo 직능 대표+생디칼리즘+일당 독재.

ㄱ. 공업·광업·농업 각 업종별로 각각 사용자employer와 피고용자(노동자)의 조합이 별개로 조직되어, 이것이 독립 수공업·자유 직업가·예술가의 조합과 더불어 시·군·읍 차원에서 전국 차원에까지 종적으로 계열화된다.

ㄴ. 이와 동시에 각각의 업종마다 자본과 일체가 된 조합협동체가 역시 지방 차원에서 전국 차원에까지 조직화된다. 최고의 전국 조합협동체는 조합협동체청이라는 행정기관의 관할 아래에 놓이며, 나아가 파시스트당의 최고 의결기관으로서의 파시스트 대평의회가 종횡으로 조직되고 계열화된 그 조합들을 완전히 통제한다.

[이러한 직능별 대표와 관련된 시도는 분명 19세기 후반 자본주의의 변모라고 이야기되던 것에 고전적 대표제가 충분히 대처할 수 없었던 간극을 파고들면서 등장한 것

이었다. 그 나름의 존재 근거는 있었지만 종래의 대표제를 완전히 대체할 수 있는 것은 아니었다.

첫째로 그런 직능별 대표에는 설령 여러 집단적 이득손실이 대표제를 통해 정치체 속에 인풋되더라도 대표의 또 한 가지 측면인 전체성·일체성이라는 것이 간과되고 있다. 즉, 기능적/직능적 대표functional representation는 정치적 통합을 가져오는 조직으로서는 기능할 수 없는 것이다. 뿐만 아니라 그런 사고방식은 이득손실이라는 것과 의견을 완전히 혼동한다. 경제적 이득손실과의 혼동이 특히 그렇다.

여론public opinion이란 반드시 공평무사하지 않으며 이득손실과 깊은 관계가 있지만 이득손실 그 자체는 아니다. 예컨대 종교의 문제, 교육의 문제에 관한 의견이 그러한 산업·직업을 단위로 한 대표제에 의해 어떻게 반영되는지가 문제다. 특히 파시즘의 직능대표제에 이르러서는 자본을 협동조합 속에 통합하고 그것을 파시스트가 통제한다. 거기서는 자본이 자유롭게 특가 판매되는 대신에 자본의 협조가 법적으로 강제되는 결과가 뒤따른다. 게다가 자본이 동일한 숫자의 대표자를 낼 수 있는 근거에 대한 설명 역시 불가능하다. [그런 상황이라면] 노동자의 대표가 더 많아도 문제될 게 없지 않는가.

일반적으로 직능 대표의 방법은 직업의 사회적 비중을 어떻게 계량할 것인가라는 문제로 인해 치명적인 곤란에 빠진다.

의회제를 존중하면서 그것에 직능 대표의 사고방식을 집어넣었던 것은 바이마르 독일에서의 경제평의회Wirtschaftsräte였다. 그 평의회의 운명을 보면 직능대표제가 가진 결점을 알 수 있다.]

독일의 경제평의회

유래

a) 1880년 비스마르크가 프로이센에 개설했던 노동·자본 쌍방의 대표로부터 유래한다. 국민경제자문위원회Volkswirtschaftsrat.

b) 1918년 독일 혁명 무렵, 러시아 소비에트 조직의 영향 아래 노동자·병사 협의회Arbeiter und Soldatenräte가 각지에서 결성됐지만, 결국 급진파가 패배하고 1918년 12월 베를린에서 열린 전국대회가 예전부터의 노동조합 대표자에 의해 점유되었다. 사민당이라는 정당의 강고한 조직이 이미 제정帝政 아래 형성되어 있었던 러시아와의 기본 사정상의 차이로 인하여 결국 독일 경제평의회의 정치화는 저지당했다. 급진파가 요구했던 라이히노동자평의회Reichsarbeiterrat를 대신하여 좌우 타협의 산물로서 라이히로부터 지구地區 및 경영에 관여하는 경제평의

회의 설치가 바이마르 헌법에 포함되었다(165조).

라이히노동자평의회
1920년, 준비 수준에서 설치되었다. 경제·사회복지·재정 사항에 관해서는 법률의 발안권을 가졌으며, 정부가 그런 사항들에 관련된 법안을 내고자 할 때는 라이히의 양원에 제출하기 전에 미리 이 평의회에 상정되었다. 노동 행정이나 경제 행정에 관한 위원회의 위원 임명권을 가졌다.
그 구성은, 농업(삼림 포함) 단체 대표 68인, 어업 및 원예 6인, 공업 68인, 상업·은행·보험 44인, 교통·보도·공공사업 34인(그 각각은 노동·자본 쌍방이 각기 반반씩 대표자를 냈다), 수공업 36인, 기타 소비자 단체 대표 30인, 공무원 및 자유 직업 16인, 정부 임명 의원 24인. 합계 346인[326].
실제로 전체 회의Plenarsitzung란 거의 없었으며 위원회가 실무를 맡았다.
의회 같은 일반적 대표 기구의 보조 기능으로서는 의미를 갖는다고 하겠다(결정보다는 오히려 자문기관).
전후 프랑스의 경제이사회Conseil économique. 이는 경영자 단체, 노동조합, 농업조합 등 10개 단체에서 164명을 선출했다.

iv. 소비에트 제도(코뮌적 대표제)
1870~1871년 파리 노동자 봉기—코뮌.
입법과 행정을 겸하며, 임기가 짧고, 인민에 의해 언제든 소환(리콜)될 수 있다.
그런 착상은 반세기가 지난 후 레닌에 의해 부활한다.
1917년 레닌의 4월 테제. “수립되어야 할 정[치]체는 의회제 공화국이 아니라, …전국에 걸쳐, 아래로부터 위로, 노동자·소작인·농민의 대표자로 이뤄지는 소비에트 공화국이다.”
무엇보다 소비에트라는 조직은 이미 1905년 제1혁명 무렵에 처음 러시아에 도입되었다. 러시아 각 도시에서 발발한 파업을 지도했던 것이 바로 공장 노동자에 의해 선출된 노동자 대표 소비에트였다. 그러나 1917년 제2혁명의 승리 이후 볼셰비즘은 페트로그라드의 노동자·병사 대표 소비에트의 실권을 쥐고는 군사평의회를 만들었으며, 끝내 멘셰비키와 사회혁명당(에스엘)을 타도하면서 제3혁명을 수행했다.
독일사회민주당에서 수정주의의 대두. 제1차 대전에서 사민당 다수파의 전쟁 협력. 카우츠키에 대한 환멸. “국가와 혁명” → “그 어떤 법률에도 의거하지 않고 오직 강권력에만 의거하는” 독재를 통해, 국가권력을 탈취하는 것이 아니라 분쇄하고자 함.

레닌에게서 소비에트는 혁명을 추진하는 원초적 거점으로 사고되었을 뿐만 아니라, 도래할 사회주의 데모크라시의 기본적 대표 및 결정 기관으로서 구상되었다.

"대표기관은 남는다. 그러나 특수한 제도로서, 입법과 집행 간의 분업으로서, 의원의 특권적 지위로서의 의회주의는 존속하지 못한다. 대의기관 없이 우리는 데모크라시를 생각할 수 없으며, 나아가 프롤레타리아 민주주의 역시 생각할 수 없다. 그러나 의회주의 없이 우리는 데모크라시를 생각할 수 있으며, 또 그렇게 생각하지 않으면 안 된다."

이 대의기관은 의회처럼 "수다 떠는 방"으로부터 행동체行動體로 전환되지 않으면 안 된다!

위에서 주의할 것은 대표제가 적극적으로 긍정되는 데 반해 의회의 대표 기능은 부정되고 있다는 점이다. 이런 사상은 이후까지 소련의 정치사상에서 일관된다.

동시에, 레닌이 생각하는 사회주의 대표제의 관념은 루소적인 직접민주정 사상을 배경으로 하고 있으며, 의회만이 아니라 전문 관료제 자체에 대한 부정에 입각해 있다. 이는 그가 세계혁명과 국가의 사멸을 바로 연이어 일어나는 과정으로 일정에 올려 놓고 있었다는 점과 밀접히 연관된다. "사회주의 아래서는 원시적 데모크라시의 많은 것들이 불가피하게 다시 회생될 것이다. 문명사회의 역사상 처음으로 대중이 들고일어나 투표나 선거에 멈추지 않고 더 나아가 일상적인 통치에도 자주적으로 참가할 것이기 때문이다. 사회주의 아래서는 모든 사람이 번갈아 가며 통치 활동을 행할 것이며, 이윽고 그 누구도 통치하지 않는 상황에 익숙해져 갈 것이다."

아마추어리즘에 입각하여 통치의 분업과 전문화를 부정함.

물론 그것은 유토피아였다. 레닌이 살아 있던 때에도 이미 소비에트는 정책 결정 주체가 아니었으며 다른 대중조직과 더불어 결정 주체로서의 당에 대한 보조 조직으로서의 지위가 명확했다.

최고 소비에트로부터 지방 소비에트까지의 피라미드는 소련 국가의 기본적 대표기관이지만, 거기서의 대표 기능이란, 소련의 지도자가 인정하고 있듯이 당의 정책에 대한 대중의 반응을 측정하는 바로미터라는 것이었다.

모든 혁명은 열렬한 연애 시기(→ 트로츠키 영구혁명론, 영구 허니문)에서 산문적인 결혼생활(→ 스탈린)로의 판에 박힌 과정을 거친다.

소비에트 대표제를 주장하는 사람들에 따르면, 대표란 단지 개인의 머릿수를 셈하는 것이 아니라 공사公事에 대한 시민의 적극적 참가를 확보하는 것이다. 부르주아 데모크라시처럼 고립적인 개인이 당에 의해 공인된 후보자를 지리적 분포에 따라 투표하는 방식으로 대표자를 뽑는 게 아니라, 공동사회를 향한 공동의 공헌에 종사하는 적극적 집단으로서 대표자를 뽑는 것이다. 추천제에 앞서 철저하게 집단 안에서 토의가 행해진다. 일상적 접촉 속에서 누가 대의원으로 적임인지가 멤버들에게 저절로 알려지는 것이다.

i. 즉 개인으로서가 아니라 집단으로서 대표되는 것 (단, 그 점은 산업 집단에 한정되지 않는다. 지역 집단 소비에트가 다수).
ii. 상급 소비에트는 하급 소비에트로부터 순차적으로 선거를 치른다. 따라서 전체 시스템은 간접선거이지 직접선거가 아니다(그룹 대표).

이에 대한 비판자들은 그러한 간접선거에 의해 당의 침투와 선거의 조작이 행해질 수 있다고 말한다. 그러나 다른 측면에서, 의회정에서도 조작은 행해진다.

어디까지나 그것은 일체성의 대표보다는 이득손실·

의견의 반영체이다. 대大정치와 소小정치(일상)의 분화.

5. 대표제의 현대적 문제

의회가 갖는 대표 기능의 변질.

ㄱ. 압력단체가 집행부에 직접 작용을 가하는 경향.

ㄴ. 의원이 지닌 "독립성"의 신화 붕괴.

대중정당의 형성에 따른 당 규율의 강화, 의원이 거수기voting machine가 되는 경향.

선거구의 이득손실 또는 특수 압력단체적 이득손실에 얽매이는 경향.

ㄷ. 기술 통신 수단의 발전에 동반되는 대중의 직접적 의사표시 경향의 증대.

텔레비전 등, 매스미디어의 발달이 갖는 의미.

전보電報에 의한 통치government by telegram. 매카시즘[매카시즘을 비판한 어느 학자는 다음과 같이 서술한다. "매카시즘은 전보에 의한 통치이다. 매카시가 감정적으로 호소하면 흥분한 대중은 그런 호소에 반응하여 누구누구의 목을 자르라고 대통령에게 직접 전화하거나 전보를 쳤다."]

인민투표(프레비사이트)적 대표 형태의 진출

미국 대통령의 국민 대표적 측면. 프랭클린 루스벨트(뉴딜) 이후. 삼권분립 제도를 역이용하여 새로운 사태에 전통적 데모크라시를 적응시킨 사례.

드골(제5공화국하의 프랑스)은 미국형과 파쇼형 사이에서 미묘하게 유동하고 있다.

파시즘 독재 전국에서의 직접선거에 의한 국민 대표.
조합·등족에 의한 부분적 대표.

ㄹ. 의회정의 정통화 경향에 의한 대표 기능의 자기 제한.

"이단"의 의회 진출에 맞서 그것을 선거법의 운용/처리로 저지하고자 함. 나치의 경험을 전후 공산당 대책에 사용함. 프랑스, 이탈리아.

그러나, i) 의회의 정치적 기능은 대표 기능만을 뜻하는 것이 아니다. 심의(정보) 기능, 관료제에 대한 감독 기능 등. ii) 포괄적 대표제가 갖는 의미가 존재하는 이상, 좀 더 유효한 다른 포괄적 대표제가 발견되지 않는 동안에는 의회제에 대한 일반적 부정은 대표 문제만을 볼 때도 시기상조이다.

사회주의의 정치 형태는 어떤 것인가라는 문제는 여전히 계속 질문받는 단계이다. 그런 사정은 대표제의 측면에서도 언급될 수 있다.

마르크스, 『유대인 문제에 관하여』(1843).

"완성된 정치적 국가란, 인간의 물질생활에 대립하는 인간의 유적類[的] 생활이다."[107](국가의 이상주의Idealismus의 완성은 시민사회의 물질주의Materialismus의 완성이었다.)
… 정치적 국가가 그 참된 완성에 도달할 경우, 인간은 한편으로 정치적 공동체politisches Gemeinwesen의 일원이라는 성격과 다른 한편으로 시민사회의 일원으로서 사적인 인간Privatmensch으로서의 성격을 더불어 가지며, 천상과 지상에서의 이중 생활을 영위한다. 정치적 공동체는 일반적 이득손실을 대표하고 시민사회는 개별적 이득손실을 대표한다. 인간은 두 세계에서 살아감으로써 그 두 이득손실 사이에서 찢겨진다. 한쪽으로는 다른 것과의 공동적 존재로서 살아가고자 하지만 다른 한쪽으로는 에고이스틱하게, 즉 다른 것과 분리되어 살아가고자 하기 때문이다.[108]

107 칼 마르크스, 『유대인 문제에 관하여』, 김현 옮김, 책세상, 2015, 33쪽.
108 인용부호가 없는 이 한 단락 역시, 『유대인 문제에 관하여』(위의 번역본, 33쪽)에서 인용/가필된 것이다.

{ droit du citoyen[공민으로서의 권리]
droit de l'homme[인간으로서의 권리]. 인간과 공동체의 분열, 사유재산권.

1791년 Déclaration des droits de l'homme et du citoyen[인간과 공민의 권리 선언].

게다가, 그런 분열은 단순한 게 아니라 공민성公民性이 부분적 존재에 종속되어 있음을 말한다!

마찬가지로, 『헤겔 법철학 비판』(1844).

분열을 지양하는 주체 → 프롤레타리아트.

시민사회의 계급이자 시민사회의 계급이 아닌 계급. 완전한 인간의 자기소외태인 까닭에 인간성의 완전한 회복이라는 사명을 부여받고 있는 계층.

개인과 공동체의 일치, 인간과 공민의 일치=코뮤니즘.

"현실 속 개개의 인간이 개성적 인간이면서도 더 나아가 유적인 존재가 되었을 그때, 비로소 인간적 해방은 성취된다"(『유대인 문제에 관하여』).[109]

109 축약 표시 없이 축약된 인용인 듯함: "현실적이고 개인적인 인간이 추상적 공민을 자기 안으로 환수하고, 자신의 경험적 삶 안에서, 개별적 노동 안에서, 개별적 관계 안에서, 개별적 인간으로 유적 존재가 될 때에야, 그리고 인간이 자신의 '고유한 힘'[루소의 용어]을 사회적 힘으로 인식·조직함으로써 사회적 힘이 더 이상 정치적 힘의 형태 안에서 그 자체로 분리되지 않을 때에야 비로소 인간 해방이 완성된다."(위의 번역본, 59쪽)

이러한 마르크스의 생각은 실제로 근대 데모크라시에 대한 날카로운 비판이다. 국가와 시민사회의 분열을 지양함으로써 개인과 공동체의 일치가 이뤄지는 사회, 개인이 개별적 이익을 추구하면서도 그런 추구에 의해 공동체의 전체성을 담당하는 공민일 수 있게 되는 사회—이는 어떤 뜻에서 보면 그리스의 폴리스, 그러니까 인간이 폴리스의 공민으로서만 있을 수 있던 사회로부터 노예제적 기초를 제거하고 그것을 공산주의적 생산양식으로 바꾼 사회이다.

대표의 두 가지 계기로 되돌아가 생각해 보자. 하나는 대표에 의해 다수성/다양성이 통일성/단일성으로 되는 것이었고, 다른 하나는 직접적으로 표명(전달·사용)할 수 없는 요구나 가치를 타자가 대표하는 것이었다.

국민 대표
- 개개의 인민people, 사적인 인간의 대표.
- 전체로서의 국민, 국가 공민Staatsbürger의 대표 → 이는 정치적 시스템의 통일성 문제다. 그러나 그것은 역사적으로 당연한 이론이 아니었다. 전체로서의 인민을 누가 대표하는가의 문제는 부르주아 혁명에서 비로소 날카롭게 의식되었다(영국).

개개의 국민이 어떻게 전체로서의 국민이 되는가,라는 문제.

정치적 시스템이라는 것에서 그 시스템으로서의 통일성이란, 한편으로는 통치 구조로서의 통일성이며, 다른 한편으로는 인민으로서의 통일성을 말한다. 폴리스가 붕괴된 이후, 인민으로서의 통일성은 통치 구조로서의 통일성 안으로 해소되며, 로마 제국에서도 또 절대주의에서도 통치 구조로서의 통일성을 가상적/잠재적으로 대표하는 주체가 동시에 인민의 일체성까지도 대표했다. 부르주아 혁명은 처음으로 인민의 일체성을 누가 대표하는가의 문제를, 개개의 국민은 어떻게 전체로서의 국민이 되는가의 문제와는 독립적으로 제기했다.

홉스에서의 대표 이론.

인민의 일체성이란 개인(무한한, 멈춤 없는 욕망 추구의 주체)의 내발적內發的 맥락에서는 생겨나지 않는다. 거기에는 "만인에 대한 만인의 투쟁"[110]이 있을 뿐이다. 개인으로서 전체적으로 멀어지려는 경향의 인간은, 인위적인 인간으로서의 리바이어던 국가에 의해서만 통일될 수 있다(그 국가는 공화국이든 군주국이든 무방하다. 국가주권의 절대성). 통치 구조로서의 일체성이란, 말하자면 바깥으로부터, 갈가리 찢긴 개인에게 처음으로 정치적 통일성을 가져다준다.

루소의 대표 이론은 홉스의 문제 제기를 고스란히 수용하여 일반의지volonté générale에서 인민과 통치 구조를 합일화했으므로, 당연히 개별적 이익에 대한 대표의 문제가 일어나지 않는다. (자유와 권력의 일치) → 마르크스, 프롤레타리아트 독재, 전위당의 독재.

자코뱅 독재는 "시민/공민citoyen"의 독재.

110 『리바이어던』(1651) 13장 「인간의 자연상태에 대하여」에 나오는 "만인에 대한 만인의 전쟁Bellum omnium contra omnes" 또는 "만인에 대해 만인이 적Enemy인 상태." 이는 앞의 제1강에 나온 '인간은 인간에 대해 늑대이다'라는 상태와 등가적이다: "인간은 경쟁 때문에 이익 확보를 위한 약탈자가 되고, 자기 확신의 결여 때문에 안전보장을 위한 침략자가 되고, 공명심 때문에 명예 수호를 위한 공격자가 되는 것이다. 첫째는 타인과 그들의 처자 친족 및 가축들을 지배하기 위해 폭력을 동원하는 것이고, 둘째는 자기 방어를 위해 폭력을 동원하는 것이며, 셋째는 한마디 말, 혹은 단 한 번의 웃음 혹은 의견의 차이 등, 자신의 신상이나 자신의 친척, 친구, 민족, 직업, 가문에 대해 얕잡아보는 사소한 표현들 때문에 폭력을 동원하는 것이다. 이로써 다음과 같은 사실이 분명해진다. / 즉 인간은 그들 모두를 위압하는 공통의 권력이 존재하지 않는 곳에서는 전쟁 상태에 들어가게 된다는 것이다. 이 전쟁은 만인에 대한 만인의 전쟁이다."(토머스 홉스, 『리바이어던』 1권, 진석용 옮김, 나남, 2008, 171쪽)

루소적 "인민" 관념이 현실적 정치과정 안에 놓이면, 인민의 일체성을 대표하는 인간 유형이 설정되거나 아니면 단순한 경제적 인간이 그런 대표적 인간 유형으로부터 구별된다(즉, 시민/공민과 단순한 인간의 구별, 공산주의적 인간과 단순한 인간의 구별). 그런 대표적 인간 유형은 추상적인 것이라는 데 의미가 있지만, 그것이 이윽고 구체적 인간 또는 집단과 합일하게 될 때, 그 합일의 지점에서 정치적 공민 집단이 단순한 인간에 대해 행하는 "독재"가 생겨날 공산이 지극히 커진다(덕德의 지배, 과학의 지배). 자코뱅 당원과 공산당원은 둘 다 아무런 개별적 이익을 추구하지 않으며 모두 공통 이익common interest에 생활 전체를 봉사하는 "추상적" 인간이다. "그는 위험하다, 그는 순수하기 때문이다Il est dangereux, car il est pur." 일상적인 요구를 갖고, 사적인 생활을 갖고, 그것을 즐기는 인간에 대한 경멸('쁘띠부르주아적'!).

독재는 교육과정으로서 합리화된다.

소련의 해결은, 정비된 국가로서 좀 더 리얼리스틱한 것으로서, 앞서 서술했듯이 당이 인민의 전체성을 대표하고 다양한 대중단체와 노동조합·소비조합·협동조합이 개개 현실적 인민의 개별적인 이익을 발화/표출하게 만드는 것이었다. 그것을 각 단계의 소비에트가 연결한다. 당원 교육과 공민 교육의 분화. 당은 폐쇄성을 유지하면서 동시에 특권화되지 않기 위해 열려 있지 않으면 안 된다. 이는 인민주권에 입각한 귀족제라고도 할 수 있을 것이다.

대표가 지닌 일체성의 계기에만 강조점을 찍으면, 인민투표적 지도자로 정치권력의 집중 경향이 더욱 짙어지며, 결국에는 파시즘 독재정으로 이행하게 된다. 개별적·집단적 이득손실에 대한 대표에만 강조점을 찍으면, 직능대표제가 품은 문제에 당면하지 않을 수 없게 된다. 이것이 대표제의 관점에서 본 현대 정치의 딜레마이다. 일도양단적인 제도적 해결이 당장 손에 잡히지 않는다는 것은 대표제에 대한 여기까지의 검토로 명확하지 않을까 한다.

공선적公選的 기반을 국회에서 행정부로 확대하는 것(인민으로의 직접적인 책임 부과). (일본)

민주적 대표의 일반적 사고법

대표는 어디까지나 신임trust이지 양도transference가 아니라는 것(정기적 책임).

포괄적 대표(직능 대표 이외)는 어찌해도 필요한 것이지만, 이는 어디까지나 인격의 대표가 아니라 일의 형편(의견·요구)의 대표라는 것.

대표자의 선거에서 대안의 존재. 다수성/다양성을 통한 통일성/단일성.

그 전제는 정치적 시스템을 이루는 구성원으로서의 능동적 시민/공민의 계기를 보전하는 것임.

i. 대표자로 하여금 책임을 지게 하는 것. 대표자를 통제함. 그렇지 않으면 양도된다.

ii. 사회의 다층적 차원에서 토의할 수 있는 기회. 다원적인 집단 형성.

물론 시민/공민은 실체로서(통째로) 경험적 인간 또는 인간 집단에 있는 것이 아니라 인간의 구체적 활동으로서만 있다. 인간은 그 자체 다양한 요구의 복합체이다(단일한 자유가 아니라 여러 자유가 있다). 다양한 충동이나 요구가 어느 차원에서 통합되는가의 문제. 시민/공민, 즉 이성적·전체적 인간은 전체에 관한 의견을 가진 인간의 측면을 추상한 것이다. 단, 현실적 정치체의 구성원 중에 그런 의견을 가진 인간의 측면이 많을수록, 다양한 충동이나 욕구는 가장 먼저 개인의 내부에서 조정되며 나아가서는 합리적 토의—단지 이득손실의 충돌이 아니라!—를 통해 사회적으로 조정된다. 사회의 모든 차원에서의 토의는 각각의 사람들에게서 시민/공민적인 측면을 증대시키는 교육적 기능을 갖는다. 따라서 토의 없는 대표 선출과 자유 토의를 동반한 대표 선출은 동일한 대표일지라도 대표자에 대한 정치적 통제의 유효성 정도가 현저하게 다르다.

일체성(정치의 본질)의 대표 → 지도자의 선택

이익 대표 → 소환(리콜), 대리. (사회 기술적 이유.)

사적, 개인적 이득손실의 측면은 어찌해도 남는다.

앞서 서술했던 현대 정치가 직면하는 딜레마란 대표 이론의 딜레마와 근본적으로 동일한 뿌리에서 발단한다. 즉, 기저에 있는 동일한 모순은, 정치체와 사회를 매개하는 주체적 세력의 관점에서 보면 정당의 문제가 되며, 그 매개의 제도적 표현으로서 보면 대표의 문제가 되는 셈이다.

대표제는 인민의 자기결정이라는 데모크라시의 이념 속에 내재한 두 가지 문제성에서 생겨난다. 그 두 가지 문제란 다음과 같다. i. 인민은 an sich하게[즉자적으로/그 자체로] 일체일 수 있는가, 그럴 수 없다면 일체성이란 구체적으로는 "인민의 이름으로" 행동하는 최고의 주체(주권자)에게서 표현되지 않으면 안 된다는 것. ii. 인민은 직접적으로 모든 정책과 규칙에 대한 결정에 참가할 수 있는가, 그것이 기술적으로, 또 사회의 기능 분화에 따라 불가능한 이상, 인민은 모종의 방법과 범위에서 그런 결정을 대표자에게 위탁하지 않으면 안 된다는 것.

그 두 과제에 대해 방대한 인구를 껴안은 현대의 정치사회가 다짜고짜 해답을 재촉당하고 있는 것인바, 그런 현실을 무시하고 단지 "대표" 관념은 픽션이라고 말해 보았자 그것이 정치학적인 응답이 되지는 못한다. 문제는 그 픽션이 어떻게 사용될 것인가이다.

고전적인 의회정이 맡은 대표 기능의 한계는 오늘날 이미 명백하다. 신화와 현실의 괴리를 거론하는 일은 오히려 손쉬울 것이다.

원자적 개인을 단위로 하는 투표에 의해 선거구에서 선출된 국회의원이 선거구 아닌 국민을 대표한다고 하는 픽션(선거제도의 문제를 일단 논외로 하더라도). 그는 어째서 지역 대표가 아닌 것인가. 어째서 양量으로 환원된 개인이 대표의 선출 단위인 것인가.

제5강 통치 구조론

정치적 결정의 하강+대표의 상승 = 정치체의 메커니즘.

문제만 나열해 보면 다음과 같다.

1. 통치기구Government의 기능적 분담substructure

  입법기관·집행기관·사법기관

  규칙rule 작성 기관, 규칙 적용 기관, 규칙 심판 기관 → 절차 측면에서.

단, 그것들을 구체적으로 국회·행정부·재판소와 즉각 동일화해서는 안 된다. 각각이 위와 같이 명명되는 것은 그것들이 삼권분립의 이데올로기와 밀접하게 관련된 역사적 명칭이기 때문이다. 오늘날에는 행정부가 광범위하게 입법(규칙 작성) 기능을 영위하고 있으며, 널리 알려져 있듯이 재판소 역시(특히 영미법의 경우) 판례를 통해 입법 기능을 수행하고 있다.

실질적인 정치 기능의 측면에서 통치기구를 살펴보면, 다음 같은 사항들이 불가결한 구성 요소를 이룬다.

i. 정책 결정 기구(가치—권력 가치도 포함하여—의 할당을 담당한다)

[가치의 할당을 어떻게 행할 것인가를 중심 과제로 본다면 어떤 메커니즘이 있을 수 있는가. 그런 관점에서 살피면, 이른바 행정관청(집행관청)이 광범위하게 전통적 분류에서의 입법 기능 및 심판 기능을 영위한다는 점을 알 수 있다. 대장성[재정경제부]이 거대한 정책 결정 기능을 영위하고 있다는 것은 무엇보다 명백한 사례이다. 의회제에 대한 칼 슈미트의 비꼼[『현대 의회주의의 정신사적 상황』, 1923], 크로스만[111]의 월터 배젓 비판 참조.]

ii .자원 조달 기구(인사人事와 재정)

iii. 제재 기구(경찰과 군대)=폭력기구

(이는 특수적으로는 모든 통치기구가 갖는다. 감봉·퇴직 처분 등. 민간에 대한 공정거래위원회의 처분권 등)

iv. 심판기구

이어, 통치기구의 기능 분화에 따라 본다면 다음과 같은 사항들이 언급될 수 있다.

111 리처드 크로스먼(Richard Crossman, 1907~1974). 영국 노동당 하원의원, 추밀원 의장을 역임했다.

v. 섭외 기구

vi. 정보 선전 기구 → 나치즘(괴벨스[1897~1945]), 홍보과·홍보지誌

vii. 기구 관리 기구(행정관리청)

2. 통치의 집중과 분산(기구 내부, 공간적·지방적)

지방자치·연방정부 형태

헌법·국법학·행정학·비교정치론[에서 다룬다.]

3. 국제화(주권국가가 지닌 절대성의 약화)

제6강 정치체의 균형과 변동

정치체제와 사회의 아웃풋-인풋의 균형.

아웃풋 → 정책과 규칙의 결정 과정에 따른 가치 배분

인풋 → 기대, 요구(대표 혹은 직접)

사회의 유효수요에 따라 정치적 시스템에서의 아웃풋이 결정된다. 국가가 독점자본의 이득손실에 따라 움직이는 이유. 그러나 독점되어 있는 것이 아니다[순수한 독점이란 있을 수 없다]. 관계이지 [고정적] 사물이 아니다.

시스템의 피드백

i. 아웃풋과 인풋의 링크에 따른 동태적動態的 순환 → 안정.

ii. 아웃풋의 일방적 비대화. 궁극으로서의 Despotie(전제專制).

iii. 인풋의 일방적 비대화. 궁극으로서의 Anarchie (아나키).

운동=지도력+중심적 계급+에너지

정치 혁명의 사회 시스템의 변화에 대한 방위적 역할.
나치스Nazis.
정치 혁명의 사회 시스템의 변화에 대한 창설적 역할.
창조적 리더십.
정치 혁명의 사회 시스템의 변화에 대한 확인적 역할.
대표적 리더십.

사회(경제)체제 내의 변동 ⇄ 정치체제 내의 변동

|

점차적

사회(경제) 내의 변동 → 리더십의 변동 —— 쿠데타

결정과 기구의 변동

체제의 변동

i. 사회 혁명 과정이 서서히 진화하여 정치과정이 점차 변동하는 경우.
ii. 사회 혁명 과정이 서서히 진화하여 급격하게 정치 혁명을 초래하는 경우(17세기 영국 혁명).
iii. 사회 혁명 과정이 급격하게 진행하여 그것과 급진적인 정치 혁명이 병행하는 경우(프랑스 혁명).

iv. 사회 혁명이 급격하게 진행하여 정치 과정이 점차적으로 변화하는 경우(19세기 영국).

서서히·급격하게,라고 말해도 그것은 물론 정도의 차이이겠는데, 어느 정도 장기간을 상정해 보면 그 차이는 명백해진다. 이탈리아 파시즘은 정치적으로는 '급[격]'한 것이었지만(로마 진군), 사회적으로는 나치와 달리 느린(점진적인) 것이었다.

정[치]체의 순환

1. 신념 체계beliefsystem 붕괴 → 인텔리 체제로부터 도망.
2. anomie(simple, acute[심플한 아노미, 격심한 아노미]). 존재해야 할 행동 기준 상실.
3. 벌거벗은 권력naked power 수립. 혁명적 독재
4. 테르미도르 단계—혁명의 '과도함' '시정是正'(다른 측면에서 말하자면, 혁명에 대한 '반동'의 개시).
5. 벌거벗은 권력의 정당화legitimation[정당화].
6. 그런 과정을 통한 새로운 신념 체계의 형성.
7. 정치적 시스템과 새로운 사회 간의 균형 성립(물론 영속적인 것은 아니다).

결어

i. 정치철학 및 이데올로기론(『현대정치의 사상과 행동』 참조, 정치과정과의 관계)
ii. 일반이론
iii. 통치기구론government
iv. 정치과정론(정당들parties, 압력단체들pressure-groups, 선거election, 정책 결정 과정decision-making process)
v. 여론·선전(political communication). 정치기술론
vi. 정치변동론(dynamics of political system)
vii. 현대 일본의 정치 구조
viii. 행정학, (지방자치,) 국제정치학.

독립된 강의에서 따로 취급되어야 할 문제는 가능한 한도에서 해당 영역으로 넘겼다.

정치기구론(결정과 대표의 제도적 표현들)—양원제, 삼권분립, 소비에트 제도, 선거제도, 내각제도 등, 정치학의 전통적인 주요 대상이 생략되어 있다. 국제 조직의 문제, 혹은 국내 체제와 국제정치, 내정과 외정의 관계 같은 주요 문제들도 다뤄지지 않고 있다.

능력 없음과 시간적인 여유 없음으로 인해 강의 구상 중 절반 정도밖에는 이야기할 수 없었다. 에스컬레이터를 타고 백화점을 견학한 정도다.

애써 힘주었던 지점이 있다고 한다면, 정치학의 대상적 지식을 전하는 일보다 정치학적인 것의 사고방식에 수강생들이 접근했으면 하는 것이었다(사고법의 문제, 판단 방법의 문제에 중점을 두었다). 많은 정보를 전하기보다는 기본적인 지식을 전제한 판단력을 기르는 일이 필요하다. ('현재'주의 비판 → 역사적 사고). 개별적 지식과 말에 대한 과잉된 지식, 그 지식들과 문제에의 정치적 판단 능력 사이의 불균형이 현대 일본에서 두드러진 현상이다. 이는 저학년부터의 교육 문제로서 더 깊이 생각되어야 한다.

일반이론에서는 어찌해도 분석 개념이 많아진다. 거기서는 구체적인 정치과정에 대한 적용을 시도해 볼 시간이 없다.

정치학이 나아가야 할 방향 → 일반 시민(코먼 맨[common man])의 일상적인 입장에 입각하여 운용/처리하는operative 정치학.

코먼 맨 ↔ 선천적 지도자, 영웅, 혁명가

일상적 ═ 주위 환경 속에서 문제를 발견한다. 혁명적 실천이냐 아무것도 아니냐의 양자택일이 아니라 매일의 인식·행동을 통해 현실을 바꿔 가는 것.

실천=혁명적 실천["실천적"이라는 마르크스주의의 용어는 혁명적 실천을 하고 있을 때는 심리적 동일감을 갖게 될 것이지만, 그 반대로 실제로는 아무것도 하지 않는 상태가 되기 쉬운 것이기도 하다.]

운용/처리(적인 것으로서, 가변성을 품은 것으로서 현실을 봄) ↔ 순수 관조적, 순수 수동적(거리의 설정이 없음)

자유=타자 존재他在[Anderssein]에 있어 자기 자신일 것.

{ 제도는 고정적 사고
운동은 아노미한anomic 것

그런 게 아니라 제도 속에서 운동을 보고 운동 속에서 제도적인 것을 보는 일이 중요하다.

즉, 제도란 (상대적으로) 응고된 운동이며, 운동이란 (상대적으로) 융해된 제도인 것이다.

극복되어야 할 사고법 두 가지.

ㄱ. 기성의, 특히 이미 제정된 법에 쓰여 있는 제도를 절대화하는 것.
ㄴ. 제도적인 것 전부를 적대시하는, 혼란과 동일화된 운동.

→ '정치 음치'에서 벗어날 것.

부록

[아래 내용은 1965년 도쿄대학교 교양학부 문과 '정치학' 강의를 위해 준비된 것으로 추정되는 메모이다. 마루야마의 강의 초고, 바인더 식 노트[종이를 임의로 빼거나 끼워 넣을 수 있는 방식의 노트] 제1책 끝부분에 끼워져 있던 일곱 장 가운데 세 장이다.]

[첫 번째 장]
제1강 현대 정치학의 문제
새로운 문제의 발생 → 이론의 재편성

i. 여러 사회집단들의 분출
→ 사회 기능의 다양화와 분화, 이익의 분화
직업 이익, 소비자 이익, 지역 이익
의사회·주부 연합·종교단체
'지식인' '저널리스트'
'계급적 이득손실'과의 관계는?
→ 정치과정론의 등장

ii. 커뮤니케이션 그물망의 발전 → 시계視界의 확대 (간접화) → 이미지에 따른 판단 → 반응의 확대 → 지방적 사건의 확대.

"정보"에 의한 "이미지"의 형성이 현실의 정책 결정을 통해 현실을 움직인다.

'미국이 소련을 만들었다. 소련이 미국을 만들었다.'

상대방의 평가·상대방의 행동에 대한 기대 → 이미지를 통합.

→ 권력과 제도의 이론으로부터 통신과 정보의 이론으로.

상징론

합리적인 인간의 일정한 행동양식이 전제되어 있다.

(목적합리적 행동)—(시민)

‖

기구론으로부터 행동양식·개성/인격론으로.

오즈본[112] → 인정받고 싶음 → 까닭 모를 자기 모멸·

112 オズボーン[Osbourne]. 인명이라면 누구인지, 다른 것이라면 무엇인지 특정하지 못했다.

증오.

소년 → 입시 실패 → 상경 → 우익단체 → 테러

↘ 비행

투입적没入的 □□이던 사적 그룹 안에서 형성된 좌절·무관심·절망이 정치 행동으로 전화됨

→ 그럴 경우 어디까지가 정치 행동인가.

목적·의도·행동이 정치적이지 않을지라도 정치적 장을 움직인다. 정치 행동을 정치적 목적으로 정의할 수는 없다.

• 조합 조직의 힘이란?

주체

권력관계 ↔ 자유를 달라 아니면 죽음을 달라Give me liberty or give me death.

우는 아이와 마름地頭[토지 관리자]에게는 못 이긴다.

• 미타카三鷹 사건.[113] [여기까지의 다섯 줄 내용은 아래의 iii. '정치의 영역'이라는 제목이 붙은 메모와 관련되는 것으로, 위의 ii와는 별다른 관련이 없는 듯하다. 왜 여기에 기록되어 있는지는 명확하지 않다.]

113 1949년 7월 15일, 미타카역 구내에서 무인열차가 폭주한 미스터리 사건.

[두 번째 장]

제1강 현대 정치학의 문제 (계속)

iii. 이질적 문화권과의 만남 및 교착

비유럽 문화권의 등장

→ 비교정치론·정치적 문화론의 등장

유럽적 전통과 유럽적 가치체계를 전제로 삼은 이론 모델, 개념 장치의 유효성

경제의 영역

→ 호모 이코노미쿠스(합리적 인간상)

자기 이득손실에 대한 인식 → 최소의 노력input으로 최대의 효과output를 올리는 수단·방법 → 행동

에토스, 가치 서열,

'행복果報은 자면서 기다릴 것.'[114]

후진국으로의 자본 투하, 경제원조, 생활수준 향상,

정치의 영역 → 중류 계급

원래, 물질적인 요구나 물리적 힘관계가 아니라 가치체계가 사물에 대해 말하는 세계

죽이겠다는 위협

114 행복의 도래는 인간의 노력으로는 어쩔 수 없는 일이니 초조해 말고 기다리라는 뜻의 관용구.

→ 자유를 달라, 그렇지 않으면 죽음을.

→ 생사를 자연[스러운 것]으로 봄.

저 세상에서 다시 태어남,

행동양식 → 문화와 운동

"권력" "폭력"의 의미

의회제도, 정당제도,

마르크스주의의 국가론, "조직 노동자"의 정치의식, 상징의 의미, 문화권(종교).

[세 번째 장. 코토 요스케 씨의 필기노트를 보면, 여기 이 부분은 제1강의 서두에서 이야기된 것으로 추정된다.]

일상적=신변적 | 절단 | 일반이론, 정의, 개념

이론은 특정 문제에 대한 응답,

세계관·사상·이론의 구별,

코뮤니스트에게 특유한 연애 방식, 데이트 방식,

거대 상황에 따라 신변의 디테일이 규정되고, 거대 상황이 작은 상황과 서로 닮은 상사형相似形이 됨.

삼각관계, 질투, 중요하다.

무의식下意識의 작용 → 프로이트

유아 경험의 인격 형성력

자기 모멸 → 공격성

문제 { 퍼즐. 미리부터 단 하나의 답밖에 없다는 식으로 고안되어 있음.
곤란성 [정답이 없음(정답이 하나만 있는 게 아님). 고토 씨의 노트로부터.]

[아래 내용은 강의록 2쇄 발행 때의 부연 기록이다. 1쇄의 교정 종료 이후, 이 강의와 관련된 카드들(발견되지 않아 이용할 수 없었던 관련 기록들을 포함하여)이 마루야마의 자택에 보존되어 있다는 것이 판명되었다. 그것들에 따라 본문 내용에 주석을 붙여 보강했다.]

(1) 본문 151쪽. "모 촬영소의 뉴페이스 심사 광경"

강의 초고에는 관련 내용 없이 "(카드)"라고만 쓰여 있었다. 그렇기에 이 강의록의 해당 부분에서는 강의 프린트로부터 인용했지만, 그 카드가 발견되었기 때문에 여기 인용해 놓는다.

> 모 촬영소의 뉴페이스 심사에 입회했던 지인으로부터 다음과 같은 탄식 섞인 말을 들었던 것이다.
> "아니, 아무래도 완전히 놀랐다고 하겠네요. 젊은 여성에게 '지금 정부는 무슨 당입니까?'라고 물었더니 말입니다, 그녀는 점잖은 표정을 지으면서 '음, 그러니까 저는 정치에는 일체 관계하지 않기로 정해 놓았습니다'라고 말하는 것이죠. 실로 황송해서 두 손 다 들었습니다"(코이토 노부[소설가], 「현대 아가씨의 기질」, 『문예춘추』 쇼와 28년[1953년] 10월호[, 161쪽]).

포즈/외양 → 정치적 관심을 교양/세련됨sophistication이 결여되어 있음의 증거로 간주하는 문화주의적인 인텔리.

(2) 본문 152쪽. 리스만의 인용 출처.

David Riesman and Nathan Glazer, "Criteria for Political Apathy[정치적 무관심을 위한 규준]" in Alvin W. Gouldner (ed.), *Studies in Leadership: Leadership and Democratic Action*, Harper, 1950, p.516.

"Today, men tend to feel helpless because they know too much to be comfortable and too little to be of help[오늘날 남성들은 평안하기에는 너무 많이 알고 도움을 주기에는 너무도 부족하기에 무력감을 느끼는 경향이 있다]."

(3) 본문 247쪽, "리하르트 슈미트Richard Schmidt가 말하는 대표적representative 리더십과 창조적creative 리더십"의 출처.

"Leadership" in Edwin R. A. Seligman (ed.), *Encyclopaedia of the Social Sciences*, Vol.9, MacMillan, 1933, pp.282-83.

(4) 본문 286쪽. 정치적인 것에 대한 예로부터의 정의.

강의 초고의 해당 부분에는 "카드 참조"라고 주기注記되어 있었다. 한편 "정치의 개념"이라는 제목의 카드 다섯 매(표를 작성하여 필기된 것)가 현존한다. 아마도 그 카드들을 가리키는 듯하다. 아래는 그 카드들 속의 내용 전체를 인용한 것이다. 서지 사항과 관련해서는 적절히 보충했다.

(첫 번째 카드)

정치는 "경제적 사회의 권력집중적 표현 형태"이다(카코 유지로, 「법률학에서의 정치적 성격」). [『세계문화』 17호, 1936년 5월]

"레닌은 경제에 대한 정치의 우위를 이야기하는 데 있어, 일반적으로는 노동조합의 활동에 대한, 특수적으로는 소비에트 경제에서의 노동조합이 맡는 임무에 대한 정치적 태도의 우위를 생각하고 있었다."(오스트로비차노프, 「경제와 정치에 관한 레닌 및 스탈린[의 생각]」(『소비에트 연구』 4, 1949년)

이중성 { 대립의 면
물리적 강제, 폭력 조직
전체성, 통합 }

(두 번째 카드)

Die doppelte Ansatz des politischen Denkens[정치적 사유에 대한 이중적인 접근].

첫째 견해에 따르면, 정치란 '사회적인 여러 결정들에 있어, 반항하는 자에 대해 의견을 관철시키기 위한 방법Methode이다.' 그런 견해에서는 권력이 관찰의 중심에 놓인다.

둘째 견해에 따르면, 정치란 다른 기능과 나란히 일정한 사회적 기능Funktion으로서, 일반적으로는 질서와 안정의 기능으로서 이해된다. 공적인 생활의 형성이 정치다. 거기서는 또한 형성의 이념(자유·독립 등)[이 중시된다.]

그 두 가지 관점을 순수화해 가면, 권력 이론Machttheorie과 형성(력) 이론Gestaltungstheorie 간의 대립이 된다.

첫째 견해에서의 대표. 칼 슈미트Carl Schmitt.

둘째 견해에서의 대표. 베버와 코곤. *Die Wissenschaft im Rahmen der Politischen Bildung*[정치적 도야의 틀 속에서의 과학] (Schriftenreihe der deutschen Hochschule für Politik[독일 정치대학 출판물 시리즈], Berlin, Heft 2, 1950)

그러나 칼 슈미트 역시 친구/적 관계에 대한 결정의 주체로서 국가제도를 전제하고 있으며, 따라서 사적인 적과 공적公敵, hostis를 구별하고 있다. 다른 한편, 그 공적이라는 것의 맥락 역시 형성(력)Gestaltung을 위해서는 권력Macht이 필요하다는 점을 인정하고 있다.

정치적 사유의 세 가지 뿌리는 권력, 형성(력)과 권리Recht이다. 권리라는 것은 실정법이 아니라 형성(력)의 기준으로서의 das Richtige[온당함/옳음]이다.

(Otto Heinrich von der Gablentz, "Macht, Gestaltung und Recht: Die Drei Wurzeln des Politischen Denkens [권력, 형성(력)과 권리: 정치적 사유의 세 가지 뿌리]" in K. D. Bracher u. s. w., *Faktoren der Machtbildung* [권력 형성의 요인들], 1952.)

(세 번째 카드)

i. 정치적인 것politics이란 통치의 결정을 내리는 중심부, 그것을 둘러싸고 일어나는 일/사건이다.

↳ 지역적local
국가적national
국제적international

ii. 정치에 관계된 현상The politically relevant란 직접적으로 정치적이지는 않지만 정치적으로 중요한 효과를 갖는, 일반적인 또는 특수적인 사회적 일/사건이다.

사례. 일정한 종교운동의 정치적 신조, 경제순환의 정치적 효과 등등.

iii. 정치에 의해 제약받는 현상The politically conditioned이

란 대부분 정치적 결정에서 유출되는 사건 혹은 정치적 행동양식과 결합된 일/사건이다.

사례. 입법의 효과, 국가 활동이 종교에 끼치는 효과, 국유화가 사적인 주도권에 끼치는 효과 등등.

물론 위와 같은 세 가지로의 구별은 고정적인 게 아니라 시대에 따라, 또 국가기구에 따라 얻을 수 있는 것들에 대한 사람들의 관심이 어떠하냐에 따라 변동한다. 청년 교육은 나치의 경우 정치적인 것politics이었으며 합중국의 경우에는 정치적 상관물politically relevant이거나 정치적으로 조건화된politically conditioned 것이었다. (Alfred de Grazia, *The Elements of Political Science*, 1952, pp.13-14.)

인간의 행위는 "타인이 자아에게 행하는 권력 부여 및 권력 박탈에 대한 고려, 그것에 따라 결정되는 정도에 상응하여 정치화된다."

(H. D. Lasswell and A. Kaplan, *Power and Society*, 1952)

(네 번째 카드)

전쟁은 살아 있는 모든 것의 원原정치Urpolitik이다.

(Oswald Spengler, *Der Staat*[국가], 1924, S.145)

내정에 대한 외교의 우월(같은 책, 155쪽)

칼 슈미트

친구/적 관계의 결정 → 역시 외교가 우위를 점한다.

정치적 통일 → 바깥을 향한 대립

친구/적 관계를 자주적으로 결정하는 주체가 여럿이라고 한다면 그 숫자만큼의 국가가 존재하게 된다.

대립을 통한 통합이라는 측면을 놓치고, 나아가 무엇을 위해 그러는가라는 가치의 문제를 내다 버리게 된다. 순수 정치학.

'정치적 육식 짐승'

(다섯 번째 카드)

"국가 생활, 국가의 실천, 그것이 곧 정치다."(J. K. Bluntschli, *Allgemeine Staatslehre*[일반국가학], 1886, S.3)

"정치는 국가에 관한 기술이다."(J. Schollenberger, *Politik in systematicher Darstellung*[체계적 묘사 속의 정치], 1903, S.5-7.)

i. 정치는 기술이다

ii. 국가 및 법에 관한 기술이다

iii. 국가 및 법의 창조·적용에 관한 기술이다

정치는 "국가 이익을 위해 행하는 가치 창조 및 유지 활동이다"(Fritz Stier-Somlo, *Politik*, 1921, S.21, 27).

정치는 "전체로서의 국가와 관련하여 공동의 복지를 달성·확보하는 데 적당한 수단을 발견·적용하는 것"이다(타나카 코타로, 『법률철학 개론』, 제1분책, 1934, 4쪽).

"일반적으로 정치 현상이라고 말하는 것은 국가의 통제 권력과 조직을 중심으로 하는 인간의 여러 행동들 및 관계들의 복잡한 총체이다"(야베 테이지, 정치학 강의 요지).

(5) 본문 301쪽. "명망가정당Honoratiorenpartei의 단계. 원내 정당, 휘그당도 토리당도."

강의 초고에는 "(카드)"라고 주기되어 있었다. 이에 대응하는 몇 줄의 서술은 간략하다. 그래서 강의 초고에 주기된 카드에 해당된다고 추정되는 것('정당의 발전 단계에 따른 구별 I'이라는 제목을 달고 있는 카드)에서 인용해 보충한다.

i. 귀족(정)당Adelspartei ii. 명망가정당 iii. 대중정당Massenpartei

베버가 영국의 발전을 유형화했던 것. 조직을 중심에 놓은 분류.

영국

18세기의 정치사회

젠트리(squire[대지주/치안판사])가 지배하는 지방적 소우주(은혜와 존경의 관계에 따른 농민 지배), 그것이 정치적 통일체의 단위였음. 중류 계급과는 명확히 구별됨. 그 계급의 유력자들도 무도회에서는 젠트리와 좌석이 구별되었음. 중류 계급도 그런 사정을 당연히 여기며 질투하지 않았다.

젠트리는 명예직으로 공무를 맡았다. 지방에 기반을 갖고 있었으므로, 프랑스 귀족처럼 파리의 궁정에 모이지는 않았다. 국회의원은 젠트리와 한 몸이었으며 자립적이지 않았다. 무엇보다, 주요 안건과 관련하여 당일 등원할 뿐으로, 토의 같은 것에는 관심을 갖지 않았다.

정치는 귀족의 유희(Ostrogorski[115]). 휘그당과 토리당은 원내 정당으로 원내 간사에 의해 정당 결합이 유지되었다. 대의사 전공代議士專攻.

과두 지배와 분권제의 결합! 동질성의 유지.

115 모이세이 오스트로고르스키(1854~1921). 러시아 태생의 정치학자(비교정당론 권위자).

산업혁명에 의한 변화

i. 선전 기구와 중앙집권화에 따른 지방자치의 침식. 젠트리 세력의 저하.

ii. 국회의 동질성 해체(토리, 휘그 양당 모두에게서 일어남).

의회의 국민화 과정! 선거권의 확대. 정당 내의 전통적 충성 관계가 해체됨.

원내 간사는 후원자를 통해 선거구를 통째로 매수하는 경쟁에 나섬. 이로써 의회 안에서의 정당 간 대립은, 원외에서, 아래쪽을 향해 연장되어 갔다.

(6) 본문 325쪽. "전체성"의 신화.

강의 초고의 해당 구절 바로 옆에는 "※카드, 정당의 변모 I의 뒷면"이라고 주기되어 있었다. 실제로 '정당의 변모 → 일당국가로 (I) Ernest Barker, Reflections on G. 1942'라는 제목의 카드가 있었고, 이를 가리키는 듯하다. 내용은 Ernest Barker, *Reflections on Government*(The Clarendon Press, 1942, pp.87-89)에서의 발췌문이며, 동일한 카드의 뒷면 내용은 이 강의록 제4강의 특정 내용—"정당이 지닌 투쟁 단체(전투 단체)로서의 본래적 성격에서 연원하는 내부적 통제의 강화 ~ 20세기에 대중정당적 성격을 가진 일당독재의 출현"(10줄 가량)—에 거의 대응하고 있다. 따라서 강의 노트의 주기는 강의 초고 작성 때의 기억을 위한 메모이며 카드 내용은 강의 초고에 일단 편입된 것으로 보인다.

역자 후기
마루야마적 리얼리즘, 이미-아직 사이의 정치학

마루야마 마사오의 정치학 강의는 1960년 10월부터 다음 해 2월까지 도쿄대 법학부 3학년생의 필수과목으로 월·금 주2회, 극장식 대강의실에서 행해졌다(담당 교수의 퇴직에 따른 임시 강의였으며, 이후 이 강의록은 1965년 교양학부 정치학 강의에서 다시 활용됐다). 무엇보다 이 강의는 1945년 패전 이후의 이른바 국체國體 변경, 즉 천황제 '제-외-례除-外-例' 제국에서 일본국헌법 제1조 인민주권으로의 변경 이후 15년이 지난 시점에서 이뤄졌다. 이 강의 직전(100일쯤 전)에는, 일본 국회의사당을 둘러싼 10만 인파의 "안보 개정[미일안전보장조약 개정]" 반대 투쟁이 정점을 찍으면서 쇠락의 길로 접어들기 시작했었으며 자민당 내각은 보란 듯이 "소득 2배 증진 계획"의 본격적인 시동을 걸고 있었다. "과대한 기대 → 급격한 실망[의 악순환] (안보 투쟁)"에 대한 마루야마의 응답이자 이 강의의 지향점 가운데 하나는 다음과 같은 것이었다: "사고법을 바꿔 감으로써 정치적 무관심/무기력에 대한 저항소抵抗素를 체내에 증식시켜 나가는 일.” 물론, 그런 사건들 속으로 강의 내용 전부가 귀속되는 것은 아니다. 그럼에도, 관점과 독법에 따라서는, 마루야마가 다룬 “인민주권”의 용법과 “정치적 인간homo politicus” 및 “경제인homo economicus”을 구체적 비판 개념으로 활성화시키는 데 그런 정치적-경제적 상황의 여파는 불가결한 계기가 될 것이다[이런 생각은 이 「역자 후기」를 쓰고 있는 시공간이 여기 남한 12·3 비상계엄령 이후, 국회의사당 탄핵 집회 직후라는 점에서 발원한다].

패전 직후 인민주권의 제정을 둘러싸고 이뤄졌던 전국 곳곳의 공부 모임(“자발적 결사”), 마루야마 자신이 직접 강연자로 나서기도 했던 그 모임을 두고 그는 ‘굶주림 속 민주주의의 원점’이라고, ‘기아飢餓 데모크라시’라고 회고했던바, 이를 염두에 둘 때 마루야마에게 1960년 안보 투쟁 이후의 일본이란 민주주의의 한쪽 날개로서의 ‘운동’과 ‘이념’이 거의 남김없이 ‘제도화’되고 있는 상태로 규정될 것이었다. 달리 말해 “사회의 역사란 상황화와 제도화라는 두 방향의 변증법적인 진행”이라고 할 때의 그 변증법이 정지된 상태에서의 사회사, 그것이 안보 투쟁 이후의 일본에 대한 마루야마의 기본 관점이 될 것이었다. 데모크라시의 다른 한쪽 날개인 제도·제도화가 데모크라시의 정당성 근거를 구성하는 경로의존적인 귀착점·정박점이자 유일하고도 최종적인 토대·심급으로 정초되어 가는 과정, 이를 비판적으로 가리켰던 것이 될 마루야마의 강의 키워드 중 하나가 "말의 물신화"이다. 데모크라시=제도라는 말의 물신화/신화화, 제도로서의 데모크라시라는 "개념의 본질화." 그 상태가 재생산되는 이유, 그 상태가 재생산하는 알리바이는 스스로의 본질화·물신화로부터 이격될 수 없게 만드는 "적敵의 만능화"이다. 데모크라시의 적으로 설정된 것이 만능화될 때, 제도화된 데모크라시는 스스로의 패배와 실패를 당연지사로 여길 수 있게 되는 바, 그렇게 패할 줄 모르는 데모크라시, 패할 줄 아는 능력과 기예를 갖지 않으려는 데모크라시의 제도화 상태 속에서, 그 현상 유지적 의사擬似-무패 신화 속에서, 현상 타개적 힘의 원천인 패할 줄 아는 데모크라시의 운동과 이념은 현상이라는 프로크루스테스의 침대 위에서 분절·교배·관리된다. 그런 한에서 관건이 되는 것은 말·개념·적의 물신화·본질화·만능화, 그 "신화神化"된 "매니저manager형" 관리권력의 상태를 진정한 적으로 설정하는 일이며, 그 과정과 직결된 마루야마 정치학의 키워드가 "정치적 리얼리즘"이다: "정치적 상황을 이벤트event의 끊임없는 동태 속에서, 또는 변화의 형상, 추이의 형상 속에서 인식하는 일이 요청된다. 변화는 공간적 변화와 시간적 변화라는 양면에서 일어난다. 변화는 1) 액터

actor 자체의 변화, 2) 액터의 상호관계의 변화, 3) 필드의 변화, 4) 액터와 필드 간 상호관계의 변화라는 네 가지 변화의 복합으로 진행된다. 그런 복잡한 형태의 시시각각 변동하는 상황 변화를 기민하게 포착하는 일이 정치적 리얼리즘에서는 결여될 수 없는 것이다." 정치적인-구체적인 것에 대한 리얼한 인식, 이는 다음과 같이 나눠 표시될 수 있다.

i) 그 어떤 정치과정도 미시적으로 보면 액터들이 행하는 크고 작은 무수한 결단decision, Entscheidung의 퇴적으로 성립된다. 누가, 언제, 어떤 장소에서, 어떤 방식으로 결단하는가, 그렇게 결단의 주체, 시기, 장소, 방법을 묻는 일, 추상적 이념의 구현이나 일반적 규범의 지속적인 적용으로 보이는 것들을, 심지어 초인간적 자연력(신력神力)의 작용처럼 보이는 것들까지도 그런 결단의 구체적 과정 속으로 환원시켜보는 일, 그것이 정치적 사고를 철학적(종교적) 사고나 관료적 사고와 구별되게 한다.

ii) 정치적 사고란 누가, 언제, 어떤 상황에서, 어떤 방식으로 결단하는가라는 구체적 문제로 환원시켜 생각하는 것이다. 그런 정치적 사고 속에서 법적 권한의 연쇄 체계는 decision-making[(단계별) 정책/의사 결정]의 상승 또는 하강 과정으로 파악된다. 그렇기에 항상 법적 권한의 사고 속에서 애매해지고 마는 주체의 책임 문제가 제기되는 것이다.

구체적인 것에 뿌리박는 정치적 리얼리즘과 결단, 책임, 우유부단, 무책임 사이의 관련은 카리스마적 리더십과 민주적 리더십이 갖는 각각의 위험 속에서 달리 규정된다: "요컨대 리더십의 본질은 누군가가 리더인 것[리더인 상태 그 자체]에 있는 게 아니라 리더십의 적극적인 기능이 수행된다는 데 있다. 그 지점에서 당면한 긴급사緊急事는, 리더십을 요청하는 것이 지도자주의(특정 지도자의 신화神化 및 만능화)로 전락할 위험성과 거꾸로 민주적 정치과정이 리더십 결여 상태의 무책임이나 결정 불능indecision[우유부단]에 빠질 위험성이라는 두 가지 위험성에 효과적으로 대처하는 일이다." 그런 두 가지 위험을 피해 가거나 줄여 나간다는 것은, 현상에 대한 완전한 계산적 인식이란 불가능하다는 점을, 액터로서의 "일반 시민(코먼 맨)"이 행하는 행동 결단과 현상 인식 사이에 언제나 "심연"이라는 것이 있음을, 그 심연·간극을 뛰어넘는 도약의 결단이 항시 "도박"의 특질을 띠고 있는 것임을, "해 보지 않고는 모르는 것"임을 안다는 것이다. 스스로의 책임 아래 패할 줄 안다는 것, 더 낫게 패할 줄 앎으로써 책임짐의 내용과 형식을 체화한다는 것이다. 그런 사정은 먼저 켈젠적인 규범주의에 대한 비판으로 제시된다: "그런 '도박'의 계기를 무시하고 모든 행동을 선험적인 원리·법칙·법규로부터의 기계적인 적용으로 이해하는 논리주의적·규범주의적 사고는, 상황 인식으로서 고정적·정태적일 뿐만 아니라 행동 차원에서의 인격적·개별적 결단을 모종의 비인격적 일반자(진리·정의·자연법) 속에 매몰시킨다는 점에서 의식하지 못하는 사이에 기만이 포함된다. 또한 그 지점에서 도덕주의의 이면으로서의 정치적 무책임이 발생하기 쉽다. 일반원칙에 의해 모조리 길어 올릴 수 없는 '도박'이기에, 바로 그렇기 때문에 그 도박은 자신의 책임에 따르는 것일 수 있다." 이에 곧바로 뒤따르는 것은 슈미트적인 결단주의에 대한 비판이다. "그러하되 다른 한편에서 그런 식의 계기만을 절대화하는 사고는 생디칼리즘[(노동)조합주의]이나 파시즘에서 보이는 비합리주의적 행동주의와 직결되며, 이는 직관·충동의 절대화와 정치지상주의로 이어진다. 그것은 '정치적인 것'을 극한상황 속에서 예리하게 정의하고 있긴 하지만, 상황 인식에서의 이성적 요소를 가볍게 본다는 점에서, 또 자기와 상황 사이에 '거리를 두지 않는'다는 점에서 광열狂熱에 사로잡히게 되며 리얼리즘의 상실이라는 결과를 초래하기 쉽다. [⋯] 그것은 정치적 투기投機주의—[요행을 바란]노름—로서, 논리주의나 규범주의에서 생겨나는 무책임과는 다른 의미를 가진, 하지만 역시나 무책임한 결과를 초래한다. 앞의 것[규범주의]은 자기 책임에 따른 선택을 은폐하는 무책임이고, 뒤의 것[결단주의]은 사람들이 귀중히 여기는 가치와 관련해 갬블[gamble]이 초래할 파괴적 결과를 미리 고려하지 않고 결단하는 무책임이다. 앞의 것은 '결단'의 의식이 없는 무책임이고 뒤의 것은 '숙려'를 가볍게 보는 무책임이다."

그런 결단, 책임, 우유부단, 무책임 사이의 연관에 따라 마루야마 정치학 속에서 구성될 수 있을 적대의 형질/벡터, 그 한 가지 중심 사례는 다음과 같다: 정치적 리얼리즘 VS. "간접 지배." 이는 마루야마 정치학에 내장된 구체적 적대 구성력을 발전 가능성의 지점으로 인도하는 하나의 이정표로서 좀 더 논구해 볼 필요가 있는 대목이라고 생각한다. "최고 권위의 대표자와 '커튼 뒤'에서 결정권을 가진 인간(실력자) 사이에서 분업이 설정되는 경향" 혹은 "간접 지배의 전통"이라는 마루야마의 관점은 현재적·편재적 시의성을 갖는다[여기 남한 대통령실의 커튼 뒤 여사·법사·스승, 그 비선(秘線)은 예외적인 게 아니라 통례적인 것이다]. 강의에서 언급된 사례 중 하나는 다음과 같다:

"측근, 넘버 투No. 2 men, 직속 간부의 중요성. 히틀러와 그 주변. 루스벨트와 홉킨스. 독재라고 말할 때에도 그것이 개인 독재를 뜻하는 것은 아니다. 상징적으로만 개인적일 뿐임. 통합 기능 자체가 분담되어 있음."(커튼 뒤의 그 실력자는, 이 강의 곳곳에서 강하게 참조되고 있는 칼 슈미트의 1938년 저작 『토머스 홉스의 국가학, 그 속의 리바이어던』에서의 '간접 권력potestas indirecta' 비판, 1954년 『권력 및 권력자로의 접근에 관한 대화』에서의 주권적 결단이 행해지는 방 앞의 방 '포어라움vorraum[전실(前室)]'에 대한 사고와 직결되어 있으며, "친구/적 관계의 결정" 곁에서 발원하는 진정한 적의 개시라는 생각은 '정치적인 것의 개념에 대한 삽입 주'를 부제로 달고 있는 1963년 『파르티잔 이론』에서의 적론敵論과 닿아 있다).

마루야마가 말하는 구체적인 것에의 인식이란 때때로, 아니 거의 필연적으로 "위기"에 대한 인식이다. 그 위기를 감지하는, 그 위기를 정치적 리얼리즘의 원천으로 설정하는 구체적인 엑터들의 "위기적/비판적 결정critical decision." 달리 말해, 크리티컬-리얼에의 의지를 따르는 일반 시민의 "아마추어리즘." 그것이 마루야마가 말하는 인민주권의 발현 조건이며, 그것이 인민주권과 주권 대행자 사이의 접합 상태를 규정하고 제어하는 힘의 실질형태소(즉 '저항소')이다: "민주정에 대한 신뢰란, 모종의 뜻에서는 아마추어가 통치의 전문가를 통제하는 능력에 대한 신뢰이다(페리클레스의 말. '우리 모두가 정책 전부의 입안자는 아니지만 우리 모두는 정책에 대한 판단의 힘을 갖고 있다.' 정책의 영향을 받게 되는 자가 정책의 옳고 그름에 관한 최종적 판정권을 갖는다는 사고방식)." 이를 활성화시킬 수 있는 방책 중 하나로 들 수 있는 것은, 이미 알려져 있으되 아직 진정으로 발현되고 있지는 않은 것, 위기적/비판적 결단과 상호작용하는 (일반화된) "소환(리콜)"이며 "명령적 위임mandat impératif"의 계보구성이다. 그것들은 그렇게 이미-아직 사이에 있으며, 그 사이에서 관건이 되는 것은 다음과 같은 이격 및 탈구의 감각이다: "역사적 소여성[부여/구성된 것]에의 직접적인 밀착을 넘어선, 혹은 그 어떤 숭고한 목적일지라도 실천적인 목적을 향한 열광적 편견의 고집을 넘어선, 거리를 둔 관찰."

마루야마적 크리티컬-리얼에의 의지는 거리를 둔 관찰, 현상으로부터의 이격을 통한 현상의 직시, 데모크라시의 두 날개 모두에 대한 이/접離/接의 "기예[Art]"를 통해 수행된다. 이는 오늘도 여전히 길어 올릴 수 있는 정치적 힘의 원천이며 정치적인 것의 정의定意/正義를 재설정할 수 있게 하는 사고력·상상력의 근원이다. 그 힘, 그 정의는 "끊임없이 무한한 과정 또는 운동으로서만 있을 수 있는 데모크라시"의 이름으로 서명 날인되고 있는 정치학, 이미already와 아직not yet 사이에서(즉 크리티컬-리얼의 현장에서) 차이화의 운동을 통해 발현하는 '영구혁명으로서의 민주주의'의 이름으로 도래 중인 정치학을 엿볼 수 있게 한다: "정치학이 나아가야 할 방향 → 일반 시민(코먼 맨[common man])의 일상적 입장에 입각하여 처리/운용하는 정치학."

2025년 1월 10일

계엄령 이후, 내전정체內戰政體 속에서

옮긴이

찾아보기

인명

핵심어